Lendo Apocalipse *com* responsabilidade

MICHAEL J. GORMAN

Lendo Apocalipse *com* responsabilidade

TESTEMUNHO E ADORAÇÃO INCIVIL:
SEGUINDO O CORDEIRO RUMO À NOVA CRIAÇÃO

TRADUÇÃO:
JAMES REIS

Título original: *Reading Revelation responsibly: uncivil worship and witness: following the Lamb into the new creation*
Copyright ©2011, de Michael J. Gorman,
edição original de Cascade Books. Todos os direitos reservados.

Copyright da tradução ©2022, de Vida Melhor Editora LTDA.
Todos os direitos desta publicação são reservados por Vida Melhor Editora LTDA.

As citações bíblicas são da Nova Versão Internacional (NVI), da Bíblica, Inc., a menos que seja especificada outra versão da Bíblia Sagrada.

Os pontos de vista desta obra são de responsabilidade de seus autores e colaboradores diretos, não refletindo necessariamente a posição da Thomas Nelson Brasil, da HarperCollins Christian Publishing ou de sua equipe editorial.

Publisher	*Samuel Coto*
Editor	*André Lodos Tangerino*
Produção editorial	*Fabiano Silveira Medeiros*
Preparação	*Leonardo Bianchi*
Revisão	*Emerson Martins Soares e Décio Leme*
Indexação	*Virginia Neumann e Iago Barrios Medeiros*
Diagramação	*Sonia Peticov*
Capa	*Jonatas Belan*

Dados Internacionais de Catalogação na Publicação (CIP)
(BENITEZ Catalogação Ass. Editorial, MS, Brasil)

G683L Gorman, Michael J.
1.ed.   Lendo Apocalipse com responsabilidade: testemunho e adoração incivil: seguindo o Cordeiro rumo à nova criação / Michael J. Gorman; tradução James Reis. – 1.ed. – Rio de Janeiro: Thomas Nelson Brasil, 2022.
         256 p.; 15,5 x 23 cm.

         Título original: Reading Revelation responsibly: uncivil worship witness: following the Lamb into the new creation.
         Bibliografia.
         ISBN 978-65-5689-346-4

         1.Bíblia. N.T. Apocalipse – Comentários 2. Bíblia. N. T. Apocalipse – Crítica e interpretação. 3. Escatologia. 4. Novo Testamento. I. Reis, James. II. Título.

04-2022/35   CDD: 228.06

Índice para catálogo sistemático

1. Apocalipse: Revelações: Novo Testamento: Cristianismo   228.06

Bibliotecária responsável: Aline Graziele Benitez CRB-1/3129

Thomas Nelson Brasil é uma marca licenciada à Vida Melhor Editora LTDA.
Todos os direitos reservados à Vida Melhor Editora LTDA.
Rua da Quitanda, 86, sala 601A — Centro
Rio de Janeiro — RJ — CEP 20091-005
Tel.: (21) 3175-1030
www.thomasnelson.com.br

A meus alunos de Apocalipse de
St. Mary's Seminary & University, na School
of Theology, do Ecumenical Institute of
Theology, na Duke Divinity School, da igreja
Community United Methodist Church
e de muitas outras igrejas.

SUMÁRIO

Agradecimentos 9
Prefácio: Lendo Apocalipse com responsabilidade 11
  1. A confusão, o problema e a promessa de Apocalipse 19
  2. O que estamos lendo? A forma de Apocalipse 29
  3. O que estamos lendo? A substância de Apocalipse 53
  4. Como estamos lendo? Interpretando Apocalipse 88
  5. Sete mensagens profético-pastorais do Senhor
     ressurreto (Apocalipse 1—3) 110
  6. A visão central e centralizadora: Deus e o Cordeiro
     (Apocalipse 4 e 5) 133
  7. Conflitos e personagens: o drama de Apocalipse 150
  8. Visões do juízo de Deus (Apocalipse 6—20) 174
  9. Visão final, esperança concretizada: novo céu, nova
     terra, nova cidade (Apocalipse 21 e 22) 199
 10. Seguindo o Cordeiro: a espiritualidade de Apocalipse 218
Posfácio: Lendo Apocalipse com responsabilidade (reprise) .. 233
Bibliografia 237
Índice de passagens bíblicas 244
Índice remissivo 249

AGRADECIMENTOS

Devo agradecimentos a muitos que contribuíram para este livro. Sou grato a Chris Spinks e a Jim Tedrick, da Cascade Books, na Wipf and Stock Publishers, por terem me convidado a escrevê-lo. Eles são bons amigos e parceiros de conversas teológicas, mas também revisores e editores. Também sou grato pelo privilégio de ter estudado Apocalipse há muitos e longos anos com Bruce Metzger, posteriormente auxiliando-o em suas aulas. Sou muito agradecido aos amigos que leram parte deste manuscrito e propuseram comentários relevantes: Andy Johnson e Nelson Kraybill, colegas estudiosos do Novo Testamento; meu ex-aluno Jason Poling; meu atual aluno e pesquisador auxiliar Kurt Pfund; e os alunos do meu seminário "O livro de Apocalipse e seus intérpretes", apresentado em junho de 2010 no Instituto Ecumênico de Teologia St. Mary. Eles leram o livro inteiro em seu primeiro rascunho e deram tanto opiniões positivas quanto críticas extremamente úteis. Muito obrigado, Jaki Hall, Betty Kansler, Brian McLoughlin e Tom Tasselmyer.

Dentre todos aqueles que leram o rascunho do livro, Kurt Pfund merece minha mais sincera gratidão. Sua atenção cuidadosa ao estilo, ao argumento e às referências do livro trouxeram inúmeros aprimoramentos. Espero ansiosamente poder ler mais da obra da pena deles algum dia, certamente publicada.

Também expresso minha gratidão aos demais estudantes, tanto da academia quanto da liderança da igreja, por seu interesse, indagações e contribuições, especialmente àqueles que me acompanharam nas cinco viagens de estudo à Turquia e à Grécia ao longo da última década. Desejo ainda mencionar a estimulante classe de alunos aos quais lecionei na Faculdade de Estudos Religiosos Duke, enquanto lá estive como professor convidado no período letivo da primavera de 2009.

Com satisfação, reconheço minha dívida para com muitos outros intérpretes de Apocalipse; principalmente Richard Bauckham, Eugene Peterson e Christopher Rowland. Entre outros que me influenciaram significativamente estão David Aune, Alan Boesak, Ian Boxall, Wes Howard-Brook e Anthony Gwyther; Richard Hays, Craig Koester, Mitchell Reddish, Pablo Richard, Elizabeth Schüssler-Fiorenza e Ben Witherington; além dos artistas plásticos e músicos William Blake, Albrecht Dürer, George Frideric Handel, Paul Manz, Pat Marvenko Smith e muitos outros compositores de hinos.

Também sou igualmente grato ao meu filho, Brian, que ajudou a preparar o índice de textos bíblicos. Por fim, agradeço à minha esposa, Nancy, que está sempre disposta a conversar sobre o livro de Apocalipse; e a nosso grupo de estudos bíblicos de longa data das noites de sexta-feira, com o qual pacientemente percorremos o livro de Apocalipse ao longo de quase um ano. Esses amigos magníficos também suportaram muitas apresentações de slides de locais como Éfeso e Laodiceia. (Todas as fotografias exibidas neste livro foram tiradas pelo autor.)

Sexto sábado após o Pentecoste, 2010

PREFÁCIO | # Lendo Apocalipse com responsabilidade

Este livro se destina àqueles que se sentem confusos, temerosos e/ou preocupados com o livro de Apocalipse. Meu objetivo é ajudar a resgatá-lo daqueles que o interpretam de forma totalmente equivocada ou o ignoram totalmente. Trata-se do produto de 25 anos de pesquisa, reflexão, ensino e viagens relacionados ao livro da Revelação (não Revela*ções*, no plural), como Apocalipse também é conhecido. Essa é a tradução da primeira palavra grega do livro, *apokalypsis*, que significa "revelação". Seu significado não é "destruição", "fim do mundo", nem nada parecido.

Este livro não é um comentário detalhado.[1] É mais exatamente um guia para que o livro seja lido com responsabilidade e para resguardar a coerência teológica do texto. Os capítulos de 1 a 4 ressaltam o primeiro aspecto, enquanto os capítulos de 5 a 10 enfocam mais o segundo. Tanto para dar maior ênfase quanto para benefício daqueles que não leram o livro inteiro, os capítulos deliberadamente repetem certos pontos-chave. A abordagem aqui adotada é dificilmente inédita, ao menos em termos gerais. Talvez, contudo, caiba esclarecer alguns pontos pessoais.

Recentemente li uma história no *Washington Post* sobre um menino de doze anos de idade, cuja leitura favorita era a "versão

---

[1] Recomendo espec. (por diversos motivos) o livrete de Talbert, os compêndios de Boxall, Koester, Peterson, Reddish e Witherington, e a obra em três volumes de Aune.

Lendo Apocalipse *com* responsabilidade

infanto-juvenil" da série de livros Left behind (que será identificada a partir de agora como *Deixados para trás*, título por que a série ficou conhecida no Brasil): um relato fantasioso, dramático, por vezes violento, dos últimos dias do mundo e do retorno de Cristo, conforme uma interpretação específica de Apocalipse e de outros textos bíblicos. Minha primeira reação àquela notícia foi severamente crítica: aos autores que escrevem esses livros, aos editores que os vendem para crianças, aos pais e igrejas que os compram, e até aos jovens que são seduzidos por eles.

Lembrei-me então da era Hal Lindsey na minha juventude, na década de 1970. Ainda adolescente, com uma fé cristã recentemente revigorada, eu também fui brevemente cativado pelas esperanças — e temores — descritos em *A agonia do grande planeta Terra* e livros semelhantes, predecessores do fenômeno *Deixados para trás*. Por sorte, nosso grupo de jovens fora abençoado com um líder que oferecia uma forma diferente de ler o livro de Apocalipse. Meus temores foram aliviados, e fui capaz de colocar Apocalipse em segundo plano durante a maior parte da faculdade, apesar de ter um líder de alojamento que regularmente acampava nos arredores da faculdade para treinar suas habilidades de sobrevivência antes da Grande Tribulação. (Sua preocupação, contudo, causou-me bastante aflição durante um curto período de tempo.)

Meu interesse em Apocalipse renasceu no Seminário de Princeton, onde fiz um curso sobre o livro com o falecido e magnífico professor Bruce Metzger, cujas palestras se tornaram a base de um popular livro intitulado *Breaking the code* [Desvendando o código]. Posteriormente, como estudante de doutorado, ajudei-o a lecionar o mesmo curso. Graças ao dr. Metzger, desenvolvi um forte interesse não apenas no livro de Apocalipse em si, mas também nas muitas formas em que ele tem sido interpretado. Quando eu, por minha vez, tornei-me professor de Novo Testamento, passei a lecionar regularmente um curso chamado "O livro de Apocalipse e seus intérpretes". Também comecei a dar palestras sobre Apocalipse para grupos de igrejas, alunos de faculdades e seminários e outros. E comecei a guiar viagens de estudo chamadas "As cidades de Paulo e João", que incluíam a maioria das sete cidades mencionadas em Apocalipse, todas localizadas na atual Turquia.

Prefácio: Lendo Apocalipse com responsabilidade

Enquanto eu escrevia este livro, diversos outros eventos suscitaram interesse pelo tempo do fim. Um foi a eleição do presidente dos Estados Unidos, Barack Obama. Quase imediatamente, a blogosfera e os veículos de mídia foram inundados de comentários sugerindo que ele poderia ser o anticristo (termo que não aparece em Apocalipse[2]). Uma mulher preocupada entrou em contato com um grande amigo meu, professor de Novo Testamento em outro seminário, indagando sobre sua perspectiva acerca dessa questão, sobre o livro de Apocalipse, e as "últimas coisas", de forma geral.[3] Ele gentilmente respondeu de forma bastante condizente com este livro.

Mais recentemente, um radialista e professor de Bíblia muito conhecido, Harold Camping, novamente predisse a segunda vinda de Jesus, que aconteceria em 21 de maio de 2011, e o fim do mundo como o conhecemos. Não obstante as claras palavras de Jesus, de que ninguém além de Deus Pai sabe quando será aquele dia, nem mesmo o próprio Filho (Marcos 13:32; Mateus 24:36) e apesar de outra predição equivocada anterior do sr. Camping, para 6 de setembro de 1994, tanto ele quanto seus seguidores criam piamente que as Escrituras, quando corretamente interpretadas, indicavam com clareza essa data. Tais vaticínios são normalmente acompanhados por uma escatologia e uma mentalidade escapistas, que podem produzir efeitos significativos na própria pessoa e naquelas que a cercam. Certo colega tinha um médico de família, nos idos da década de 1990, que era um seguidor tão devoto de Harold Camping e estava de tal forma convencido de que Jesus voltaria em 1994, que pregava incansavelmente a respeito disso a seus pacientes e passava todo o seu tempo livre se preparando para o fim, e acabou por demitir toda a sua equipe, visto que naturalmente não haveria nada para fazer após setembro de 1994.

Os dias durante os quais escrevi este livro têm parecido um tanto "apocalípticos" (expressão que precisaremos definir mais adiante) para muitas pessoas. Tem havido guerras e rumores de guerra. Houve a grande crise econômica de outubro de 2008, que para muitos pareceu acontecer "em apenas uma hora" (veja Apocalipse 18:10,17,19),

---

[2] A palavra (no singular e no plural) aparece apenas em 1João 2:18(2x),22; 4:3 e em 2João1:7.
[3] O termo técnico teológico para o estudo das últimas coisas é "escatologia".

e suas repercussões. Então, em janeiro de 2010, um terremoto devastador se abateu sobre a já carente nação insular do Haiti. Alguns líderes religiosos consideraram essa tragédia um castigo de Deus e o começo do fim. Aparentemente, alguns haitianos vinham ouvindo ao longo dos anos que um evento dessa natureza seria o início da destruição da terra. Imediatamente após o tremor, algumas mulheres corriam pelas ruas, rasgando as roupas e gritando: "O Apocalipse chegou". Pouco tempo depois, tivemos o derramamento de óleo na Costa do Golfo, deixando algumas pessoas com a impressão de que a morte de um terço das criaturas vivas do mar (Apocalipse 8:9) não era uma fantasia inverossímil. Outro sinal do fim?

Por fim, embora muito mais banal, um erro de digitação ao tentar comprar um filme levou-me a um site chamado nexflix.com. É mais um dentre milhares que predizem o cumprimento de profecias bíblicas, o arrebatamento iminente (outro termo — e até mesmo outro conceito — ausente em Apocalipse), o surgimento do anticristo e o desenrolar do "roteiro" de Apocalipse. O site tinha o objetivo de inspirar medo e arrependimento. Fosse eu um incrédulo, porém, teria achado a coisa toda ridícula e somado sua curiosa perspectiva à minha lista de motivos para não levar o cristianismo a sério.

Tudo isso é para dizer o seguinte: *como uma pessoa lê, ensina e prega o livro de Apocalipse pode ter grande impacto no bem-estar emocional, espiritual e até físico e financeiro tanto dela mesma quanto das demais pessoas.* Interpretar o livro de Apocalipse é, portanto, algo sério e sagrado que não deve ser encarado de forma leviana. Além disso, ainda que as Escrituras sejam uma palavra *viva* da parte de Deus, capaz de trazer mensagens novas para pessoas em contextos específicos, quando falamos de Apocalipse devemos deixar claro que algumas leituras não são apenas mais fracas que outras, mas de fato anticristãs e nocivas.

Essa última frase pode preocupar os leitores que entendem que uma leitura de Apocalipse com responsabilidade é algo imparcial. Com "responsabilidade", contudo, quero dizer *responsabilidade teológica*, o que implica prestar atenção ao contexto histórico e literário original do livro, sua relação com o restante das Escrituras, seu relacionamento com a doutrina e a prática cristãs e seu potencial de ajudar ou prejudicar pessoas em sua vida na fé. Como estudioso da Bíblia que se esforça para interpretar as Escrituras teológica e missiologicamente, não acho adequado separar a exegese (a análise dos aspectos históricos e literários do texto) da reflexão ou aplicação teológica.[4] Isso não é desculpa para um estudo negligente, mas um convite para um envolvimento vigoroso e vivificante. Caso contrário, como Mitchell Reddish alerta acerca do simbolismo em Apocalipse, "a pessoa pode dissecar o texto de tal forma que acaba com um cadáver em vez de um texto vivo que continua inspirando, desafiando e envolvendo o leitor".[5]

Possivelmente, mais que qualquer outro livro bíblico, uma leitura responsável de Apocalipse seja extremamente favorecida pelo conhecimento de como pessoas, em outras épocas e lugares, interpretaram e ainda interpretam Apocalipse: em sermões e em livros, sim, mas também em pinturas, músicas, filmes e outras mídias. (Entretanto, só seremos capazes de revelar a ponta do iceberg neste livro.[6]) Uma leitura responsável se fundamenta nos pontos fortes de outras leituras do livro, ao mesmo tempo em que se evita as deficiências e os erros dos outros. Um envolvimento responsável com Apocalipse, em última análise, atenta à mensagem teológica de Apocalipse como uma palavra de Deus para o século 21, que é análoga à sua mensagem para o primeiro século. Ademais, quando lemos a Bíblia como sendo as Escrituras, percebemos como ela tem tido efeitos reais sobre o mundo, tanto bons como ruins, e como isso deve nos influenciar, especialmente em nosso chamado para participar na obra de Deus no mundo, a *missio Dei* (missão de Deus). Ler as Escrituras com responsabilidade, portanto, acarreta incorporá-la ou até "representá-la", como atores com um roteiro. No caso de Apocalipse, representar as Escrituras deve ser feito com grande cautela.

Quais são as implicações dessa abordagem? Apocalipse não diz respeito ao anticristo, mas ao Cristo vivo. Não diz respeito a um arrebatamento para fora deste mundo, mas a um discipulado fiel neste mundo. Ou seja, como qualquer outro livro do Novo Testamento,

---

[4]Sobre isso, veja meu artigo "*A 'seamless garment' approach to biblical interpretation?* e meu livro *Elements of biblical exegesis*.
[5]Reddish, *Revelation*, p. 230.
[6]Sobre a história da interpretação, veja espec. Wainwright, *Mysterious Apocalypse*; Kovacs; Rowland, *Revelation*; e (para resumos) Rowland, "Book of Revelation", p. 528-56; Koester, *Revelation and the end of all things*, p. 1-37; e Murphy, "Revelation".

Apocalipse trata sobre Jesus Cristo — "Revelação de Jesus Cristo" (Apocalipse 1:1) — e sobre segui-lo em obediência e amor. "Se alguém indagar: 'Por que ler Apocalipse?', a resposta pronta deve ser: 'Para conhecer melhor a Cristo'."[7] Nesse último livro da Bíblia cristã, Jesus é retratado sobretudo como:

- a Testemunha Fiel, que permaneceu leal a Deus apesar da tribulação;
- o que está Presente, que caminha entre a comunidade dos seus seguidores, proferindo palavras de conforto e incentivo por meio do Espírito;
- o Cordeiro que foi morto e agora reina com Deus, o Criador, compartilhando a devoção e adoração que são devidas somente a Deus e
- o que Virá, cumprirá todo o propósito de Deus e reinará com Deus no meio do seu povo, no novo céu e na nova terra.

Apocalipse, portanto, também nos fala sobre sermos fiéis a Deus e obedientes ao Espírito ao seguirmos Jesus, especificamente em::

- testemunho e resistência fiéis;
- escuta atenta;
- uma vida litúrgica (permeada pela adoração) e
- esperança missional.

Como exploraremos em detalhes, a espiritualidade litúrgica e missional de Apocalipse (ou seja, uma vida de adoração e testemunho) é a antítese da religião que idolatra poderes seculares. Como tal religião é geralmente denominada religião *civil*, o subtítulo deste livro é "Testemunho e adoração *incivil*", ou seja: "Seguindo o Cordeiro rumo à nova criação". Essa leitura de Apocalipse contesta muitos valores e práticas que as pessoas simplesmente consideram estabelecidas. Eu não espero que todos concordem integralmente

---

[7]Prévost, *How to read the Apocalypse*, p. 11.

com este livro, mas espero que todos o tomem com uma mente aberta e um desejo verdadeiro de enfrentar o livro de Apocalipse.

Por causa da minha própria jornada, consigo entender a fascinação de um jovem adolescente com o final da Bíblia e o fim do mundo. Compreendo a curiosidade de um leigo sobre o anticristo. Apesar de não nutrir simpatia por aqueles que marcam datas, ou dizem aos pobres que as catástrofes naturais são sinais claros do juízo divino, sofro por aqueles que são vítimas de interpretações bíblicas tão falaciosas. Este livro, portanto, é para o garoto fascinado com a série *Deixados para trás* (ainda que não o leia de imediato); para seus pais e amigos, no presente e no futuro; para seus líderes de jovens e pastores; e para alunos universitários e seminaristas que algum dia interpretarão o livro de Apocalipse para outras pessoas.[8] Ele foi escrito para aqueles desnecessariamente preocupados com a identidade do anticristo ou com a data da segunda vinda. Também se destina àqueles que buscam uma alternativa às leituras de Apocalipse que promovem o medo de ser deixado para trás no arrebatamento ou uma preparação narcisista para o fim dos tempos.[9]

Um fascínio precoce pelo livro de Apocalipse não é necessariamente nocivo. Certa feita, outro adolescente leu o livro de Apocalipse na escola em um único dia. Ele escreve sobre a experiência:

> O engraçado é que decerto eu não conseguia entender nada do que o livro queria dizer, mas ainda me lembro daquele poder e beleza explosivos; da sensação de que o Novo Testamento que eu tinha em minhas mãos trazia uma tempestade escondida, sobre a qual ninguém tinha me avisado.

Alguns anos mais tarde, aquele jovem se tornou um bispo anglicano e o biblicista contemporâneo de maior prestígio do mundo: N. T. (Tom) Wright.[10]

---

[8] As notas ao longo do livro se destinam principalmente a estudantes que podem querer pesquisar mais a fundo o assunto.

[9] Eugene Peterson oportunamente observa: "A Bíblia adverte contra uma ansiedade neurótica em relação ao futuro e devaneios escapistas em relação ao que há de vir" (*Reversed thunder*, p. 21).

[10] A citação foi extraída de Wright, *Following Jesus*, p. 54.

Escrevo com a convicção de que o livro de Apocalipse pode ser compreendido, e que, como Tom Wright percebeu ainda na adolescência, ele traz uma mensagem poderosa e bela, de profecia e promessa para nós, se ao menos tivermos ouvidos para ouvir.[11]

QUESTÕES PARA REFLEXÃO E DEBATE

1. Quais têm sido suas experiências — positivas, negativas ou neutras — com o livro de Apocalipse?
2. Por que você acha que algumas pessoas parecem ser obcecadas pelo livro de Apocalipse?
3. Qual tem sido o papel de Apocalipse na(s) igreja(s) em que você participa?
4. O que você espera obter com o estudo de Apocalipse?

---

[11] Isso não significa que ler Apocalipse com responsabilidade será fácil. Como John Wesley disse, "O livro de Apocalipse não foi escrito sem lágrimas; assim, são necessárias lágrimas para que ele seja compreendido" (*Explanatory notes*, sobre Apocalipse 5:4).

CAPÍTULO 1 | # A confusão, o problema e a promessa de Apocalipse

O que vem à mente quando "o livro de Apocalipse" é mencionado? Eis alguns termos e expressões que são frequentemente associados a ele: o fim, o arrebatamento, 7, quatro cavaleiros, o anticristo, 666, juízo, vingança, a segunda vinda, céu.

Curiosamente, duas das palavras da lista acima mais associadas ao Apocalipse — arrebatamento e anticristo — não são nem mesmo mencionadas no livro. Algumas das palavras mais importantes em Apocalipse, como "testemunha", "trono" e "cordeiro", não saltam à mente tão de imediato. Elas são, contudo, fundamentais para Apocalipse e serão fundamentais também para este livro. Outras palavras que com frequência vêm à mente refletem reações emocionais ao livro: assustador, preocupante, confuso. Apocalipse pode realmente ser um livro intricado e difícil, a ponto de algumas pessoas até o considerarem perigoso. Eis algumas descrições que ele recebe a partir de perspectivas críticas diversas:

| Lendo Apocalipse *com* responsabilidade

- "... nem apostólico, nem profético [...] não consigo de modo algum identificar que o Espírito Santo o produziu [...] Veja, presume-se que aquele que guarda o que está escrito nesse livro seja abençoado; contudo, ninguém sabe do que se trata, quanto menos o que significa guardá-lo [...] Cristo não é ensinado nem conhecido nele" (Martinho Lutero, 1483-1546, escrito em 1522).[1]
- "... um livro de enigmas que exige uma Revelação para explicá-lo" (panfleteiro americano Thomas Paine, 1737-1809).[2]
- "... o mais violento rompante de revanchismo em toda a história registrada" (Friedrich Nietzsche, 1844-1900).[3]
- O "imponente esquema" do Teólogo João "para extirpar e aniquilar todos que não fossem eleitos [...] e alçar-se ao trono de Deus"; um livro que "não traz em si nada do verdadeiro Cristo, nada do verdadeiro evangelho", pois "assim como Jesus precisou ter um Judas [...], precisava ter um Apocalipse no Novo Testamento" (D. H. Lawrence, 1885-1930).[4]
- O "curioso registro das visões de um viciado em drogas" (dramaturgo George Bernard Shaw, 1856-1950).[5]
- Um "retrocesso para a responsabilidade ética", a ponto de "sua existência e admissão no cânon serem, em toda acepção da palavra, prejudiciais" (especialista em Novo Testamento Jack Sanders, escrito em 1975).[6]
- Uma "fantasia masculina misógina no fim dos tempos" (feminista especialista em Novo Testamento Tina Pippin, escrito em 1992).[7]
- Um livro que transforma a "resistência não violenta do Jesus ferido, na guerra violenta do Jesus que fere" (especialista em Novo Testamento John Dominic Crossan, escrito em 2007).[8]

---

[1] "Preface to the Revelation of St. John [I]" (1522), p. 398-9. Lutero posteriormente descobriu valor argumentativo e teológico no livro.
[2] Citado em Wainwright, *Mysterious Apocalypse*, p. 111.
[3] Citado em Hays, *Moral vision*, p. 169.
[4] *Apocalypse*, p. 63, 66, 67.
[5] Citado em Johns, *Lamb Christology*, p. 4.
[6] *Ethics in the New Testament*, p. 115.
[7] *Death and desire*, p. 105.
[8] *God and Empire*, p. 224.

A referência de Jack Sanders ao cânon, a coletânea dos escritos cristãos consagrados, ou a Escritura, pode soar exagerada, mas é verdade que Apocalipse quase ficou de fora do cânon cristão (mais adiante entraremos em maiores detalhes). E hoje em dia, embora permaneça no cânon, Apocalipse raramente aparece no lecionário (lista ou seleção de leituras para o culto) da Igreja Católica Romana ou das igrejas protestantes que utilizam algo parecido. Os lecionários tendem a evitar as passagens mais duras e omitir certos versículos das passagens utilizadas, a fim de tornar Apocalipse "um livro mais aceitável".[9] Além disso, Apocalipse *jamais* aparece no lecionário das igrejas ortodoxas, embora seja lido integralmente em algumas igrejas ortodoxas no sábado antes da *Pascha* (Páscoa). Na prática, para muitos cristãos, Apocalipse já foi removido do cânon. Como uma mulher certa vez comentou em um *post* de meu blog sobre Apocalipse: "Tão pouca atenção tenho dado a Apocalipse, que nem mesmo precisava constar em minhas Bíblias".

Mesmo os grandes reformadores, Calvino e (o primeiro) Lutero, eram apreensivos em relação a Apocalipse, pois temiam que seu simbolismo encobrisse a Cristo e confundisse o cristão comum. No início de seu ministério, Lutero manteve-o à parte, junto com Tiago e mais alguns outros livros do Novo Testamento, pois os considerava inferiores aos Evangelhos e às epístolas de Paulo. Apocalipse foi o único livro do Novo Testamento sobre o qual Calvino não escreveu um comentário.

O medo e a desconfiança em relação a Apocalipse são quase tão antigos quanto o próprio livro em si; em parte, ao menos, por causa do uso e abuso que o livro sofreu desde o início — poderíamos dizer "hipercanonização" — por parte de pessoas à margem da igreja cristã e por fanáticos. Já no segundo século da era cristã, um grupo denominado montanistas usou Apocalipse para justificar suas experiências carismáticas proféticas e visionárias, bem como sua crença de que a Nova Jerusalém em breve desceria sobre a Frígia (parte do noroeste da atual Turquia). Mais recentemente, alguns membros de uma

---

[9]Kovacs; Rowland, *Revelation*, p. 222. O *Lecionário comum revisado* só traz seis textos de Apocalipse, a saber, 1:1-8; 5:6-14; 7:2-17; 21:1-6; 21:10—22:5; 22:12-21.

ramificação do Ramo Davidiano, inspirado especialmente por visões do juízo vindouro sobre a Babilônia (para eles, o governo dos Estados Unidos), isolaram-se em um complexo perto de Waco, Texas, sob a liderança de Vernon Howell, que adotara o nome de David Koresh. Koresh via a si mesmo como a segunda vinda do Cordeiro (Messias), que lideraria o conflito violento contra a Babilônia, o que tragicamente culminou em muitas mortes quando policiais federais realizaram um cerco ao complexo em abril de 1993.

Como comentou um estudioso: "Ao longo da história, certos grupos de crentes têm utilizado Apocalipse como seu 'cânon dentro do cânon', seja para promover uma sociologia sectária ou para justificar um interesse extremo em escatologia".[10] Outro estudioso corretamente afirma que "nenhuma outra parte da Bíblia tem proporcionado um campo tão fértil para todos os tipos de interpretações bizarras e perigosas".[11] Ainda outro, o famoso especialista em Novo Testamento Luke Timothy Johnson diz a respeito de Apocalipse:

> Poucos textos têm sido tão obsessivamente lidos e com resultados, de maneira geral, tão desastrosos como o livro de Apocalipse. A história de sua interpretação é, em grande medida, uma história de erros trágicos, resultantes de uma incompreensão básica do propósito e da forma literária da obra. Até o ponto em que seus símbolos enigmáticos foram apropriados pela oração e pela poesia, sua influência tem sido benéfica. Com mais frequência, esses mesmos símbolos têm alimentado sistemas ilusórios, tanto públicos como privados, para a destruição de seus criadores e para descrédito do texto.[12]

Ou seja, tem havido muitas leituras *irresponsáveis* de Apocalipse.

Apesar desses problemas e preocupações, há muitos admiradores do livro de Apocalipse, cristãos (e outros), que têm lido o livro de forma sensível e criativa, dando especial ênfase às suas dimensões

---

[10]Wall, *Revelation*, p. 29.
[11]Boring, *Revelation*, p. 4.
[12]Johnson, *Writings*, p. 507.

estéticas, ou à sua capacidade de despertar a imaginação na contemplação e adoração a Deus, ou à sua oferta de esperança ao oprimido. A influência desses aspectos de Apocalipse não tem sido apenas benéfica, mas inspiradora, principalmente na música e nas artes.[13]

Vêm à mente, por exemplo, grandes hinos cristãos como *Holy, holy, holy!* [Santo, santo, santo!] (Reginald Heber, 1826) e *Crown him with many crowns* [Coroai-o com muitas coroas] (Matthew Bridges, 1852):

Santo! Santo! Santo!
(segunda estrofe; veja Apocalipse 4 e 1:4,8)

Santo! Santo! Santo! Todos os santos te adoram,
Lançando suas coroas douradas por sobre o mar de vidro;
Querubins e serafins se prostram perante ti,
Que fostes, és e eternamente serás.[14]

Coroai-o com muitas coroas
(primeira estrofe; veja Apocalipse 5; 7:17; 19:12; 22:1)

Coroai-o com muitas coroas, ao Cordeiro em seu trono.
Ouvi, pois o hino celestial suplanta todas as outras melodias.
Desperta, ó minh'alma, e canta àquele que morreu por ti.
E saúda-o como teu Rei incomparável por toda a eternidade.

Tão célebres e inspiradoras são algumas das melodias presentes no oratório *O Messias*, de G. F. Handel, de 1742. A letra (composta por Charles Jennens) de duas de suas mais famosas obras foram extraídos de Apocalipse (da versão King James):

- "Aleluia! Pois o Senhor Deus onipotente reina / O reino deste mundo se tornou o reino de nosso Senhor e de seu Cristo; e ele reinará para todo o sempre / Rei dos reis e Senhor dos senhores. Aleluia!" (Apocalipse 11:15; 17:14; 19:6,16).

---

[13]Koester (*Revelation and the end of all things*, p. 31-7) sugere que cristãos "convencionais" conhecem Apocalipse principalmente por meio da música.
[14]A última linha tem algumas vezes a redação modernizada: "Que era, que é e eternamente será".

- "Digno é o Cordeiro que foi morto, e que nos redimiu para Deus pelo seu sangue, de receber poder, riquezas, sabedoria, força, honra, glória e bênçãos / Bênçãos, honra, glória e poder sejam para ele que se assenta sobre o trono, e para o Cordeiro, para todo o sempre / Amém" (Apocalipse 5:12-14).[15]

A primeira dessas estrofes triunfantes encerra a segunda das três partes do *Messias*, enquanto a outra conclui o oratório.

Um dos hinos para corais americanos mais conhecidos é o belo *E'en so Lord Jesus, quickly come* [Vem depressa, Senhor Jesus] (1953). Utilizando diversos textos de Apocalipse, mas principalmente o capítulo 22, o renomado músico sacro luterano Paul Manz (1919-2009) e sua esposa Ruth escreveram essa obra enquanto seu filho pequeno estava muito enfermo em uma cama de hospital. (Ele posteriormente se recuperou.) Sua combinação assombrosamente bela de texto e música é uma introdução apropriada à interpretação de Apocalipse (veja 1:4,5; 4:8; 22:5,7,12,20):

Vem depressa, Senhor Jesus

Paz seja convosco, e graça, daquele
Que nos livrou dos nossos pecados,
Que nos amou a todos e derramou seu sangue
Para que fôssemos salvos.

Cantai Santo, Santo ao nosso Senhor,
O Senhor, todo-poderoso Deus,
Que era, e é, e há de vir;
Cantai Santo, Santo Senhor!

Alegrai-vos nos céus, todos os que viveis nas alturas,
Alegrai-vos embaixo na terra, todos os santos,
Pois Cristo está vindo, em breve virá,
Pois Cristo logo virá!

Vem depressa, Senhor Jesus,
E não haverá mais noite;

---

[15] O "Amém" após o "Digno é o Cordeiro" é, na verdade, um refrão separado.

> Então não precisarão de chama, nem candeia, nem sol,
> Pois Cristo os iluminará!

Nem toda música inspirada pelo livro de Apocalipse é música sacra tradicional. Diversos artistas cristãos contemporâneos têm extraído suas letras de Apocalipse. Talvez o mais conhecido seja *Agnus Dei* [Cordeiro de Deus] (1990), de Michael W. Smith, baseado nos mesmos textos de Apocalipse que inspiraram as estrofes de O *Messias*, de Handel. A famosa letra traz as palavras "Santo és, Senhor Deus todo-poderoso" e "Digno é o Cordeiro". Semelhante dívida para com Apocalipse (22:17,20) tem a popular canção de convite *Todos os que têm sede*, de Brenton Brown e Glenn Robertson (1998). A canção começa: "Todos os que têm sede, todos os que estão fracos / Venham à fonte", e acrescenta "Ora vem, Senhor Jesus", repetindo diversas vezes.

Além dos músicos, muitos artistas plásticos também têm produzido obras inspiradas por Apocalipse. Desde os desenhos fantásticos de bestas com diversas cabeças de Joaquim de Fiore (c. 1135-1202) às inúmeras e intricadas xilogravuras de cenas importantes de Albrecht Dürer (1471-1528); das imagens em cores vívidas de William Blake (1757-1827) até interpretações mais recentes das mesmas cenas pela pena de artistas modernos, como o cartunista Basil Wolverton (1909-1978) da década de 1950 e o ilustrador contemporâneo Pat Marvenko Smith, de estilo semelhante ao de William Blake.[16]

Esses músicos e artistas plásticos provavelmente concordariam com as palavras do pastor e teólogo Eugene Peterson, cujo comentário espiritual sobre Apocalipse, *Reversed thunder* [Trovão inverso], destaca seu poder poético e sensorial de provocar a imaginação e conduzir a alma na direção de Deus. Após lamentar a situação daqueles que, como ele, "têm a pele espessa e insensível à brisa do Espírito, e ouvidos moucos para escutar a glória de Deus declarada pelos céus", ele pergunta:

---

[16] Disponível em: http://www.hollywoodjesus.com/wolverton01.htm para Wolverton e http://www.revelationillustrated.com/default.asp para Smith. Veja tb. http://www.biblical-art.com e http://www.textweek.com/art/art.htm para centenas de ilustrações artísticas relacionadas a Apocalipse.

São João perante Deus e os anciãos, de Albrecht Dürer, c. 1497-1498.

Não há visão que possa abrir nossos olhos para a vida abundante de redenção em que estamos mergulhados pela aliança com Cristo? Não há trombeta que possa nos despertar para os meandros da graça, a profundidade da paz, os exemplos reiterados e inéditos de amor que nos cercam por todos os lados? Para mim e para muitos, Apocalipse de São João fez isso.[17]

Semelhantemente, o falecido estudioso do Novo Testamento Bruce Metzger escreveu que Apocalipse é "ímpar [na Bíblia] ao apelar

---

[17]Peterson, *Reversed thunder*, p. xi.

antes de tudo à nossa *imaginação*; não, contudo, a uma imaginação livre, mas a uma imaginação disciplinada".[18] Aliás, seria adequado utilizar as palavras de Richard Hays, originariamente com respeito a Paulo, em relação a Apocalipse: o livro final da Bíblia trata da "conversão de nossas imaginações".[19] Seu objetivo é "purificar e renovar a imaginação cristã".[20]

Além das dimensões litúrgica (adoração) e estética de Apocalipse, seu caráter inerentemente político também tem incandescido imaginações. De um lado há as bizarrices, como a identificação de papas, figuras políticas e outras pessoas como sendo o anticristo. Há também coisas mais nefastas, como os falsos messias, tal qual Jim Jones na Guiana, que enganam os ingênuos; ou políticos que, influenciados por leituras peculiares de Apocalipse, moldam a política externa dos Estados Unidos para o Oriente Médio.

De outro lado, porém, há aqueles cuja leitura de Apocalipse os tem inspirado a buscar a liberdade para o cativo e a justiça para o oprimido, quer na África do Sul, na América do Sul, no sul de Los Angeles ou onde quer que seja. Por que Apocalipse tem tamanho poder para inspirar? Porque essa conclusão litúrgica e poética (ou, melhor, teopoética) do cânon cristão também tem uma natureza política (ou, melhor, teopolítica). Ela pode transformar a imaginação com respeito a como percebemos e vivemos em relação a Deus, às outras pessoas e ao mundo.

Este livro, escrito com a convicção de que Apocalipse é "não só uma das melhores peças literárias do NT, mas também um dos maiores feitos teológicos do cristianismo primitivo",[21] procurará demonstrar como essa conversão da imaginação pode acontecer. Apocalipse nos convida a imaginar e, então, praticar o que chamaremos de testemunho e adoração incivil, que significa seguir o Cordeiro (Cristo) rumo à nova criação.

---

[18] Metzger, *Breaking the code*, p. 11. Sobre a imaginação, veja tb. Rowland, "The Book of Revelation", p. 503-13.
[19] Refiro-me aqui a *The conversion of the imagination*.
[20] Bauckham, *A teologia do Livro de Apocalipse*, p. 179.
[21] Ibidem, p. 36.

QUESTÕES PARA REFLEXÃO E DEBATE

1. Com quais das fortes reações negativas ao livro de Apocalipse, se for o caso, você se identifica? Por que você imagina que Apocalipse desperta sentimentos tão fortes?

2. Por que você acha que Apocalipse inspirou tantas músicas e obras de arte ao longo dos séculos?

3. O que seria necessário para você acreditar que Apocalipse é "não apenas uma das mais sublimes obras literárias do Novo Testamento, mas também uma das maiores conquistas teológicas dos primórdios do cristianismo"?

CAPÍTULO 2

O que estamos lendo?
A forma de Apocalipse

Neste capítulo e no próximo, examinaremos o tipo de literatura em que consiste o livro de Apocalipse: o que estamos lendo quando lemos Apocalipse? Escolhi o termo "forma" para designar o enfoque deste capítulo e "substância" para designar o do próximo, mas isso visa principalmente a evitar um capítulo muito extenso, pois forma e substância são, na verdade, indissociáveis.

A QUESTÃO DA SUBSTÂNCIA E DA FORMA

Se imaginarmos que somos produtores de cinema e que escolhemos o texto de Apocalipse como roteiro para um filme, precisaremos escolher o título. Os títulos e subtítulos de alguns dos muitos livros escritos sobre Apocalipse podem nos dar algumas ideias. Reproduzo aqui alguns títulos de estudiosos da Bíblia e teólogos (marcados com asterisco), bem como de outros autores.

Muitos livros se dedicam à mensagem de Apocalipse sobre o futuro (escatologia) de alguma forma: *The end** [O fim] (Scott Hahn); *Revelation: unlocking the mysteries of the end times* [Apocalipse: desvendando os mistérios do fim dos tempos] (Bruce Bickel e Stan Jantz); *Revelation and the end of all things** [Apocalipse e o fim de todas as coisas] (Craig Koester); *God's grand finale* [O grand finale de Deus] (Hilton Sutton); *The rapture exposed: the message of hope* *in the Book of Revelation** [O arrebatamento revelado: a mensagem de esperança no livro de Apocalipse] (Barbara Rossing); e *Living hope for the end of days* [Esperança viva para o fim dos tempos] (John MacArthur).

Outros títulos indicam alguns aspectos de Cristo, especialmente Cristo como o Cordeiro (uma imagem crucial em Apocalipse) ou falando sobre sua volta: *The book of the risen Christ** [O livro do Cristo ressurreto] (Daniel Harrington); *The victorious Christ** [O Cristo vitorioso] (C. Freeman Sleeper); *The returning King** [O rei que voltará] (Vern S. Poythress); *Worthy is the Lamb* [Digno é o Cordeiro] (Sam Gordon); *The power of the Lamb** [O poder do Cordeiro] (Ward Ewing); *The Lamb who is the Lion* [O Cordeiro que é o Leão] (Gladys Hunt); e *The message of the Book of Revelation, or The war of the Lamb* [A mensagem do livro de Apocalipse, ou A guerra do Cordeiro] (William John Dey).

Outros ainda abordam o conflito catastrófico e político em Apocalipse e/ou sua possível relevância para a política contemporânea: *The final tale of two cities* [O conto final de duas cidades] (Paul Winkler); *The Book of Revelation: apocalypse and empire** [O livro de Apocalipse: apocalipse e império] (Leonard L. Thompson); *Unveiling empire: reading Revelation then and now** [Desvendando o império: lendo Apocalipse no passado e agora] (Wes Howard-Brook e Anthony Gwyther); *Revelation: vision of a just world** [Apocalipse: visão de um mundo justo] (Elisabeth Schüssler Fiorenza); e *Comfort and protest: the Apocalypse from a South African perspective** [Conforto e protesto: Apocalipse de uma perspectiva sul-africana] (Allan Boesak).

Alguns títulos se concentram no discipulado, por vezes misturado à política: *Revelation's rhapsody: listening to the lyrics of the Lamb** [Rapsódia de Apocalipse: ouvindo o poema épico do Cordeiro] (Robert Lowery); e *Apocalypse and allegiance: worship, politics, and devotion in the Book of Revelation** [Apocalipse e fidelidade: adoração, política e devoção no livro de Apocalipse] (J. Nelson Kraybill).

Alguns destacam o perigo e a mensagem de arrependimento, de forma explícita ou implícita: *Antes que a noite venha* (série de David Jeremiah) e *Deixados para trás* (série de Tim LaHaye e Jerry Jenkins).

Uns poucos chamam atenção para as imagens fantásticas do livro: *Spectacles of Empire: monsters, martyrs, and the Book of Revelation** [Espetáculos do império: monstros, mártires e o livro de Apocalipse] (Christopher A. Frilingos); *Dragons, grasshoppers, and frogs* [Dragões, gafanhotos e sapos] (Jerry L. Parks); e *The chaining of the dragon* [O aprisionamento do dragão] (Ralph Schreiber).

Por fim, alguns títulos de livros sobre Apocalipse remetem não ao seu conteúdo, mas à sua complexidade: *Unlocking the Book of Revelation* [Desvendando o livro de Apocalipse] (Perry Stone) e *Breaking the code** [Desvendando o código] (Bruce Metzger).

Todos esses títulos levantam sérias questões sobre o conteúdo do livro de Apocalipse: Apocalipse pode ser compreendido? O livro fala de algo bom ou de algo ruim? Seu assunto principal é Cristo ou o anticristo? Diz respeito ao passado, ao presente ou ao futuro? Seu objetivo é inspirar medo ou fé? É principalmente sobre juízo ou esperança? É sobre um império do mal específico — quer do passado, do presente ou do futuro — ou sobre impérios e o mal de forma geral?

Logicamente, é possível que tais perguntas, onde você tenha de escolher uma ou outra opção, sejam excessivamente simplistas, e que a solução muitas vezes contemple ambas. Mas qual parte de cada resposta dupla é enfatizada por Apocalipse, ou qual parte *nós* deveríamos destacar? Alguns dias, sou tentado a me concentrar em Cristo e dizer: "Digno é o Cordeiro" ou "O senhorio do Cordeiro"; enquanto noutros dias me volto para o discipulado e digo: "Povo do Cordeiro, poder do Cordeiro" ou "Saiamos do império".

Outro ângulo interessante envolve realçar a dimensão teológica ou até teopolítica à luz de Cristo: talvez "A reconstrução do poder divino", ou quiçá "A política de Deus". "A instauração" tem algum apelo (afinal, instaurações sempre remetem a um fim e a um começo) e "Deus vence" também pode ser apropriado. Meu argumento tem dois aspectos: primeiro, que muitas dessas possíveis respostas à questão do título enxergam Apocalipse como algo que não se resume a um prognóstico detalhado sobre o suposto fim dos tempos; e, segundo, que Apocalipse é um texto rico e denso, com múltiplas camadas de significados.

Dentre todos os candidatos, o título que na verdade prefiro é aquele que escolhi para a segunda parte do subtítulo deste livro: "Seguindo o Cordeiro rumo à Nova Criação". Esse subtítulo tenta expressar minha certeza de que Apocalipse é essencialmente um livro sobre Cristo, adoração e discipulado, e a derradeira esperança para o mundo. Apocalipse, porém, nos traz isso estabelecendo um contraste com um tipo de religião e comprometimento falsos. A primeira parte do subtítulo, "Testemunho e Adoração Incivil", é, portanto, um jogo de palavras: Apocalipse é "incivil" ao rejeitar a religião civil, quer do primeiro século ou do século 21.

Assim, para voltar às questões de este ou aquele, Apocalipse nos traz (principalmente) boas-novas sobre Cristo, o Cordeiro de Deus — que compartilha o trono de Deus e é a chave para o passado, o presente e o futuro — e, portanto, também para uma fidelidade intransigente, que leva a uma esperança eterna, ainda que em meio ao mal implacável e ao império opressivo.

Se essa é, contudo, a substância de Apocalipse, qual é o veículo desse conteúdo? Que tipo de literatura ele é? Voltando à analogia do produtor de cinema, que tipo de filme poderia ser feito a partir de Apocalipse? Um documentário ou um filme de realidade fantástica, com pitadas de ficção científica? Algo semelhante aos dois gêneros ou algo que reúna ambos? Essa é uma questão importante e desafiadora.

O(S) GÊNERO(S) DE APOCALIPSE

Diante da pergunta: "Que tipo de livro é Apocalipse?", a resposta óbvia é: "um livro bíblico". Isso, todavia, não basta, pois há vários tipos de literatura na Bíblia e nós lemos e interpretamos seus diferentes tipos (gêneros) de maneiras diversas. Esse princípio é válido para toda leitura de forma geral. Assim como seria tolice ler uma fantasia de ficção científica da mesma forma que se lê um relato acadêmico sobre o Império Romano, o mesmo serve para as Escrituras. Nós, por exemplo, não interpretamos os textos poéticos de Salmos exatamente da mesma forma que interpretamos as narrativas presentes em Atos dos Apóstolos, e não interpretamos Atos da mesma forma que interpretamos a argumentação retórica nas epístolas paulinas.

A questão do gênero é absolutamente crítica para uma interpretação correta de qualquer texto, mas principalmente quando lidamos com um texto como Apocalipse. Se errarmos muito nessa questão, provavelmente cometeremos equívocos graves ao interpretar o texto; se acertarmos, pelo menos evitaremos os erros mais básicos e seremos direcionados, mais ou menos, na direção correta.

A dificuldade em identificar o gênero de Apocalipse é que ele parece ter características de diversas formas literárias. Parece ser, em outras palavras, um documento *híbrido*, mestiço. A boa notícia é que o próprio texto nos diz isso de forma bastante explícita, ao passo que certas características do livro como um todo confirmam essa afirmação. Um dos motivos de Apocalipse dar margem a tantos temas e interpretações (como demonstram os títulos dos livros citados) é sua natureza literária híbrida.

A maior parte dos estudiosos concorda que Apocalipse é ao mesmo tempo apocalíptico, profético e uma carta: "... uma profecia apocalíptica nos moldes de uma carta circular".[1] Apocalipse também parece ser um texto litúrgico (ou de adoração, ou teopoético) e um texto político (ou teopolítico). Como Eugene Peterson observa ao tecer comentários sobre Apocalipse como uma obra política: "O evangelho de Jesus Cristo é mais político do que todo mundo pensa, mas de uma forma que ninguém supõe".[2]

Tanto no início como no fim desse último livro da Bíblia, todas essas cinco dimensões interligadas se manifestam. Neste e no próximo capítulo, examinaremos cada um desses cinco tipos de textos que, em conjunto, constituem o texto híbrido integral do livro de Apocalipse. Neste capítulo, abordaremos as formas mais tradicionalmente identificadas: texto apocalíptico, profético e carta. No próximo capítulo, quando tratarmos da "substância", veremos as dimensões litúrgica e teopolítica de Apocalipse. Haverá, contudo, uma sobreposição inevitável, pois estamos tratando com um único livro uniforme da Bíblia, não com documentos múltiplos.

---

[1] Bauckham, *A teologia do Livro de Apocalipse*, p. 14.
[2] Peterson, *Reversed thunder*, p. 117.

Apocalíptico

Como já mencionado, a primeira palavra do texto grego de Apocalipse é *apokalypsis*, que significa "desvelamento" ou "revelação". O texto se identifica como sendo uma "revelação de Jesus Cristo", o que poderia significar que se trata de uma revelação a respeito de Cristo, da parte de Cristo, ou ambos. Embora essa palavra não seja usada em Apocalipse 1:1 no sentido técnico para identificar um gênero literário, estudantes das Escrituras e textos antigos usam o termo "apocalipse" para identificar um tipo de texto que, por muitos séculos, foi bastante comum entre judeus e cristãos, tanto antes quanto depois de Cristo. A palavra "apocalíptico" é um adjetivo, e o substantivo "apocalíptica" faz referência a uma visão de mundo expressa nesse tipo de literatura.

Há mais de trinta anos, o biblicista John Collins sabidamente definiu um texto apocalíptico como:

> Um gênero de literatura reveladora com uma estrutura narrativa, na qual uma revelação é mediada por um ser sobrenatural para um destinatário humano, desvelando uma realidade transcendente com efeitos tanto no tempo (visto que contempla uma salvação escatológica), como no espaço (visto que envolve outro mundo sobrenatural).[3]

Registros apocalípticos podem ser vistos em diversas subformas, como visões, jornadas a outros mundos e relatos de acessos a livros celestiais.

Outros importantes exemplos de literatura apocalíptica na Bíblia são Daniel 7—12 e Marcos 13 (cujos relatos sinóticos se encontram em Mateus 24 e Lucas 21), que é muitas vezes chamado de "O Pequeno Apocalipse".[4] Exemplos de literatura apocalíptica fora da Bíblia incluem textos judaicos como *1Enoque* (coletânea de diversos textos apocalípticos que vão do terceiro século a.C. ao primeiro século d.C.) e *4Esdras* (primeiro século d.C., trazendo

---

[3]Collins, "Introduction: towards the morphology of a genre", p. 9.
[4]Veja tb. Isaías 24—27, Ezequiel 38 e 39 e Zacarias 9—14.

muitas semelhanças com Apocalipse[5]), bem como obras cristãs como *Apocalipse de Pedro* e *O pastor*, de Hermas (ambos provavelmente do início do segundo século d.C.). Antes de o cânon das Escrituras ser concluído, alguns cristãos da antiguidade até acreditavam que um ou outro desses dois textos apocalípticos cristãos deveriam fazer parte da Bíblia.

Alguns estudiosos da Bíblia chamaram a literatura apocalíptica de "profecia em uma nova linguagem."[6] O texto apocalíptico tem afinidades com o texto profético, mas a linguagem é bastante diferente. Os estudiosos debatem as origens da teologia e literatura apocalípticas, mas sua função básica parece um tanto evidente: sustentar o povo de Deus, principalmente em tempos de crise, ainda mais em momentos de flagelo e opressão. A literatura apocalíptica tanto expressa como cria esperança, ao tecer críticas mordazes contra os opressores, fazer exortações apaixonadas à rebeldia (e às vezes até à disposição para confrontos), e ao demonstrar total confiança de que Deus acabará por derrotar o mal presente. Geralmente expressada de forma simbólica, até mesmo enigmática, essa esperança significa que o apocalíptico também é a linguagem e a literatura de resistência. Richard Horsley afirma que "longe de desejarem o fim do mundo, eles [escritores judeus de textos apocalípticos] almejavam o fim do império. E longe de viverem assombrados pela perspectiva de uma desintegração cósmica, eles buscavam a renovação da terra onde uma vida humana social pudesse ser reestruturada".[7]

A literatura apocalíptica permite tal esperança e resistência quando revela a verdade sobre realidades que, embora presentes, são invisíveis, como Deus, o céu e o inferno; e sobre realidades futuras desconhecidas, como juízo e salvação. Um texto apocalíptico pode, portanto, ser uma revelação vertical ou espacial sobre o presente,

---

[5]Veja a tabela na obra de Howard-Brook; Gwyther, *Unveiling Revelation*, p. 80; e Rowland, "The Book of Revelation", p. 524-8.

[6]E.g., Russell, *Method and message*, p. 92.

[7]Horsley, *Revolt of the scribes*, p. 207 (cf. p. 18, onde ele fala que textos apocalípticos são "demonstrações de oposição ao regime imperial"). Veja tb. Wright, que chama os textos apocalípticos de "literatura subversiva de grupos oprimidos" (*The New Testament and the people of God*, p. 288).

ou pode ser uma revelação horizontal ou temporal sobre o futuro. Às vezes, como no caso de Apocalipse, o texto vai em ambos os sentidos. No último livro da Bíblia, visões de Deus, Cristo, dos crentes e dos mártires no céu (espacial, vertical) são misturadas a visões da perseguição vindoura, de juízo e de salvação em novos céus e nova terra (temporal, horizontal). Algumas vezes os textos apocalípticos incluem jornadas, ou até passeios, pelo céu e pelo inferno. Em Apocalipse, por exemplo, o narrador que experimenta a visão é levado ao céu (4:1). Os capítulos seguintes são "semelhantes a um registro de viagem".[8]

A literatura apocalíptica serve para dar expressão à teologia apocalíptica. No cerne desse tipo de teologia há um dualismo *cósmico*; ou seja, a crença de que existem duas forças opostas em ação no universo: uma para o mal (geralmente Satanás e seus demônios) e uma para o bem (geralmente Deus e os anjos). Esse dualismo cósmico se materializa nas lutas da vida real entre o bem e o mal na terra, resultando em um dualismo mais *histórico* de conflitos entre os filhos de Deus ou da luz, contra os filhos de Satanás ou das trevas. A realidade desse embate cósmico e histórico significa que cada um de nós deve escolher seu lado: ou se está do lado do bem e de Deus, ou do mal e de Satanás. Classificaremos isso como dualismo *ético*.

A teologia apocalíptica inclui outro tipo de dualismo: um dualismo *temporal*. Ela divide a história em duas eras: essa era e a era vindoura. A era presente é caracterizada por perversidade, injustiça, opressão e perseguição; enquanto a era vindoura será um tempo de bondade, justiça e paz. Como as duas eras são tão antagônicas, e tendo em vista que a era atual está completamente infestada pelo poder de Satanás e do mal, a teologia apocalíptica é caracterizada pelo *pessimismo*: não há esperança de uma solução humana para a crise desta era. Somente Deus pode interferir e resolver as coisas, e ele há de fazê-lo! O pessimismo do texto apocalíptico, portanto, não encerra o assunto, mas prepara o caminho para o *otimismo*. Não se trata de otimismo baseado em ação humana, mas de confiança no futuro triunfo de Deus. O teólogo Douglas Harink menciona

---

[8]Wall, *Revelation*, p. 13.

que o Novo Testamento, frequentemente, retrata os atos de Deus em Cristo como um ato apocalíptico: a batalha final e decisiva com os poderes cósmicos que são atos de juízo sobre todos os povos e nações, mas também uma "invasão" que visa a libertar toda a humanidade e, na verdade, todo o cosmo.[9]

Na literatura apocalíptica, tanto judaica como cristã, essa forma de pensar sobre Deus e o embate cósmico-histórico-ético no qual nos encontramos é comumente descrita com uma linguagem altamente simbólica e imagens vívidas, embora Apocalipse se destaque dentre os demais textos pela exuberância de seu material visual. Como fala Mitchell Reddish, ao analisar Apocalipse como um texto apocalíptico:

> [Apocalipse] utiliza visões, símbolos e mitos ancestrais para transmitir sua mensagem. A linguagem do livro é principalmente pictórica e simbólica. Não é uma *linguagem científica ou lógica*. É uma linguagem, mais exatamente, sugestiva, poderosa e emotiva, por vezes *mais semelhante à poesia que à prosa*. Como a linguagem da poesia, a linguagem de Apocalipse é às vezes misteriosa e evasiva, instigando o leitor a fazer conexões e a ver possibilidades que ninguém nunca fez ou viu antes. A linguagem de Apocalipse "funciona", mas *não por comunicar informações*, e sim ao ajudar o leitor a experimentar o que João sentiu.[10]

Animais, cores, números e outras entidades cotidianas assumem valores simbólicos conforme os narradores apocalípticos tentam expressar o que é quase inexprimível. Entre os aspectos mais frequentes e importantes do simbolismo em Apocalipse estão certas cores e números.[11] As cores funcionam mais como imagens, do que como adjetivos, e os números são mais como adjetivos do que

---

[9]Harink, *Paul among the postliberals*, p. 68.
[10]Reddish, *Revelation*, p. 29 (grifo na citação).
[11]Em Apocalipse, as coisas são contadas mais de 75 vezes. Além dos cálculos explícitos, certos itens (p. ex., bênçãos), palavras-chave e expressões (p. ex., Senhor Deus todo-poderoso) aparecem quatro, sete, doze ou catorze vezes. Veja Beale, *Revelation*, p. 58-64.

números.[12] A tabela a seguir destaca valores que são frequentemente atribuídos por eruditos a cores e números específicos em Apocalipse:

Tabela com o simbolismo de cores e de números em Apocalipse

Cor/Número	Suposto significado simbólico	Exemplos textuais
Branco	Vitória, ressurreição, pureza/limpeza, céu/divindade	Os cabelos do Filho do Homem (1:14); vestes dos fiéis, mártires e anciãos (3:4,5,18; 6:11; 7:9, 13-14; 19:14); cavalo de juízo (6:2); cavalos de Cristo e dos seus exércitos (19:11,14); trono de Deus (20:11)
Vermelho	Sangue, força violenta	Cavalos de juízo (6:4); couraças dos cavaleiros (9:17); dragão (12:3)
Púrpura, escarlate (semelhante ao vermelho)	Decadência, império e perversidade imperial	Besta (escarlate; 17:3); vestes da grande prostituta/cidade = Babilônia (púrpura, escarlate; 17:3,4; 18:16); carga dos mercadores comercializadas com a grande prostituta/Babilônia (púrpura, escarlate; 18:12)
Preto	Morte, desastre	Cavalos de juízo (6:5); sol (6:12)
Verde (pálido) [amarelado]	Morte	Cavalos de juízo (6:8)
Ouro	Riqueza incorruptível, beleza, realeza; divindade verdadeira ou falsa	Candelabros (1:12,20; 2:1); cinturão do Filho do Homem e dos anjos (1:13; 15:6); o que Cristo oferece à igreja (3:18); coroas dos anciãos (4:4); taças de incenso e incensários = orações (5:8; 8:3); taças de ira (15:7); coroas dos gafanhotos (9:7); altar celestial (9:13); ídolos (9:20); coroa do Filho do Homem (14:14); joias e cálice da grande prostituta/cidade (17:4; 18:16); vara de medida para a Nova Jerusalém (21:15); a Nova Jerusalém e suas ruas (21:18,21)

---

[12] Devo essa última descoberta a meu aluno Brian McLoughlin, um contador.

O que estamos lendo? A forma de Apocalipse

$1/3$, $1/2$	Intervalo de tempo definido	Silêncio (8:1); destruição (8:7-12; 9:15,18; 12:4)
3	Um grupo definido	Anjos (8:13), pragas (9:18), partes da cidade (16:19)
	Divindade ou falsa divindade	O que é, que era e que há de vir (1:4); fonte trina de graça (1:4,5) dragão + duas bestas (caps. 12 e 13); espíritos imundos que deles emanam (16:13)
3 $1/2$	Tempo limitado (meia plenitude = 7)	3 $1/2$ anos = 42 meses = 1.260 dias, o tempo durante o qual a cidade santa será pisada e as duas testemunhas profetizarão (11:2,3); dias entre a morte e a ressurreição das testemunhas (11:9,11); anos durante os quais a mulher foi sustentada no deserto (12:6,14) e a besta blasfemou (13:5)
4	Universalidade, especialmente dentro da criação	Criaturas viventes no céu (4:6-8; 5:6,8,14; 6:1,6,7; 7:11; 14:3; 15:7; 19:4); cavalos (6:1-8); anjos, cantos e ventos da terra (7:1,2; 9:15; 20:8)
6	Imperfeição, falsa divindade (falta de plenitude = 7)	Número da besta = 666 (13:18)
7	Plenitude, perfeição	Espíritos de Deus (3:1; 4:5; 5:6); estrelas na mão do Filho do Homem = anjos das igrejas (1:16; 2:1; 3:1); igrejas/candelabros (1:4,11,12,20; 2:1); selos, anjos e trombetas, e taças de juízo (5:1,5; 6:1; 8:2,6; 15:1, 6-8; 16:1; 17:1; 21:9); chifres e olhos do Cordeiro (5:6); trovões (10:3,4); cabeças e coroas do dragão (12:3); cabeças da besta (13:1; 17:3,7); cabeças = montanhas, reis (17:9)
12 (e seus múltiplos 24, 144)	(plenitude do) povo de Deus, tribos e/ou apóstolos escolhidos de Deus, presença de Deus; plenitude cósmica	12: coroa de estrelas sobre a cabeça da mulher (12:1); portões de pérolas, anjos, nomes das tribos, fundações e nomes dos apóstolos na nova Jerusalém (21:12,14,21); tipos de frutos na árvore da vida (22:2)
		24: tronos celestiais e anciãos (4:4,10; 5:8; 11:16; 19:4)
		144: 144.000 que foram selados (7:14) e os fiéis com o Cordeiro (14:1,3)

1.000 e seus múltiplos	Número enorme com seu simbolismo aumentado pelos múltiplos	Milhares de anjos celestiais (5:11); os 144.000 que foram selados (7:4), com 12.000 de cada uma das 12 tribos (7:5-8); 7.000 mortos no terremoto (11:13); 144.000 fiéis com o Cordeiro (14:1,3); dragão aprisionado por 1.000 anos enquanto Cristo reina com os fiéis (20:2-7)

Alguns estudiosos já compararam as imagens em Apocalipse a caricaturas políticas,[13] repletas de simbolismos, exageros e fantasias. Elas são representadas em cores vivas, tela grande de alta resolução e 3D. O texto de Apocalipse "utiliza um vocabulário de ficção científica para descrever eventos que excedem a capacidade humana de expressão".[14] As visões expandem "o mundo de seus leitores [de João], tanto espacialmente (ao céu), quanto temporalmente (ao futuro escatológico), ou, dito de outra maneira, [abrem] seu mundo à transcendência divina".[15]

Tudo isso funciona em conjunto, quase como em uma única visão contínua, para assim expressar convicções profundas sobre Deus e o cenário mundial, onde as força do bem e do mal se enfrentam. A teologia e a literatura apocalípticas são, portanto, de natureza inerentemente teopolítica. Esse é um ponto que voltaremos a explorar no próximo capítulo. Em Apocalipse, o embate cósmico entre Deus e o Cordeiro contra Satanás (o dragão do cap. 12) pode ser visto nas disputas terrenas entre o povo de Deus, remido pelo Cordeiro, e os agentes de Satanás, que são as bestas do mar e da terra, provavelmente em referência ao imperador e àqueles que promovem seu culto.

A linguagem simbólica é sugestiva e expressiva; não se trata de uma linguagem corriqueira, mas de uma linguagem poética. Ainda assim, esse simbolismo aponta para uma realidade verdadeira, embora transcendental, de forma que a linguagem pode ser denominada "não literalismo literal".[16] "O mundo criado pelos símbolos

---

[13]Veja, p. ex., Beasley-Murray, *Revelation*, p. 16-7.
[14]Mangina, *Revelation*, p. 25.
[15]Bauckham, *A teologia do Livro de Apocalipse*, p. 20.
[16]Atribuído a John J. Collins (sem referência) em Wall, *Revelation*, p. 15.

não é fictício; é um mundo real, ainda que não literal."[17] Ademais, a "genialidade especial da literatura apocalíptica", segundo David Aune, "é sua capacidade de universalizar as realidades implacáveis de situações históricas específicas ao transpô-las para um novo código, usando símbolos arcaicos de conflito e vitória, sofrimento e reparação. Dessa forma, a besta do mar [em Apocalipse 13] representa Roma — ainda que represente mais do que Roma".[18]

A maior parte das pessoas que vivem no Ocidente (ou no Norte), mesmo inúmeros cristãos, já não tem uma visão de mundo dentro do contexto de um universo apocalíptico no qual os poderes e os conflitos visíveis correspondem a forças cósmicas e conflitos invisíveis. Cristãos de outras partes do mundo, contudo, levam uma vida muito parecida com a experiência descrita em Apocalipse, de forma que aqueles que vivem no Ocidente e no Norte bem poderiam aprender alguma coisa com tais cristãos. James Chukwuma Okoye, por exemplo, um teólogo nigeriano que vive nos Estados Unidos, escreve que a "atração africana por Apocalipse se deve ao fato de que a visão de mundo básica do livro de Apocalipse é parecida com a visão de mundo na África".[19] Além disso, a teologia apocalíptica de Apocalipse trata de poder, adoração e esperança: todos os aspectos fundamentais da vida africana. E, na adoração, principalmente ao entoar hinos como os encontrados em Apocalipse, os africanos "adentram o mundo" de Apocalipse para "celebrar o triunfo de Deus nessa guerra mística".[20]

Entender que o livro de Apocalipse é uma literatura apocalíptica nos incentivará a tentar compreender as situações do mundo real que o livro reflete e aborda, ainda que descritas com um vocabulário cósmico. Também evitará que interpretemos seu simbolismo "literalmente"; ou seja, que realmente imaginemos cavalos amarelos, bestas com várias cabeças ou períodos de mil anos. *Todas essas imagens são simbólicas, mas isso não torna as realidades que elas apontam menos verdadeiras.* Aliás, até mesmo os supostos intérpretes literais do livro de Apocalipse identificam seus símbolos como tal,

---

[17] Wall, *Revelation*, p. 16.
[18] Aune, "Revelation", p. 1188.
[19] Okoye, "Power and worship", p. 120.
[20] Ibidem, p. 121.

sugerindo que os gafanhotos seriam helicópteros, a besta com dez chifres seria o Império Romano ressurgindo a partir de dez nações europeias, e assim por diante.

Como um poema ou uma boa charge política, um texto apocalíptico apela à imaginação para falar sobre as realidades ou esperanças mais profundas que o povo de Deus pode vivenciar. Como Peterson sugere:

> A missão da imaginação apocalíptica é fornecer imagens que nos mostrem o que está ocorrendo em nossas vidas. "Se estivermos cercados por poderes misteriosos", comenta um personagem de um livro de Saul Bellow, "somente o exagero poderá ajudar-nos a enxergá-lo. Todos sentimos que existem poderes que formam o mundo, pois os vemos quando olhamos para eles, e outros poderes que o destroem" [...] Flannery O'Connor, ao ser indagada sobre por que teria criado personagens tão bizarros em suas histórias, respondeu que, para os quase cegos, é necessário desenhar caricaturas simples e enormes.[21]

Nesse aspecto, Peterson cita ainda outro escritor, Wendell Berry: "A imaginação é nossa porta de entrada para a imaginação divina, permitindo-nos ver integralmente — de modo pleno e incorruptível — aquilo que percebemos de modo disperso; como algo organizado, coisas que percebemos como aleatórias".[22]

Se, contudo, levarmos a sério as palavras de João, o Vidente, ele não escreveu apenas um texto apocalíptico imaginário, mas registrou o que viu e ouviu (coisas que enxergou e escutou). Imagens e sons que lhe foram revelados por Deus, assim como Deus fizera com os profetas bíblicos (p. ex., Ezequiel e o vale de ossos secos em Ezequiel 37) e com outros líderes da igreja primitiva, como Pedro (Atos 10). Ele viu o que outros não viram; ele, na verdade, viu a Verdade — a verdade invisível e futura — sobre como o cosmo realmente é e sobre como ele realmente será. Os relatos do que ele viu têm os mesmos efeitos que a estudiosa do Antigo Testamento Ellen

---

[21]Peterson, *Reversed thunder*, p. 145-6.
[22]Wendell Berry, *Standing by words* (San Francisco: North Point, 1983), p. 90, citado em Peterson, *Reversed thunder*, p. xii.

Davis identifica nas narrativas dos profetas: eles "instruem nossa débil imaginação religiosa mediante um 'realce visual'; permitem-nos enxergar o momento presente da história a partir de uma perspectiva divina".[23] E Peterson observa que "o poder de nos despertar é a aplicação mais óbvia de Apocalipse".[24]

Sendo um texto apocalíptico, o livro de Apocalipse tem a finalidade de revelar, não ocultar. Ao mesmo tempo, como profecia bíblica, "seu objetivo não é especular um *prognóstico*, mas dar um *diagnóstico* teológico".[25] Essa semelhança entre os profetas e João, o Vidente, existe porque João era ele mesmo um profeta.

Profético

Em cinco oportunidades (1:3; 22:7,10,18,19), Apocalipse declara explicitamente ser um texto profético e também qualifica a atividade de João como profecia (10:11; 19:10; 22:6,9). Muitas pessoas presumem que Apocalipse é um livro profético no sentido de que ele prediz, de forma bastante detalhada, "como o mundo acabará". A abordagem mais popular de Apocalipse, o dispensacionalismo, tanto cria como reforça essa hipótese. Movimento teológico iniciado no século 19, o dispensacionalismo sustenta que a história é dividida em diversas eras, ou dispensações, e que cada dispensação é definida por como Deus trata com a humanidade. Com respeito à escatologia, o dispensacionalismo inclui a doutrina do arrebatamento, ou a ida dos verdadeiros crentes para o céu antes do retorno de Cristo: conceito desconhecido na doutrina cristã antes do século 19.[26]

O dispensacionalismo popular, difundido por obras que foram sucessos de vendas, como a *Bíblia de estudo Scofield*, as obras de Hal Lindsey (p. ex., *A agonia do grande planeta Terra*) e, mais recentemente, a série de livros e filmes *Deixados para trás*, de Tim LaHaye e Jerry Jenkins, interpretam que Apocalipse retrata, de forma literal

---

[23]Davis, *Scripture, culture, and agriculture*, p. 10.
[24]Peterson, *Reversed thunder*, p. xii.
[25]Schnelle, *Theology of the New Testament*, p. 752.
[26]Como veremos abaixo, abordagens de algum modo semelhantes a Apocalipse — sem o conceito do arrebatamento — podem ser encontradas em certos intérpretes da antiguidade e do medievo.

e linear, o curso de eventos históricos.²⁷ Leitores dispensacionalistas entendem que Apocalipse descreve a ressurreição de Cristo (cap. 1); a era da igreja, dos apóstolos até a atualidade (caps. 2 e 3); o arrebatamento da igreja da terra e para fora da história (4:1); a igreja no céu (começando com os caps. 4 e 5); os sete anos de tribulação na terra (caps. 6—18); a segunda vinda de Cristo, seu reinado literal de mil anos, o juízo final (caps. 19 e 20); e a eternidade, o novo céu e a nova terra (caps. 21 e 22).

Na tradição bíblica, porém, profecia não consiste exclusivamente, ou mesmo principalmente, em fazer anúncios e previsões acerca do futuro. Profetizar é, mais propriamente, falar palavras de consolo e/ou exortação, em nome de Deus, para o povo de Deus, em seu contexto histórico concreto. Os profetas do Antigo Testamento eram convocados por Deus, por vezes no contexto de uma experiência visionária (veja Isaías 6 e Ezequiel 1), para proclamar a mensagem que lhes era entregue, geralmente na forma de vários oráculos, os quais eram posteriormente registrados por escrito. Deus, porém, também lhes dava eventualmente visões, não raro, em linguagem poética ou simbólica. Independente da forma, a mensagem podia ser de juízo ou de salvação (para eles ou para seus opressores) — e geralmente atendia as duas funções.

Semelhantemente, João, como um profeta apocalíptico, recebe a missão de escrever a visão que lhe fora concedida no dia do Senhor (1:9-20). Ele parece já se considerar incumbido de uma função profética, tal qual o profeta Ezequiel da antiguidade, que fora um exilado na Babilônia original (Apocalipse 10:8-11; cf. Ezequiel 2:9—3:3). Como João aparentemente havia sido exilado em Patmos pelos oficiais da nova Babilônia (Roma) por causa de seu testemunho fiel (1:9), não lhe é possível anunciar verbalmente as visões proféticas que recebe, mas ele pode (e deve!) registrá-las por escrito. Muito do que ele escreve se deve aos profetas bíblicos, em cujos textos ele obviamente se amparou. Como era de esperar, João é especialmente atraído por passagens de profetas que trazem visões e/ou descrevem juízos divinos, com especial destaque para imagens

---

²⁷Além dos livros e filmes, veja www.leftbehind.com.

apocalípticas. Alguns de seus livros proféticos favoritos são Isaías, Ezequiel, Zacarias, Jeremias, Joel e o bastante profético Daniel (ainda que tecnicamente apocalíptico), ao qual ele faz frequentes alusões. Ele também gosta muito dos Salmos. Com sensibilidade em relação ao contexto e à criatividade inspirada, João entrelaça centenas de alusões bíblicas em uma nova visão profética coerente.[28]

Como Apocalipse é uma palavra de profecia na tradição bíblica, precisamos ter o cuidado de compreender que seu propósito principal é trazer palavras de conforto e exortação para o povo de Deus, tanto daquela época como atualmente; não prever o futuro, quanto menos com detalhes precisos. Visões do futuro, por esse motivo, não são um fim em si mesmas, mas, sim, um meio — tanto para alertar quanto para consolar.

Os profetas consolam o povo de Deus nos momentos de crise porque o povo precisa da certeza de que, apesar de todos os sinais contrários, Deus é Deus e um dia porá fim a todo mal e opressão. Por outro lado, os profetas alertam sobre o juízo vindouro porque o povo pode estar fazendo parte, ou ser tentado a fazer parte, do mesmo mal pelo qual o sistema opressor e seus autores serão julgados. Na verdade, no caso de Apocalipse, temos evidências claras de que João crê que algumas das igrejas para as quais escreve estão envolvidas em formas de idolatria e imoralidade, categorias genéricas para pecados contra Deus e contra o próximo, que as forças humanas da iniquidade estavam praticando. Isso faz parte da mensagem fundamental e eterna, tanto dos profetas do Antigo como do Novo Testamento: Fujam da idolatria! Fujam da imoralidade![29] Ou, na versão de Apocalipse dessa mensagem: "Saiam dela" (18:4).

---

[28]Estimativas acerca do número de alusões a outros textos bíblicos variam de 200 a 1.000, dependendo de como e de quem faz a contagem. Metzger (*Breaking the code*, p. 13) afirma que 278 dos 404 versículos de Apocalipse contêm alusões ao Antigo Testamento. Wilson, *Charts*, apresenta uma tabela de consulta fácil, versículo a versículo, com as alusões e os textos bíblicos e extrabíblicos correspondentes (p. 25-30). O uso que João faz do Antigo Testamento inclui versículos individuais, grandes blocos de texto, temas, pessoas, lugares etc. Apocalipse, portanto, é um texto profundamente intertextual, um mosaico de referências bíblicas (e outras). Veja espec. Bauckham, *Climax of prophecy*, p. 60-128, e Beale, *John's use of the Old Testament*.

[29]Veja, p. ex., o relato sobre o bezerro de ouro em Êxodo 32 e as exortações de Paulo em 1Coríntios 6:18; 10:14.

| Lendo Apocalipse *com* responsabilidade

Estudos mais antigos sobre o livro de Apocalipse sugeriam que ele fora escrito para pessoas sob intensa perseguição, provavelmente patrocinada pelo imperador Domiciano ou seus representantes na província da Ásia. Nessa situação, a profecia priorizaria quase que exclusivamente a promessa de salvação futura. Estudos mais recentes, contudo, têm questionado a existência de evidências de perseguição generalizada e, sobretudo, oficial, à época em que Apocalipse foi provavelmente escrito (final do primeiro século; veja debate abaixo).

Ao mesmo tempo, há destaque para evidências de que algumas igrejas teriam sido menos fiéis do que deveriam. O resultado é que, de forma geral, estudiosos contemporâneos acreditam que Apocalipse é profético tanto em suas palavras de exortação como em suas palavras de consolo. Ou seja, como profecia, Apocalipse provavelmente deveria ser compreendido como uma literatura antiassimilacionista e antitransigentista. E isso também no sentido de que Apocalipse é uma literatura de resistência: "uma crítica profética completa do sistema de poder romano" e "o elemento mais poderoso da literatura de resistência política no período inicial do império".[30] Essa caracterização, naturalmente, coincide e se sobrepõe com a natureza apocalíptica e teopolítica de Apocalipse. Essa nova perspectiva não quer dizer, contudo, que não estivesse ocorrendo perseguição alguma.[31] Aliás, como veremos, é o complexo relacionamento entre a presença ou ausência de conformismo e perseguição que conduzem a carta.

Chamar Apocalipse de "literatura de resistência" é correto. Um dos principais propósitos proféticos do livro é lembrar a igreja, tanto daquela época como de hoje, de não ceder a imposições ou práticas de um sistema que já foi julgado por Deus e está prestes a chegar ao fim. Apocalipse, contudo, não é apenas um documento que se opõe

---

[30]Bauckham, *A teologia do Livro de Apocalipse*, p. 53. Schnelle afirma que "o profeta desenvolve uma ética poderosa, *de resistência e perseverança*, o que exclui qualquer possibilidade oportunista de se ajustar à cultura reinante" (*Theology of the New Testament*, p. 764). DeSilva chega a denominar Apocalipse de "um exemplar de literatura de resistência pós-colonial do primeiro século" (*Seeing things John's way*, p. 321).

[31]"É um grande erro subestimar o contexto da perseguição" sobre a qual João escreveu (Witherington, *Revelation*, p. 101).

a algo. Como toda profecia bíblica, o texto promove a verdadeira adoração do único Deus verdadeiro, a ser demonstrada não apenas em uma liturgia formal, mas também com uma vida fiel: a prática de não ter outros deuses além de Deus. Falando de forma mais concreta, Apocalipse é um chamamento de fidelidade ao primeiro mandamento,[32] um convite para testemunho e adoração fiéis, tanto em palavras como em atos.[33] Dito de outra forma, seu caráter como literatura de resistência é na verdade secundário, e até mesmo derivado de seu caráter mais fundamental como literatura de adoração, como texto litúrgico. Voltaremos a esses dois aspectos de Apocalipse no próximo capítulo.

Uma carta pastoral circular

As mais antigas manifestações cristãs de profecias, ou pelo menos as que foram preservadas, chegaram até nós na forma de cartas. Elas foram escritas por antigos líderes cristãos com o objetivo de desenvolver comunidades cristãs. Aquilo que Paulo fala sobre a ressurreição em 1Coríntios 15, por exemplo, é visto por alguns estudiosos como um exemplo de profecia paulina: uma palavra inspirada destinada a uma congregação específica, com a função de consolar e exortar o povo. Da mesma forma, os textos análogos de orientação apocalíptica em 1Tessalonicenses 4 e 5 podem reproduzir essas duas funções da profecia, consolando (1Tessalonicenses 4:13-18) e exortando (1Tessalonicenses 5:1-11) os crentes à luz do evangelho. Tanto o texto de Coríntios como os textos de Tessalonicenses foram obviamente preservados na forma de cartas.

As visões e os sons registrados para nós no livro de Apocalipse, que formam a profecia apocalíptica que João deseja anunciar, também chegaram às nossas mãos na forma de uma carta pastoral. Ela é endereçada às sete igrejas na província romana da Ásia (Ásia Menor, ou Turquia Ocidental moderna): Éfeso, Esmirna, Pérgamo, Tiatira, Sardes, Filadélfia e Laodiceia (1:4,11). Apocalipse de João, porém,

---

[32]Veja Talbert, *The Apocalypse*, p. 11.
[33]"Apocalipse é um documento inteiramente voltado à questão ética" (Schnelle, *Theology of the New Testament*, p. 762).

começa com um anúncio que é na verdade uma revelação (1:1,2), e prossegue com uma bênção sobre aqueles que lerem e guardarem "as palavras desta profecia" (1:3), antes de mudar para um estilo de escrita mais antigo. João, então, passa a escrever em um estilo que lembra Paulo e outros escritores das epístolas neotestamentárias:

> João às sete igrejas da província da Ásia: A vocês, graça e paz da parte daquele que é, que era e que há de vir, dos sete espíritos que estão diante do seu trono, e de Jesus Cristo, que é a testemunha fiel, o primogênito dentre os mortos e o soberano dos reis da terra. Ele nos ama e nos libertou dos nossos pecados por meio do seu sangue, e nos constituiu reino e sacerdotes para servir a seu Deus e Pai. A ele sejam glória e poder para todo o sempre! Amém. Eis que ele vem com as nuvens, e todo olho o verá, até mesmo aqueles que o traspassaram; e todos os povos da terra se lamentarão por causa dele. Assim será! Amém. "Eu sou o Alfa e o Ômega", diz o Senhor Deus, "o que é, o que era e o que há de vir, o Todo-poderoso" (1:4-8).

João, muito parecido com outro apóstolo, quando escreveu aos colossenses e aos efésios, parece incapaz de manter uma forma puramente epistolar, pois rapidamente adentra a esfera da adoração, compondo (ou talvez recitando) primeiro uma doxologia (1:5b-6), então uma aclamação (1:7), e logo passando a uma autoidentificação divina (1:8), que prenuncia a adoração celestial de Deus no capítulo 4. Não se trata de uma carta comum; é uma carta litúrgica. Seu encerramento é semelhante, com elementos proféticos, apocalípticos e litúrgicos (22.6-20), precedendo o tipo de bênção epistolar (22.21) que encontramos em outras cartas, que também é em si algo litúrgico.

A presença dos nomes das cidades no capítulo 1, contudo, mantém-nos firmes no contexto histórico, na sua concreta existência neste mundo (o que é um tanto incomum para um texto apocalíptico). A ordem das cidades listadas em 1:11, com continuidade nos capítulos 2 e 3, constitui um círculo no sentido anti-horário que começa em Éfeso e termina em Laodiceia. Éfeso é o ponto inicial provavelmente por ter marcado o início do ministério de João antes de seu exílio e/ou por ser, dentre as sete, a cidade mais próxima de

Patmos. João escreve para e pelas sete igrejas e, portanto, para e pela igreja universal.

Mas quem é esse "João", o autor desse texto com características tão variadas e peculiares?

AUTOR E DATA

É razoavelmente claro que João (nome do autor conforme 1:1,4,9; 22:8) foi um célebre mestre e líder das igrejas da Ásia Menor Ocidental, comunidades para as quais ele escreve. Ele se identifica para sua audiência como um irmão e relata ter sofrido perseguição, assim como alguns deles, por ter proclamado a palavra de Deus e por causa de seu testemunho de Jesus (1:9). É provável que seu "crime" tenha sido testemunhar e ensinar publicamente sobre Jesus, o que incluiria como conclusão necessária sua argumentação contra a participação de crentes em quaisquer atividades dedicadas a deuses pagãos, incluindo o culto ao imperador (veja o próximo capítulo). O que João entendia como dar um testemunho fiel poderia soar ameaçador ao tecido social e político, pois desonrava os deuses — de início, talvez, perante conhecidos e pessoas com quem ele se relacionava; mas logo, possivelmente, também aos olhos de autoridades religiosas e governamentais. João queria que os crentes nas igrejas da Ásia Ocidental seguissem seu exemplo, ainda que isso lhes custasse as mesmas aflições que ele havia enfrentado.

João também se considerava inspirado (22:6), como alguém que havia recebido e que transmitia a mensagem do Espírito (2:7,11 etc.); contudo, como observado acima, essas são as palavras de alguém que se descreve como um profeta, e João não se apresenta como apóstolo nem dá indicação alguma de que teria conhecido o Jesus encarnado. É, portanto, bastante improvável que o João de Patmos e o apóstolo João, filho de Zebedeu, sejam a mesma pessoa, ainda que muitos escritores cristãos da antiguidade tenham feito essa conexão (apesar de seus fundamentos continuarem incertos).

Quer consideremos que o Evangelho de João seja obra do apóstolo, de uma comunidade dedicada a ele, ou de alguma outra pessoa, Apocalipse quase com certeza não foi produzido pelo(s) mesmo(s) escritor(es). Embora haja algumas semelhanças teológicas e temáticas entre o quarto Evangelho e Apocalipse, as diferenças de estilo e teologia são dramáticas. (Essa conclusão não se deve a estudos recentes, pois diferenças já eram percebidas por Dionísio de Alexandria no terceiro século.)

A identidade exata de João é, portanto, imprecisa. Embora Eugene Peterson corretamente aponte que, em certo sentido, sua identidade é clara. Além de reconhecermos João como testemunha e profeta, Peterson merecidamente o chama de um teólogo, poeta e pastor que está "embriagado de Deus, possuído por Deus e capacitado por Deus".[34]

Desde o quarto século, quando os escribas que copiavam o texto de Apocalipse começaram a chamar seu autor de "o teólogo", João tem sido conhecido por esse título, ou como João, o Divino (termo da Idade Média para "teólogo"). Apesar de sua contribuição para a teologia cristã ter sido altamente controversa, ficará claro que, corretamente compreendida, sua teologia é na verdade profunda e importante.

Outra alcunha do autor de Apocalipse tem sido João, o Vidente — ou o Visionário. Essa denominação é adequada para alguém que Peterson chama de poeta. Ele escreve:

> Um poeta não usa as palavras para explicar as coisas, ou para descrever algo, mas para criar algo. Poeta (*poētēs*) significa "criador". A poesia não é uma linguagem de explicações objetivas, mas da imaginação. Ela cria uma imagem da realidade de tal forma, que nos convida a participar dela.[35]

Quanto à data de Apocalipse, a maioria dos estudiosos o situam próximo do fim do reinado do Imperador Domiciano (que governou de 81 a 96). Alguns o localizam um pouco mais tarde, no início do reinado de Trajano (que governou de 98 a 117). Outros, contudo, já defenderam que o livro inteiro, ou uma versão anterior e mais curta, teria origem na época do Imperador Nero (que governou de 54 a 68).

---

[34]Peterson, *Reversed thunder*, p. 1-10; citação da p. 3.
[35]Ibidem, p. 5.

A melhor hipótese, em minha opinião, é a datação tradicional na época de Domiciano, como declarado pelo pai da igreja, Ireneu de Lyon, no fim do segundo século. Uma das principais razões de muitos estudiosos defenderem essa data (e não uma data durante ou logo após o reinado de Nero) é que, aparentemente, judeus, e posteriormente os cristãos, só passaram a chamar Roma de "Babilônia" após a queda de Jerusalém em 70. Além disso, a situação das igrejas na Ásia Menor durante o reinado de Trajano era provavelmente diferente daquela descrita em Apocalipse, se a famosa correspondência entre Trajano e Plínio, governador da Bitínia, nos servir de indicação. Por isso, datar Apocalipse perto do final do reinado de Domiciano parece ser o mais provável.

Cabeça e braço esquerdo da estátua de Domiciano (Museu de Éfeso).

RESUMO: UM GÊNERO HÍBRIDO

Como vimos neste capítulo, a denominação "gênero híbrido" é adequada por causa da própria identificação apresentada pelo livro de Apocalipse em seus primeiros versículos e por causa de sua natureza literária, a qual Frank Matera resume para nós:

Lendo Apocalipse *com* responsabilidade

Como um texto apocalíptico, ele revela "o que em breve há de acontecer" (1:1). Como profecia, dá *testemunho* da Palavra de Deus e de Jesus Cristo (1:2). Como epístola, *dirige-se* às sete igrejas na província romana da Ásia (1:4).[36]

Nós, portanto, consideraremos Apocalipse como um texto híbrido que abrange esses gêneros — apocalíptico, profético e epistolar — e mais. Eis o que João, o poeta, profeta, visionário e teólogo nos legou.

QUESTÕES PARA REFLEXÃO E DEBATE

1. Quais dos títulos ou subtítulos de Apocalipse mencionados neste capítulo (que não aqueles escolhidos para este livro) lhe parecem resumir bem o conteúdo do livro?
2. Você acredita que é necessário identificar o gênero de Apocalipse para interpretá-lo com responsabilidade? Por que sim ou por que não?
3. Como compreender Apocalipse como um texto apocalíptico, uma profecia e uma carta — e como um híbrido dos três — poderia influenciar sua interpretação do texto?
4. Você já pensou antes em Apocalipse como sendo uma caricatura política? Uma poesia? O que você pensa dessas descrições e suas possíveis implicações na interpretação de Apocalipse?

---

[36]Matera, *New Testament theology*, p. 402.

CAPÍTULO 3

O que estamos lendo?

A substância de Apocalipse

Neste capítulo, examinaremos atentamente dois aspectos de Apocalipse que estão intimamente relacionados entre si: suas dimensões litúrgica e teopolítica. Não as exploraremos como meros componentes de um texto antigo, que tece críticas a uma superpotência da antiguidade, mas também como atributos da palavra viva e dinâmica de Deus que ainda hoje influi sobre nós, sobretudo aqueles dentre nós que vivem inseridos ou próximos da atual superpotência do mundo.

Começaremos, contudo, dando continuidade à análise que encerrou o capítulo anterior. Em quais circunstâncias essa palavra sobre adoração e testemunho político foi escrita?

A SITUAÇÃO: REAGINDO À RELIGIÃO CIVIL E IMPERIAL

(REAÇÃO TEOPOÉTICA A UMA CRISE TEOPOLÍTICA)

O que aconteceu com as igrejas na Ásia Menor, e a um de seus líderes proféticos, que fez surgir esse documento? Podemos sugerir o seguinte cenário:

Conforme indivíduos e comunidades cristãs da Ásia Menor interagiam com familiares, amigos, parceiros de negócios e funcionários públicos que não compartilhavam suas convicções de que "Jesus é o Senhor", a confissão cristã primitiva básica (Romanos 10:9), esses crentes tiveram de lidar com questões e decisões difíceis. Eles deviam continuar a participar de atividades sociais que tivessem um caráter religioso pagão (não judeu, não cristão)? Isso incluiria a maioria das atividades: assistir ou participar de disputas atléticas ou retóricas; comprar e comer carne nas dependências dos templos pagãos; e frequentar associações comerciais, clubes e eventos privados, cada qual com suas reuniões, festas com bebidas e banquetes. Eles devem ter até se perguntado: "Devemos ou podemos ir aos templos pagãos para fazer operações financeiras ou comprar carne? Devemos reconhecer a soberania do imperador quando isso nos for solicitado em um evento público, quer nas dependências do seu templo ou em algum dos muitos eventos realizados em sua homenagem?".

Alguns crentes continuaram a participar dessas atividades, enquanto outros se afastaram. Foi o segundo grupo que criou um grave conflito social. Sua confissão do senhorio de Jesus e sua separação da atividade religiosa, social e política greco-romana regular era vista pelos não crentes pagãos — ou seja, pela maioria das pessoas em suas cidades — como antipatriota e ateísta. Alguns foram ilegalmente perseguidos, mas alguns provavelmente foram excluídos das associações e outros chegaram a ser investigados pelas autoridades públicas. Ao menos um deles (João) foi exilado como punição por seu comportamento. Ele afirma que sua adversidade não foi um fato isolado, mas parte de um fenômeno mais difundido de testemunho e perseguição. Ao menos um dos fiéis foi efetivamente assassinado, quer por uma turba ou por autoridades do governo: Antipas de Pérgamo (2:13). Deve ter havido outros.

Essas diversas perseguições nas comunidades insuflaram medo nas assembleias de cristãos, trazendo à memória as perseguições do imperador Nero da década de 60.[1] Esse medo natural produziu, em algumas assembleias, uma aceitação cada vez maior de práticas

---

[1] Nero acusara os cristãos de iniciarem o grande incêndio de Roma (64 d.C.), passando em seguida a torturar e matar muitos deles, chegando até a queimar alguns vivos. Segundo algumas fontes cristãs da antiguidade, Pedro e Paulo estavam entre esses mortos.

pagãs, a fim de evitar os destinos de João e Antipas. Essas pessoas, compreensivelmente, não queriam "criar caso", ou chamar atenção. João, porém, já exilado após uma provável acusação de praticar e provocar sedição ateísta; ou seja (como ele mesmo declara), por ser alguém que dera testemunho público de sua fé *em* Jesus e *a exemplo* de Jesus, havia recebido uma série de mensagens para aquelas igrejas. O elemento comum em cada mensagem era o chamado a uma fidelidade intransigente. "João vê a si mesmo como testemunha em uma sucessão de testemunhas",[2] começando com Jesus como a primeira testemunha fiel e incluindo todas as testemunhas fiéis do passado, presente e futuro, semelhantes a Jesus e João. O chamado de João à fidelidade era equilibrado por uma expectativa realista de perseguição ainda maior no futuro próximo, mas também reforçada pela esperança certa de participar do novo céu e da nova terra que viriam logo após essa perseguição temporária. O novo céu e a nova terra são na verdade o apogeu do plano de Deus, não apenas para seu povo, mas para o cosmo. Foi prometido pelos profetas bíblicos e assegurado pela morte e exaltação de Jesus, e está previsto para chegar assim que o império maligno e blasfemo for julgado e eliminado.

Essa perspectiva da situação é relevante sob muitos aspectos, especialmente porque os leitores de Apocalipse às vezes entendem que o império romano (e talvez seus descendentes imperiais análogos) é perverso e merecedor de oposição, pois persegue a igreja. Richard Bauckham, contudo, corretamente insiste em que "Não é só porque Roma persegue os cristãos que eles precisam opor-se a ela; antes, é porque os cristãos querem afastar-se do mal do sistema romano que provavelmente sofrerão perseguição".[3]

O alvo das críticas proféticas de Apocalipse é a idolatria (a religião civil) e a injustiça (opressão militar, econômica, política e religiosa) imperiais; e, especificamente, a idolatria e a injustiça imperiais de Roma. Contudo, visto que Apocalipse, com elevado grau de certeza, não constitui uma resposta à perseguição imposta pelo estado ou aos maus-tratos generalizados de cristãos por parte das massas, é melhor

---

[2]Schnelle, *New Testament theology*, p. 764.
[3]Bauckham, *A teologia do Livro de Apocalipse*, p. 53.

lê-lo como uma reação ao "império comum"⁴: aos males, injustiças e comprometimentos equivocados diários que sempre nos acompanham. Apocalipse é um poderoso alerta para aqueles que consideram normais crenças, comprometimentos e práticas, que deveriam ser impensáveis. João não escreveu Apocalipse para "fabricar uma crise" para as pessoas que estavam acomodadas em relação ao império, afirmam Howard-Brook e Gwyther. Na verdade, "a acomodação em relação a Roma *é que era* a crise".⁵ Craig Koester acrescenta: "O mundo visionário de Apocalipse retrata o confronto de poderes de forma extraordinária, com o objetivo de despertar o tipo de fé e resistência necessárias para seguir o Cordeiro na vida comum".⁶

Além disso, o alvo da crítica de Apocalipse não se limita a Roma. "Babilônia" significa Roma, mas também significa algo mais que Roma. Aliás, a ausência da palavra "Roma" em Apocalipse é algo significativo, ainda que Roma seja considerada. A ausência da palavra nos proíbe, por assim dizer, de limitar o alcance de Apocalipse ao primeiro século. "A cidade em que servir a carapuça profética [de Babilônia] deve usá-la."⁷ Apocalipse, portanto, é também uma crítica a todas as idolatrias e injustiças semelhantes às praticadas em Roma, ao longo da história e mesmo nos dias de hoje.

TEXTO LITÚRGICO: UM CHAMADO À ADORAÇÃO E AO DISCIPULADO

O termo "liturgia", o culto público de um povo, diz respeito à adoração. O conhecido termo inglês *worship* já estava presente no inglês antigo com o sentido de "dignidade" [*worth-ship*], podendo ser definido como um reconhecimento dos méritos de Deus, e somente de Deus, especialmente como criador e redentor.⁸ Nenhum outro livro do Novo Testamento faz isso de forma tão poética e poderosa como Apocalipse, onde a expressão essencial usada em relação a Deus,

---

⁴Veja Koester, "Revelation's visionary challenge"; Friesen, *Imperial cults*, p. 150.
⁵Howard-Brook e Gwyther, *Unveiling empire*, p. 116.
⁶Koester, "Revelation's visionary challenge", p. 18.
⁷Bauckham, *A teologia do Livro de Apocalipse*, 173.
⁸"Adorar", em português, remete etimologicamente a "pedir orando". (N. T.)

o Criador, e Cristo, o Redentor, é "Tu és *digno*" (4:11; 5:9,12). A visão central e centralizadora de Apocalipse é uma visão de Deus e do Cordeiro, e, especificamente, da *adoração* a Deus e ao Cordeiro.

Sendo um apelo profético à fidelidade ao primeiro mandamento, Apocalipse é, ao mesmo tempo, um chamado para adorar o Deus verdadeiro e uma exortação para abandonar todas as falsas divindades. Esses dois aspectos estão vinculados e ambos ficam claramente patentes no início e no fim de Apocalipse, bem como ao longo do livro. "A adoração é de tal relevância no livro de Apocalipse", escreve Mitchell Reddish, "porque João corretamente a compreendia como um ato político. Por meio da adoração, declaramos nossa fidelidade, nossa lealdade [...] [a adoração pública] é uma declaração para o mundo de que a igreja não se curva perante outros deuses".[9] Suas palavras são reiteradas por Udo Schnelle:

> Na adoração, a comunidade da fé reconhece sua nova identidade, na qual se coloca sob o senhorio do Cordeiro e rejeita, de forma consciente e deliberada, as pretensões de domínio reivindicadas por Roma/Babilônia. Sendo a esfera onde o novo ser é repetidamente praticado, a adoração é também o lugar de resistência contra os poderes que se opõem a Deus; e, visto que Apocalipse era lido em adoração, era também um lugar onde se podia escutar, ver, aprender e compreender/discernir.[10]

O aspecto mais obviamente litúrgico, ou associado à adoração, de Apocalipse é sua ampla variedade de textos, muito provavelmente extraídos de antigos hinos cristãos e identificados como música celestial. "O texto [de Apocalipse] pulsa com energia teopoética, expressa em suas inúmeras canções de louvor e adoração."[11] Apocalipse identifica para nós seis desses textos extraídos de hinos:

- Santo, santo, santo é o Senhor, o Deus todo-poderoso, que era, que é e que há de vir [...] Tu, Senhor e Deus nosso, és digno de

---
[9]Reddish, *Revelation*, p. 104.
[10]Schnelle, *Theology of the New Testament*, p. 767.
[11]Hays, *Moral vision*, p. 184.

receber a glória, a honra e o poder, porque criaste todas as coisas, e por tua vontade elas existem e foram criadas (4:8b,11).
- Tu [Cristo, o Cordeiro] és digno de receber o livro e de abrir os seus selos, pois foste morto, e com teu sangue compraste para Deus homens de toda tribo, língua, povo e nação. Tu os constituíste reino e sacerdotes para o nosso Deus, e eles reinarão sobre a terra [...] Digno é o Cordeiro que foi morto de receber poder, riqueza, sabedoria, força, honra, glória e louvor! (5:9,10,12)
- Àquele que está assentado no trono e ao Cordeiro sejam o louvor, a honra, a glória e o poder, para todo o sempre! (5:13b)
- Amém! Louvor e glória, sabedoria, ação de graças, honra, poder e força sejam ao nosso Deus para todo o sempre. Amém (7:12).
- Graças te damos, Senhor Deus todo-poderoso, que és e que eras, porque assumiste o teu grande poder e começaste a reinar. As nações se iraram; e chegou a tua ira. Chegou o tempo de julgares os mortos e de recompensares os teus servos, os profetas, os teus santos e os que temem o teu nome, tanto pequenos como grandes, e de destruir os que destroem a terra (11:17,18).
- Grandes e maravilhosas são as tuas obras, Senhor Deus todo-poderoso. Justos e verdadeiros são os teus caminhos, ó Rei das nações. Quem não te temerá, ó Senhor? Quem não glorificará o teu nome? Pois tu somente és santo. Todas as nações virão à tua presença e te adorarão, pois os teus atos de justiça se tornaram manifestos (15:3b,4, denominado "o cântico de Moisés, servo de Deus, e o cântico do Cordeiro").[12]

Além dos hinos, há doxologias declamadas (louvores) e aclamações:

- Ele que nos ama e nos libertou dos nossos pecados por meio do seu sangue, e nos constituiu reino e sacerdotes para servir a seu Deus e Pai. A ele sejam glória e poder para todo o sempre! Amém (1:5b,6).

---

[12]Alguns desses, em especial o *trisagion* ("santo" três vezes) e o cântico de Moisés/do Cordeiro, são por sua vez atribuídos a textos veterotestamentários sobre hinos.

O que estamos lendo? A substância de Apocalipse

- Eis que ele vem com as nuvens, e todo olho o verá, até mesmo aqueles que o traspassaram; e todos os povos da terra se lamentarão por causa dele. Assim será! Amém (1:7).
- A salvação pertence ao nosso Deus, que se assenta no trono, e ao Cordeiro! (7:10)
- O reino do mundo se tornou de nosso Senhor e do seu Cristo, e ele reinará para todo o sempre (11:15).
- Agora veio a salvação, o poder e o Reino do nosso Deus, e a autoridade do seu Cristo, pois foi lançado fora o acusador dos nossos irmãos, que os acusa diante do nosso Deus, dia e noite. Eles o venceram pelo sangue do Cordeiro e pela palavra do testemunho que deram; diante da morte, não amaram a própria vida [...] (12:10-12).
- Tu és justo, tu, o Santo, que és e que eras, porque julgaste estas coisas; pois eles derramaram o sangue dos teus santos e dos teus profetas, e tu lhes deste sangue para beber, como eles merecem! [...] Sim, Senhor Deus todo-poderoso, verdadeiros e justos são os teus juízos! (16:5b-7)
- Aleluia! A salvação, a glória e o poder pertencem ao nosso Deus, pois verdadeiros e justos são os seus juízos. Ele condenou a grande prostituta que corrompia a terra com a sua prostituição. Ele cobrou dela o sangue dos seus servos [...] Amém, Aleluia! [...] Louvem o nosso Deus, todos vocês, seus servos, vocês que o temem, tanto pequenos como grandes [...] Aleluia! pois reina o Senhor, o nosso Deus, o Todo-poderoso [...] (19:1b-6b).
- Amém. Vem, Senhor Jesus! (22:20b)

Apocalipse também termina liturgicamente, com uma bênção e um Amém final (22:21).

Juntos, esses textos glorificam a Deus, celebrando seu ser, sua criação, seu reino, sua salvação e sua justiça; e também glorificam a Cristo, o Cordeiro, celebrando sua morte redentora, sua salvação, seu reino e sua vinda. Eles reproduzem os temas de Salmos 96-98, que também entoam uma (nova) canção sobre a salvação vitoriosa e a vinda do Senhor, o Rei. O Apocalipse, como um todo, é basicamente uma variação apocalíptica desses três salmos. Para resumirmos toda a mensagem de Apocalipse, podemos dizer que seus textos poéticos e alusivos a hinos tornam sem efeito as reivindicações de divindade, soberania, poder e honra feitas em nome e acerca de falsos deuses e potestades, e as devolvem exclusivamente a Deus. A despeito do que qualquer pessoa possa dizer, Cesar não é Senhor ou Deus ou Rei dos Reis e Senhor dos Senhores. Canções de adoração reforçam e celebram as visões de Deus e o juízo e a salvação de Deus. Essa adoração visionária pode fortalecer o povo, dando-lhe fidelidade e resistência.

Apocalipse, portanto, é uma "fusão de visão e oração".[13] "Ao apresentar uma realidade de culto celestial, inserida na conjuntura de uma visão apocalíptica da história, ele [Apocalipse] fornece uma nova interpretação dos eventos e experiências na terra".[14] Como um texto litúrgico, Apocalipse não é um mero chamado à oração e à contemplação, por mais importante que esses aspectos sejam. Como um chamado para que nos juntemos à adoração celestial contínua a Deus, Apocalipse é, ao mesmo tempo, uma apresentação do drama divino que é celebrado na adoração e, portanto, também uma convocação para que entremos na história e missão de Deus, a *missio Dei*. Voltaremos ao assunto da missão mais adiante neste livro; por ora, veremos brevemente o relato construído na visão de João.

Uma narrativa dramática com um propósito litúrgico

Não é possível ler Apocalipse sem perceber que o livro conta uma história, ainda que tal história não tenha uma progressão meramente linear.[15] Há personagens principais e secundários, há conflito, desfecho e há até um enredo. Já houve até quem comparasse Apocalipse a um drama da antiguidade; completo, com refrãos gregos que irrompem em canções (litúrgicas), trazendo comentários da ação dramática, assim como períodos de intervalo.

---

[13] Peterson, *Reversed thunder*, p. 87.
[14] Schnelle, *Theology of New Testament*, p. 751.
[15] Para um comentário que enfoque especificamente o caráter narrativo de Apocalipse, veja Resseguie, *The Revelation of John*.

O que estamos lendo? A substância de Apocalipse

Temos a impressão de que uma história será contada logo no primeiro versículo de Apocalipse: "Revelação de Jesus Cristo, que Deus lhe deu para mostrar aos seus servos o que em breve há de acontecer" (1:1). Poucos versículos depois, esse mesmo sentimento de expectativa reaparece: "Escreva, pois, as coisas que você viu, tanto as presentes como as que estão por vir" (1:19). Lamentavelmente, a maior parte dos intérpretes tem usado esses dois textos para dar início a uma busca decodificadora por correspondências específicas entre imagens de Apocalipse e realidades históricas específicas.

Uma forma melhor de proceder é reconhecer que Apocalipse, na verdade, consiste em diversos relatos que se sobrepõem, todos simultaneamente e inextricavelmente inter-relacionados. Cinco dessas narrativas são especialmente relevantes e são todas narrativas da fidelidade e do propósito, ou missão, de Deus:

1. *Criação e recriação*. Esse é o relato do Deus fiel, missional e criador, que resgata a humanidade e toda a criação para sua devida finalidade: reconciliação, harmonia e júbilo eterno na presença de Deus.
2. *Redenção*. Esse é o relato estreitamente relacionado do Cordeiro fiel, missional e redentor, que vive, morre, reina e retorna para cumprir a missão de Deus e criar um povo fiel e missional.
3. *Juízo*. Essa é a história de Deus e do Cordeiro, fiéis e missionais, que dão cabo de todo mal em uma providência que é necessária para o propósito da recriação e da redenção final.
4. *Testemunho: a igreja peregrina sofredora*. Essa é a história de um povo fiel e missional sobre a terra, que foi remido pelo Cordeiro e capacitado pelo Espírito, com o fim de adorar e dar testemunho de Deus e do Cordeiro, a despeito de todo perigo e perseguição.
5. *Vitória: a igreja triunfante*. Essa é a história do povo fiel e missional, que adora a Deus e ao Cordeiro agora e para sempre em sua presença, a recompensa adequada por sua fidelidade até a morte.

Essas cinco narrativas revelam os personagens principais, o conflito e o enredo de Apocalipse, que podemos verificar nas visões e nos demais tipos de textos encontrados ao longo do livro. Elas formam um conjunto complexo de narrativas dramáticas que proporcionam uma conclusão canônica adequada ao discurso da Bíblia como um todo. Exploraremos esse aspecto dramático de Apocalipse mais plenamente no capítulo 7.[16]

Um livro de bênçãos

Sete (como não podia deixar de ser!) bênçãos ou bem-aventuranças aparecem em Apocalipse. Elas são uma dimensão do aspecto litúrgico de Apocalipse, mas não são meros enfeites estéticos. Pelo contrário, elas estão situadas no cerne da mensagem de discipulado fiel a Jesus, o Cordeiro, na expectativa de seu retorno e da celebração escatológica: o "banquete de casamento" do Cordeiro e de sua noiva, a igreja fiel, na Nova Jerusalém. Em uma palavra, bem-aventurados são os fiéis:

1. Feliz aquele que lê as palavras desta profecia e felizes aqueles que ouvem e guardam o que nela está escrito, porque o tempo está próximo (1:3).
2. Então ouvi uma voz do céu dizendo: "Escreva: Felizes os mortos que morrem no Senhor de agora em diante". Diz o Espírito: "Sim, eles descansarão das suas fadigas, pois as suas obras os seguirão"[17] (14:13).
3. "Eis que venho como ladrão! Feliz aquele que permanece vigilante e conserva consigo as suas vestes, para que não ande nu e não seja vista a sua vergonha" (16:15).
4. E o anjo me disse: "Escreva: Felizes os convidados para o banquete do casamento do Cordeiro!" E acrescentou: "Estas são as palavras verdadeiras de Deus" (19:9).
5. Felizes e santos os que participam da primeira ressurreição! A segunda morte não tem poder sobre eles; serão sacerdotes de Deus e de Cristo, e reinarão com ele durante mil anos (20:6).
6. "Eis que venho em breve! Feliz é aquele que guarda as palavras da profecia deste livro" (22:7).

---

[16]Veja tb. a abordagem em Wall, *Revelation*, p. 29-32.

[17]O hino *For all the saints* (William How, 1864) baseia-se nesse texto [hino conhecido no Brasil pelo título *Quantos fiéis descansam do labor*].

7. Felizes os que lavam as suas vestes, para que tenham direito à árvore da vida e possam entrar na cidade pelas portas (22:14).

Mais uma vez nesses textos vemos a indissociabilidade entre liturgia e discipulado, bem como a fusão de ambos com a esperança.

Apocalipse e os sentidos

Um comentário adicional sobre esse documento litúrgico que estamos lendo: Apocalipse é um texto extremamente sensorial. Examiná-lo envolve um emprego criativo de todos os sentidos, especialmente da visão, audição e olfato. Ele é famoso por suas visões, mas é "igualmente um livro de experiências auditivas" (escutamos trovões, cantos angelicais, harpas, trombetas, vozes como de muitas águas), e "a ausência de som pode ser igualmente importante" (veja 8:1; 18:22,23).[18] O aroma de incenso (5:8; 8:3,4) é fundamental para a ênfase do livro em oração e adoração. Além disso, o paladar serve como uma importante metáfora diversas vezes (3:16; 8:11; 10:9,10), e até mesmo o tato (p. ex., 5:2,3,7,8) aparece no livro.[19]

TEXTO TEOPOLÍTICO: UMA CRÍTICA AO IMPÉRIO E UM MANIFESTO CONTRA A RELIGIÃO CIVIL

Se a Bíblia de maneira geral, e Apocalipse especificamente, conta-nos a história, ou histórias, de Deus, as Escrituras também nos lembram constantemente de que há outras narrativas que competem por nossa atenção — e por nossa fidelidade. Uma dessas histórias concorrentes, quiçá a mais insidiosa de todas, é a narrativa do poder humano disfarçado de divindade. Isso é indispensável à compreensão e interpretação de Apocalipse.

Quase todos os intérpretes de Apocalipse reconhecem que o livro, como um todo, é uma crítica e uma paródia do Império Romano e do culto ao imperador, que avançava desenfreado na província romana

---

[18]Mangina, *Revelation*, p. 37.
[19]Sobre a função dos sentidos, veja espec. Peterson, *Reversed thunder*, p. 15-7.

da Ásia, na segunda metade do primeiro século. Ainda que a palavra "Roma" não apareça no documento, Roma é retratada simbolicamente como Babilônia: a grande cidade inimiga do povo de Deus.[20] Apocalipse faz uma paródia e tece críticas, tanto sobre a natureza opressora do poder imperial como sobre as afirmações blasfemas feitas sobre ele. Essa crítica dupla é direcionada de forma concentrada contra o culto imperial, pois é nele que o poder romano e seu suposto caráter sagrado se aglutinam. Warren Carter o descreve da seguinte forma:

> O "culto imperial" se refere a uma ampla gama de templos, imagens, rituais, indivíduos e afirmações teológicas que honravam o imperador. Templos dedicados a imperadores específicos e imagens de imperadores situadas em outros templos eram pontos centrais para ofertas de ações de graças e orações aos deuses pela segurança e bênção de imperadores e membros da família imperial. Incenso, sacrifícios e juramentos anuais expressavam e renovavam a lealdade cívica. Eram realizados procissões e banquetes, muitas vezes bancados pelas elites, para expressar honra, gratidão e comemorar eventos importantes, como o aniversário do imperador, sua ascensão ao poder ou vitórias militares. Atos de adoração também eram incorporados nas reuniões de grupos, como artesãos ou grupos religiosos [...] Diversas celebrações [cívicas e coletivas] apresentavam o império comandado pelo imperador como se ele tivesse sido divinamente empossado.[21]

Em resumo, o culto imperial era um sofisticado fenômeno "Deus e país", ou um tipo de religião "cívica" ou civil (veja mais detalhes abaixo), que de várias maneiras atribuía uma natureza sagrada ao Império Romano e ao próprio imperador. Esse culto era a manifestação concreta de uma ideologia, uma teologia política, a qual, segundo Carter, tinha três convicções principais:

---

[20]Que a palavra "Babilônia" se refere, em primeiro lugar, a Roma, fica claro com a menção das "sete colinas", que aludem à topografia romana, em Apocalipse 17:9. "Babilônia" também é utilizada em 1Pedro 5:13 e em outros textos judeus e cristãos da época produzidos após o ano 70, para fazer referência a Roma.

[21]Carter, *Roman Empire*, p. 7-8. Para um panorama mais amplo, veja Howard-Brook e Gwyther, *Unveiling empire*, p. 87-119 e p. 223-35. Para um estudo detalhado, veja Friesen, *Imperial cults* e Price, *Rituals and power*.

- Os deuses haviam escolhido Roma.
- Roma e seu imperador são agentes da autoridade, da vontade, da salvação e da presença dos deuses entre os seres humanos.
- Roma manifesta as bênçãos dos deuses — segurança, paz, justiça, fidelidade, fertilidade — entre aqueles que se submetem ao domínio de Roma.[22]

Em outras palavras, "Roma foi escolhida pelos deuses, particularmente Júpiter [...] para manifestar a autoridade, a presença e o favor dos deuses por todo o mundo".[23] Por exemplo, o poeta romano Estácio escreveu sobre Domiciano, imperador que provavelmente governava quando Apocalipse foi escrito, que "segundo o comando de Júpiter, ele governa para ele o mundo abençoado".[24] Estácio também chamou Domiciano de "governante do mundo conquistado", "salvação segura do mundo" e "bendito protetor e salvador".[25] Esse tipo de teologia exigia que orações e sacrifícios fossem oferecidos não somente aos deuses pela proteção do império e do imperador — como sendo pai-líder do povo e vice-regente de Júpiter — mas, também, ao próprio imperador.

Três pontos adicionais sobre a teologia imperial suplementam os três apresentados por Carter.[26]

- O governo dos deuses por meio de Roma era executado e demonstrado com violência, dominação e "pacificação", que estava longe de ser pacífica. A famosa *pax Romana* era uma soberania dependente de conquistas militares, escravagismo e outras formas de violência.
- O próprio imperador era digno de louvores, devoção e fidelidade. Ele também tinha direito a títulos divinos e semidivinos, como Senhor, Senhor de Tudo, Deus, Filho de Deus e Salvador.

---

[22]Carter, *Roman Empire*, p. 83. Veja tb., de Carter, *Matthew and empire*, p. 20-34, com muitas citações de fontes romanas.
[23]Carter, *Roman Empire*, p. 7.
[24]Citado em ibidem, p. 85.
[25]Citado em Carter, *Matthew and empire*, p. 25.
[26]Útil sobre os próximos dois pontos é a obra de Rowe, *World upside down*, p. 107-11, e sobre o terceiro ponto, Howard-Brook e Gwyther, *Unveiling Revelation*, p. 114-5.

No primeiro século, existem exemplos de devoção religiosa ao imperador em abundância. Domiciano, por exemplo, era chamado, ao menos por alguns, de "Senhor da terra", "aquela divindade presente" e "senhor e deus" (*dominus et deus*), e essa última qualificação ele provavelmente também utilizava em relação a si mesmo.[27] Como um deus, o imperador ainda assim continuava sendo humano, logo orações e sacrifícios podiam ser oferecidos tanto *a* ele como *por* ele.

- A era imperial era a tão aguardada época áurea, na verdade a era escatológica, na qual as esperanças da humanidade teriam sido alcançadas e perdurariam para todo o sempre.

Esses seis pontos da teologia imperial eram proclamados de diversas formas e em diversos espaços. Podemos encontrar a teologia imperial nos melhores escritores daquela época, como Virgílio e Epiteto, mas era particularmente importante para Roma capturar o coração e a mente das pessoas comuns, o que era feito principalmente pelos meios de comunicação de massa: procissões, jogos, espetáculos, estátuas, os estandartes carregados pelos soldados e moedas. Moedas do primeiro século retratam o imperador como um deus (na verdade, como diversas divindades), como um salvador e governante universal, como aquele que pôs fim às guerras e trouxe paz, como o conquistador dos inimigos e assim por diante.[28]

O culto imperial tinha se alastrado principalmente pela Ásia Menor e pelas cidades onde ficavam localizadas as igrejas de Apocalipse. Pérgamo, local do "trono de Satanás" (Apocalipse 2:13) — possivelmente uma referência ao templo do culto imperial no topo da imponente acrópole da cidade — recebeu permissão já em 29 a.C., diretamente do primeiro imperador, Augusto, para erguer um templo a ele e a Roma. Cidades como Éfeso e Esmirna também tinham importantes templos do culto imperial. Éfeso era frequentemente reconhecida como uma competente guardiã do culto imperial e a cidade mesclava sua adoração a Ártemis com a adoração ao imperador.

---

[27]Carter, *Matthew and Empire*, p. 25-6; Witherington, *Revelation*, p. 5-6.
[28]Para fotografias de diversas dessas moedas, veja Kraybill, *Apocalypse and allegiance*.

O que estamos lendo? A substância de Apocalipse

Esmirna havia erguido um templo à deusa Roma em 195 a.C. e então um ao imperador Tibério em 26 d.C. Havia alguma forma de culto imperial em todas as sete cidades.

Apocalipse é, portanto, um texto *teopolítico*. Ele faz afirmações sobre quem é o verdadeiro Deus e sobre associações corretas e equivocadas entre Deus e a ordem sociopolítica; desafia a teologia política do império e a ideologia religiosa que o subscreve; e revela que somente Deus e o Cordeiro são o verdadeiro Soberano, fonte de todas as bênçãos, e o alvo correto de nossa adoração. Além disso, Apocalipse nos diz não apenas quem é verdadeiramente soberano, mas também o tipo de soberania que o verdadeiro Deus exerce; ou seja, o que muitos já denominaram "poder do Cordeiro", não violento e não coercitivo — que voltaremos a abordar nos próximos capítulos. (Por ora, precisamos apenas dar uma prévia desses capítulos com o seguinte resumo: os cenários supostamente violentos em Apocalipse são corretamente interpretados como símbolos ou metáforas, não como exemplos de violência militar literal exercida por Deus e o Cordeiro.)

Dentre as muitas abordagens do livro que poderíamos citar acerca dessa importante dimensão teopolítica de Apocalipse, há diversas que se destacam de maneira especial. Richard Bauckham corretamente relaciona o caráter apocalíptico e visionário de Apocalipse à sua crítica de Roma, chamando Apocalipse "um conjunto de contraimagens proféticas cristãs que imprimem em seus leitores uma visão diferente do mundo".[29] Pablo Richard, um intérprete chileno de Apocalipse, também demonstra acertadamente o vínculo entre o caráter litúrgico de Apocalipse e sua postura contra o império; Apocalipse, diz ele, é "um texto litúrgico que equivale a um manifesto teológico e político".[30] Em seu livro *Unveiling empire: reading Revelation then and now* [Desmascarando o império: interpretação de Apocalipse ontem e hoje], Wes Howard-Brook e Anthony Gwyther propõem que Apocalipse responde cinco mitos romanos com cinco contramitos:[31]

---

[29]Bauckham, *A teologia do Livro de Apocalipse*, p. 31.
[30]Richard, *Apocalypse*, p. 40.
[31]Howard-Brook e Gwyther, *Unveiling Revelation*, p. 223-35. Veja tb. Thompson, *The Book of Revelation*.

Mitos de Roma (ou seja, falsas afirmações)	Contramitos de Apocalipse (ou seja, verdades subversivas)
Império	O império do nosso Deus
A *Pax Romana*	Babilônia, a derramadora de sangue
Victoria	A vitória do Cordeiro e de seus seguidores[32]
Fé (= lealdade a César/Roma)	Manter a fé em Jesus
Eternidade	Eles [os santos] reinarão para sempre

Além disso, uma recente edição temática do periódico teológico *Interpretation* recebeu o título "Apocalipse como uma Crítica do Império". No artigo inicial da edição, Craig Koester observa que o império analisado em Apocalipse é formado por três componentes inseparáveis, e todos são contestados pelo livro: dominação política, religião na qual a ordem política é identificada com o divino, e estruturas econômicas que favoreciam a elite e permitiam a exploração humana.[33] Apocalipse é, portanto, uma "crítica visionária" do "lado bestial do império", da "divinização do poder humano" e do "lado sórdido do comércio".[34]

A maioria desses intérpretes também traça conexões entre aspectos do império romano e formas de império hoje em dia: a economia capitalista global e a poderosa realidade política, militar e econômica que são os Estados Unidos da América. Essas duas questões não são autônomas entre si, como muitas pessoas fora dos Estados Unidos têm observado. Pablo Richard, por exemplo, escreveu que:

> Nos últimos vinte anos, nós [na América Central] temos vivido a experiência cruel e terrível do Império do Mercado Global, controlado de forma bestial pela burocracia militar e política dos Estados Unidos da América [...] nossos países vivem oprimidos e excluídos

---

[32]Sobre a vitória de Roma *versus* a cristã, veja tb. Rossing (*Rapture exposed*, p. 115-22), que diz que a mensagem de Apocalipse é "uma reestruturação de todo o conceito [romano] de vitória" por meio da violência (p. 121).
[33]Koester, "Revelation's visionary challenge", p. 9-12.
[34]Koester, "Revelation's visionary challenge", p. 12-8.

por um sistema militar, cultural e econômico de globalização, liderado pelo governo dos Estados Unidos, que opera como um poder imperial, arrogante e cruel.[35]

Essas são palavras fortes, e nem todos concordarão com elas, embora diversos intérpretes importantes de Apocalipse nos Estados Unidos tenham chegado a conclusões semelhantes. Biblicistas de destaque com experiência no ensino de Apocalipse nos mais variados lugares, como América do Sul e Índia, têm descoberto que seus alunos relacionam a besta de Apocalipse 13 aos Estados Unidos.[36] De cunho mais popular, mas igualmente esclarecedor, é o relato de Jonathan Wilson-Hartgrove, ao contar sobre como experimentou a América como Babilônia enquanto viajava pela verdadeira terra da Babilônia (Iraque) com Equipes de Pacificadores Cristãos, durante e após a invasão daquele país pelos Estados Unidos em 2003.[37] Howard-Brook e Gwyther traçam correspondências sofisticadas entre os romanos e as manifestações contemporâneas de império do "capital global", no qual os Estados Unidos logicamente participam. Segundo eles, contudo, nem os Estados Unidos ou nenhuma outra nação no mundo continua sendo o império dominante mundial.[38]

Os Estados Unidos são um império? Isso depende de diversos fatores, entre eles a definição que a pessoa tem de império. Eu ofereceria a seguinte definição para consideração:

> Uma entidade que obteve domínio predominante (global ou quase global) por meio de expansão deliberada, mediante o exercício extremo de alguma(s) forma(s) de poder — econômico, político, militar e/ou religioso — resultando na criação de clientes que têm uma relação colonial com a entidade, e de inimigos que consideram a entidade opressora.

---

[35]Richard, "Reading the Apocalypse", p. 146-7.
[36]Veja Kraybill, "Apocalypse now"; DeSilva, *Seeing things John's way*, p. 337-8.
[37]Wilson-Hartgrove, *To Baghdad*.
[38]Howard-Brook e Gwyther, *Unveiling Revelation*, espec. p. 236-7.

Howard-Brook e Gwyther citam as seguintes evidências de que os Estados Unidos ao menos tiveram "sinalizações imperialistas": "trabalho escravo, demonização, genocídio e remoção de povos indígenas; colonização de terras distantes [...]; arrogância cultural; e poder militar global".[39] É difícil para muitas pessoas — dentre as quais eu me incluo — resistir à conclusão de que os Estados Unidos tinham, e continuam a ter, um caráter imperial.

Ainda assim, embora possamos concordar que Apocalipse é uma crítica ao Império Romano, e a impérios de forma mais genérica (visto que "Babilônia" não é em si identificada como Roma), certamente discordaremos acerca do que constitui um império, se os Estados Unidos já foram ou são um império, e mesmo se um império seria inerentemente mal.[40] E certamente muitos argumentarão que nenhum presidente dos Estados Unidos jamais foi considerado um deus,[41] ainda que seus sucessos militares tenham sido vistos como frutos de um chamado e bênçãos divinas; e ainda que se diga que a sucessão de conquistas militares, políticas e econômicas obtidas pelos Estados Unidos tenham produzido uma superpotência americana, com diversos tipos de postos avançados e estadoclientes pelo mundo.

Deve-se, ao menos, reconhecer que os Estados Unidos são *percebidos* como um poder imperial por muitas pessoas em muitas partes do mundo, as quais foram influenciadas pelo poder militar, político e econômico americano. Não devemos, contudo, permitir que debates sobre a natureza precisa dos impérios, ou sua personificação no contexto americano, nos impeçam de escutar as críticas incisivas de Apocalipse ao *status quo*. É mais importante que enxerguemos Apocalipse como uma crítica ao poder secular onde e como ele se manifeste

---

[39]Ibidem, p. 236.
[40]Para vermos ao menos parcialmente o que Apocalipse tem em mente ao identificar um império, podemos consultar o capítulo 18: um poder econômico internacional arrogante com clientes por todo o mundo, totalmente dedicado à busca incontrolável de luxos, com comércios que incluem até mesmo o tráfico de seres humanos. Isso pareceria uma descrição adequada de diversas entidades políticas, tanto do passado quanto do presente.
[41]No entanto, um estudioso do Novo Testamento, Andy Johnson, lembrou-me de um afresco na rotunda do Capitólio dos Estados Unidos chamado "The *apotheosis* [divinização, exaltação] de George Washington", uma descrição dele "ascendendo" ao céu.

de forma opressiva e, principalmente, como uma crítica a tal poder quando ele for considerado *sagrado* e lhe for atribuído devoção e fidelidade. Essa manifestação e sacralização do poder é sem dúvida parte da realidade americana (e também parte da experiência de outras nações). Assim, J. Nelson Kraybill recentemente escreveu um estudo de Apocalipse intitulado *Apocalypse and allegiance: worship, politics, and devotion in the Book of Revelation* [Apocalipse e lealdade: adoração, política e devoção no livro de Apocalipse]. Ele escreve com grande discernimento que, embora "nenhuma nação ocidental hoje em dia adore flagrantemente seu governante, temos poderes políticos, militares e econômicos aos quais milhões tributam fidelidade inquestionável [...] O mundo em que ele [João] habitava — o Império Romano — e o universo simbólico que suas visões criaram têm paralelos assustadores com nossas circunstâncias atuais".[42]

Quando o poder secular é considerado sagrado e digno de devoção e fidelidade, o resultado é o fenômeno da religião civil, que pode ser definido como segue:

> Atribuição do status de sagrado ao poder secular (normalmente ao estado e/ou ao seu dirigente), como fonte de bênçãos divinas, com exigência de devoção e compromisso de coração, mente e corpo para com o poder sacro-secular e seus valores; os quais são expressos em narrativas variadas, textos diversos, rituais, e meios de comunicação de massa, visando tanto reforçar o status sagrado do poder, como o dever sagrado de devoção e fidelidade por parte de seus beneficiários, ainda que ao custo da própria vida.[43]

Essa definição de religião civil sugere que ela possui três dimensões principais:

---

[42]Kraybill, *Apocalypse and allegiance*, p. 15.
[43]Alguém poderia indagar se um estado secular, ou um estado no qual expressões religiosas tenham sido banidas, pode ter uma religião civil. Se compreendermos que religião se relaciona com realidades e valores supremos, então a resposta é sim. Poderíamos, portanto, definir religião civil como "a atribuição de um status supremo ao poder secular", apesar de isso geralmente incluir a apropriação de vocabulários e símbolos religiosos. Poderíamos chamar isso, ironicamente, de "religião civil secular".

1. *Ideologia/teologia*: a *sacralização do estado*, incluindo: (a) seu poder, prosperidade e paz; (b) suas atividades e realizações, especialmente de expansão e guerras; (c) seus mitos e valores norteadores; e (d) seus heróis do passado e líderes atuais.
2. *Compromissos/práticas*: a consequente exigência de *devoção e fidelidade solenes* ao estado como responsabilidade sagrada (incluindo a disposição de matar e/ou morrer por ele), que deve ser *expressa em rituais públicos*.
3. *Sincretismo*: a *reinterpretação das tradições religiosas dominantes na cultura*, com o fim de incorporar essa sacralização do estado e a declaração solene de fidelidade a ele; a mistura de fé e prática religiosas com práticas e declarações nacionalistas e políticas.

Assim, de forma mais ampla, Apocalipse é uma crítica à religião civil (primeiramente, mas não somente, à religião civil romana); ou seja, à sacralização dos poderes político, econômico e militar, por meio das diversas mitologias e práticas — credos e liturgias, poderíamos assim dizer — e da consequente exigência de fidelidade àquele poder.

Como a religião civil está tão estreitamente relacionada ao poder, ela frequentemente aparece em formas extremas de impérios e de estados semelhantes a impérios (p. ex., as superpotências modernas), fundamentada no pressuposto de que expansão e vitória (na guerra ou em outros contextos) são sinais de bênção e proteção divinas, e na crença comum de que Deus está do lado dos poderosos. Ao mesmo tempo, porém, a religião civil não é propriedade exclusiva de impérios ou superpotências; ela também pode ser encontrada em antigos impérios, aspirantes a superpotências, estados comuns, e até mesmo nações pobres e em desenvolvimento. Os seres humanos parecem ter necessidade de atribuir um caráter sagrado, ou ao menos quase sagrado, às suas instituições políticas, seus governantes e às ações dessas entidades. Um resultado trágico, mas frequente, é a sacralização de seu próprio povo, seja nação, raça ou tribo, e a demonização de outros povos. A partir dessa religião, produz-se uma cultura de ódio e até violência. Conhecemos demasiados exemplos disso nos tempos modernos.

A religião civil não exige uma igreja, religião ou culto (estatal) constituído para existir, ou mesmo para prosperar. Ela pode, portanto, florescer até mesmo em lugares onde há tecnicamente uma separação entre "igreja" e "estado". Ela pode se proliferar ainda que a maioria dos habitantes do país julgue viver em um estado cristão (ou judeu, islâmico etc.). Os Estados Unidos (onde tenho meu lar), por exemplo, possui sua própria forma de religião civil. Podemos dar exemplos de sua ideologia — na verdade, sua teologia — e de suas práticas, que estão, com certeza, relacionadas. Em outros lugares, poderemos encontrar situações que se assemelhem a essas características da religião civil.

A teologia/ideologia da religião civil americana no início do século 21[44]

Há diversos mitos ou temas teológicos interconectados que permeiam a religião civil americana. A maioria, se não todos esses temas, tem estado presente por muitos anos (alguns datando de antes da fundação do país), mas eles claramente evoluíram com a nação.

Uma convicção teopolítica ou mito sagrado fundamental é o *excepcionalismo*: ideia de que os Estados Unidos possuem uma posição especial nos planos de Deus,[45] de que são, em certo sentido, *escolhidos*. Na história americana, esse excepcionalismo se revelou em crenças como a puritana "cidade sobre o monte" (Mateus 5:14), o Destino Manifesto e a identificação dos Estados Unidos como "a luz do mundo" (Mateus 5:14; João 8:12; 9:5). Semelhante e por vezes derivado do excepcionalismo é o *messianismo* americano: percepção de que os Estados Unidos possuem uma vocação central e especial na salvação do mundo, especialmente por meio da disseminação de práticas americanas de liberdade e do estilo americano de democracia. Tais crenças em um papel excepcional e em um destino messiânico para espalhar

---

[44]Dentre as muitas discussões em torno deste tópico, veja espec. Hughes, *Myths*; Boyd, *Myth*; Jewett e Shelton, *Captain America*; e Jewett, *Mission and menace*.

[45]Uso a palavra "Deus" porque a maioria dos americanos são monoteístas, e muitos creem que sua concepção de Deus (um tanto vaga) corresponde ao conceito presente na Bíblia; ainda que, na verdade, o deus da religião civil americana possua traços nitidamente americanos.

a liberdade são a espinha dorsal da religião nacional dos Estados Unidos.⁴⁶ Decorrem delas um mito de *inocência*, de que estão imbuídos de "um elemento de inerrância messiânica".⁴⁷ Esse terceiro mito sustenta que os Estados Unidos sempre operam no mundo segundo os mais altos princípios de ética e justiça; e que, quando são criticados ou atacados, são os Estados Unidos a vítima inocente e virtuosa.

A crença em um papel messiânico e excepcional naturalmente gera outra convicção sagrada: a do *patriotismo extremado*, do amor radical pelo país, e até do *nacionalismo*; que é a crença de que seu país, nesse caso os Estados Unidos, são superiores a todos os demais estados nacionais. "Nacionalismo" (conforme o uso que faço aqui) é uma devoção extrema ao próprio país como "a maior nação sobre a terra", e, portanto, merecedor de uma fidelidade quase incondicional — e algumas vezes absolutamente irrestrita. Essa devoção frequentemente se fundamenta na convicção de que a nação foi escolhida, abençoada e designada por Deus, de forma que seu poder e riquezas são sinais da aprovação de Deus. Os Estados Unidos da América são "uma nação sob Deus". Dessa forma, a dedicação de uma pessoa ao seu país e à sua missão no mundo é, no fim das contas, uma devoção religiosa. Grandeza é definida especificamente como força financeira, política e/ou militar, e essa definição traz consigo a convicção de que tanto os Estados Unidos como os americanos deveriam sempre desfrutar e operar a partir de uma posição de força e segurança. A fraqueza é uma característica não americana; os americanos querem ser o número um. Para muitos, tais tipos de força secular são vistos como manifestações do poder de Deus.

A religião civil americana valoriza a *liberdade e os direitos humanos* como uma dádiva divina, considerando-os, talvez, no mesmo nível da força, como alguns dos mais elevados valores nacionais. A proteção e a promoção da liberdade são, portanto, um mandato e uma missão divina. O conceito concreto, tanto de liberdade política (coletiva) quanto pessoal (individual), é de que a vida, a liberdade e a busca da felicidade são direitos (inalienáveis) dados

---

⁴⁶Müller-Fahrenholz, *America's battle*, p. 8.
⁴⁷A expressão foi cunhada por Müller-Fahrenholz, *America's battle*, p. 8.

por Deus; ideia essa derivada tanto do Iluminismo como de um dos mais importantes textos sagrados dessa religião civil: a Declaração da Independência. Um mito consequente é uma forma de *Calvinismo secularizado*: a noção de que trabalho duro, somado a certo grau de generosidade para com o próximo, inevitavelmente resultará em liberdade e prosperidade cada vez maiores, muitas vezes percebidas como um sinal das bênçãos de Deus. (O assim chamado "evangelho da prosperidade" é um desdobramento deste mito.)

Ainda outro mito sagrado fundamental na religião civil americana é o do *militarismo e da violência sagrada*.[48] Trata-se da convicção de que parte da função messiânica e excepcional dos Estados Unidos na história inclui uma permissão concedida por Deus, aliás, um mandato divino, de usar de violência (assassinato de povos nativos, invasões, guerras etc.) quando os meios pacíficos são inconvenientes ou malsucedidos. Tal violência pretensamente sagrada tem justificado diversas formas de expansão e, mais recentemente, da missão messiânica de proteger e promover a liberdade e a justiça. Este mito pode estimular uma cruzada mentalmente alicerçada em um dualismo apocalíptico ("livrar o mundo do mal"), mas sem o consequente compromisso com a não violência que encontramos em Apocalipse.

O "mito da violência redentora sustenta a cultura popular americana, sua religião civil, seu nacionalismo e sua política externa", argumenta Walter Wink.[49] Isso corrobora a crença de que matar e/ou morrer pelo interesse nacional é um dever sagrado, e até um privilégio. Servir a nação — principalmente no serviço militar e, sobretudo quando se morre pelo seu país — é a mais elevada forma de devoção cívica e religiosa. Afinal, segundo argumenta a religião civil, citando e interpretando erroneamente as palavras de Jesus: "Ninguém tem amor maior do que este: de alguém dar a própria vida pelos seus amigos" (João 15:13, NAA).[50]

---

[48]Com certeza, isso não é exclusivo dos Estados Unidos. P. ex., enquanto eu editava este capítulo, a Coreia do Norte prometeu lançar uma "guerra [nuclear] retaliatória sagrada".

[49]Wink, *Engaging the powers*, p. 13.

[50]O uso deste texto é um dos poucos aspectos da religião civil americana que possui algum vínculo cristológico, pois em geral é bem mais fácil manipular um deus não específico para fins nacionalistas. Mas mesmo aqui o foco cristológico é apenas

Esses são alguns dos mitos e convicções sagrados básicos da religião civil americana. Essa ideologia, ou teologia, possui semelhanças notáveis com a teologia imperial romana discutida acima.

Alguns símbolos e práticas da religião civil americana

Os mitos sagrados da religião civil são demonstrados, reforçados, honrados e propagados em símbolos sagrados, espaços, rituais e dias sagrados. Essas ocasiões usam linguagem, música, textos e histórias sagradas. O espaço não permite uma análise detalhada, mas alguns desses símbolos e práticas americanas — não raro com símbolos e práticas semelhantes em outras partes do mundo — seguem listados aqui.

Símbolos e espaços sagrados
- Bandeiras nacionais como objetos sagrados
- Bandeiras nacionais (às vezes acompanhadas de "bandeiras cristãs") nas igrejas[51]
- Cruzes em contextos militares e outras situações não relacionadas à igreja (p. ex., medalhas militares em forma de cruz)
- Composições de imagens cristãs e nacionais (p. ex., cruz e bandeira, Jesus e bandeira)

Rituais sagrados e dias santos
- Rituais civis que foram transformados em religiosos
  - Dias oficiais de oração
  - Festas Nacionais / dias santos
    » Dia de Martin Luther King (reconhecendo um raro componente profético da vida da religião civil americana)
    » Dia dos Presidentes

---

superficialmente cristão e, na verdade, um tanto equivocado. Ele pega uma máxima que Jesus aplicou a si mesmo, sua própria morte salvífica, e seus discípulos, generalizando-a de forma apartada dos exemplos e dos ensinamentos de Jesus. Esse mito pega um princípio supostamente cristão e o usa para fundamentar a morte no contexto de um combate militar (ou seja, matar), que é precisamente o tipo de morte que Jesus não queria demonstrar ou defender.

[51]Veja Boyd, *Myth*, p. 12: "Em nossa mente — assim como em nossos santuários — a cruz e a bandeira americana se postam lado a lado".

- » *Memorial Day* [Dia da Lembrança] (provavelmente, em princípio se não na prática, a festa principal por causa de suas relações com a liberdade e o sacrifício na violência sacra[52])
  - » Dia da Independência/Quatro de Julho
  - » Dia dos Veteranos
  - » Ação de Graças
- Funerais oficiais
- Momentos de silêncio
- Capelão parlamentar
- Oração em eventos políticos e cívicos
- Oração em torno do mastro da bandeira
- Dias nacionais de oração, cafés da manhã de oração
- O juramento de fidelidade, na escola e em outras reuniões cívicas, à bandeira como ícone de uma nação "sob Deus"
- O hino nacional nos eventos esportivos
- Juramento sobre a Bíblia
- Orações de capelães antes de missões de combate militar

- Rituais religiosos que foram transformados em civis
  - Juramento de fidelidade na igreja
  - Distinção de militares da ativa ou de veteranos na igreja em feriados nacionais
  - Orações por "aqueles que servem nosso país" ou "nossas tropas" na igreja[53]
  - Sermões e pregações para crianças sobre temáticas patrióticas
  - Utilização de música patriótica na adoração
  - Eventos religiosos em feriados nacionais
  - Reuniões religiosas em momentos de crise nacional

---

[52]Sugerido, p. ex., por Müller-Fahrenholz, *America's battle*, p. 13.

[53]Referências cristãs às "nossas tropas" em oração, ou em outras formas de discurso, são teologicamente inadequadas, porque "nós" (a igreja, cristãos) não possuímos tropas. Esse tipo de discurso confunde o fato de sermos cristãos com o fato de sermos americanos (ou ingleses, ou o que quer que seja) e demonstra uma profunda desconsideração com dois importantes aspectos da igreja que são enfatizados em Apocalipse: seu caráter internacional como um grupo mundial de pessoas de todas as tribos e nações (Apocalipse 7) e seu caráter não violento e pacífico como uma comunidade do Cordeiro.

Linguagem sagrada
- Guerra como "missão"
- Dever/honra "sagrada"
- Voz passiva divina: "nós somos chamados" (p. ex., em certo momento da história, geralmente antes da guerra)
- *Deus abençoe a América / Deus abençoe nossas tropas*
- Ecos/alusões à Bíblia em discursos políticos e cívicos
- Utilização de expressões bíblicas relacionadas a Deus ou ao povo de Deus para os Estados Unidos (p. ex., "a luz do mundo"; "cidade sobre o monte")
- Falta de especificidade teológica (p. ex., omissão do nome de Jesus nas orações públicas e na leitura das Escrituras)

Música sagrada / hinos nacionais
- Canções patrióticas de devoção sagrada com muita linguagem religiosa explícita (*Deus abençoe a América*), alguma (*América/Meu país é teu*) ou até nenhuma (o hino nacional)
- Hinos com linguagem explicitamente nacionalista e militarista (p. ex., *Hino de batalha da República, Hino da Marinha*)
- Hinos com linguagem militarista alegórica interpretada de forma literal e nacionalista (p. ex., *Onward, Christian soldiers* [Avante, soldados cristãos, conhecido no Brasil como Eis nosso estandarte, tremulando à luz])

Textos sagrados
- A Declaração da Independência, a Constituição, e a Declaração de Direitos
- Discursos famosos de líderes e heróis sagrados (p. ex., Patrick Henry, Abraham Lincoln, Douglas MacArthur, John Kennedy, Martin Luther King)
- Textos bíblicos que parecem respaldar valores nacionais, como a liberdade e a violência redentora

Histórias sagradas de líderes e heróis sagrados ("santos"/"mártires"/"profetas")
- Pais fundadores

- Líderes em momentos de crise (e.g., *Profiles in courage* [Perfis de coragem] de Kennedy)
- Grandes guerreiros (p. ex., Patton)
- Veteranos em geral

Esses diversos aspectos da religião civil americana são expressos em dois tipos de espaços: o civil e político (discursos, paradas, eventos escolares, eventos esportivos, cerimônias militares etc.), por um lado; e o religioso (cultos religiosos), por outro.

A partir dessa listagem, podemos reconhecer outra nuance de semelhança entre a religião civil romana e a religião civil americana contemporânea. A primeira implicava a politização do sagrado (especificamente a imperialização) e a sacralização do político (especificamente o imperial). Isso se assemelha àquilo que ocorreu nos Estados Unidos: muitos eventos cívicos e políticos possuem uma dimensão religiosa, e eventos religiosos às vezes assumem dimensões cívicas e políticas — especificamente nacionalistas, e até militaristas. Esse processo perdura até a atualidade, apesar dos impedimentos formais da lei e das consequentes mudanças práticas (como a abolição da oração nas escolas).

Há uma diferença fundamental, porém, cujo reconhecimento é de grande relevância: o sincretismo da religião civil romana envolvia uma combinação de ideologia romana e religiosidade *pagã*, mas o sincretismo da religião civil americana mistura a ideologia americana e o *cristianismo*, ou pelo menos uma religiosidade teísta e quase cristã. A igreja primitiva tinha uma desconfiança natural da religião civil romana por causa de sua flagrante idolatria e paganismo, embora mesmo isso pudesse ser tentador. Os cristãos da atualidade podem muito mais facilmente supor que ideias, linguagens e práticas cristãs, ou aparentemente cristãs, são benignas e até mesmo aprovadas por Deus. Isso torna a religião civil americana muito mais atraente; ou seja, muito mais sedutora e perigosa. Seu caráter fundamentalmente pagão é disfarçado por sua aparência cristã.

Independentemente do que apregoem as igrejas, o cristianismo nos Estados Unidos parece ter dois períodos litúrgicos: a Temporada Santa, que vai do Advento à Páscoa (ou talvez ao Pentecostes), e a Temporada Civil — o período da religião civil — que vai do Memorial Day ao dia de Ações de Graças. A religião civil nos Estados Unidos nunca sai de cena, mas suas principais festas ocorrem nesse período de seis meses. Linguagens e rituais que unem Deus e o país predominam, de modo que o sincretismo nas igrejas ("quando virdes o vermelho na bandeira, pensai no sangue daqueles que pereceram para que fossemos livres, e também pensai no sangue de Jesus, que foi derramado para que fossemos *realmente* livres") corre desenfreado, sem ser quase nunca questionado.

Mas quando refletimos atentamente sobre a natureza e o escopo da religião civil americana, fica difícil evitar a questão: "Não é isso também uma forma de idolatria, uma 'divinização do nacionalismo'?".[54] O que torna a religião civil dos Estados Unidos particularmente sedutora é o tanto que ela extrai do cristianismo; sua reinterpretação da tradição religiosa dominante não produz um sincretismo de paganismo politeísta, mas um sincretismo de americanismo cristianizado, ou de cristianismo americanizado. Essa forma de religiosidade é tão disseminada, que não estaríamos errados em argumentar que, se o pecado original dos Estados Unidos diante das outras nações é o racismo, como afirmava Martin Luther King, seu pecado original diante de Deus é a religião civil. Isso, logicamente, não significa que o racismo ou a religião civil sejam exclusividade dos Estados Unidos, mas apenas que a história americana — e, portanto, também o cristianismo nos Estados Unidos — têm sido assolados por essas duas deficiências fundamentais: uma horizontal (entre as pessoas) e outra vertical (entre as pessoas e Deus).

Apocalipse como manifesto e convocação para uma religião "incivil"

O apocalipse é um manifesto contra a religião civil e uma convocação a um testemunho e adoração incivil

Apocalipse é um esvaziamento contínuo de todo o caráter sagrado dos poderes seculares, quer militar, político ou econômico; e, em paralelo, um reconhecimento contínuo de que Deus e o Cordeiro são os legítimos portadores da condição de sagrado, e os únicos dignos

---

[54]Reddish, *Revelation*, p. 105.

de receber honrarias divinas. Ele proclama a existência de uma religião não civil, a possibilidade de existir uma comunidade de pessoas "incivis". Dessa forma, um dos principais propósitos de Apocalipse é contestar o poder imperial sacralizado, juntamente com seu fascínio sedutor, apresentando uma visão alternativa de poder que dará aos crentes conforto, segurança, esperança e, principalmente, coragem para resistir, segundo o paradigma de Jesus. Essa visão alternativa de poder é o poder do único Deus verdadeiro e do Cordeiro que foi morto, o Cristo, "que é a testemunha fiel, o primogênito dentre os mortos e o soberano dos reis da terra" (1:5). Ele fornece à igreja "um conjunto de contraimagens proféticas cristãs", um "roteiro oposto ao do império".[55] Apocalipse é, portanto, um guia profético, pastoral e visionário para que adoremos e sigamos o Cordeiro, um modelo de testemunho fiel contra a religião civil e para a verdadeira adoração do verdadeiro Deus. Apocalipse nos exorta a desaprender e abandonar o evangelho falso e frequentemente sedutor do império, juntamente com a religião civil, ao mesmo tempo em que nos convida a aprender e praticar, em adoração e testemunho, a verdade do evangelho eterno do Cordeiro.

É por isso que uma leitura litúrgica de Apocalipse leva inevitavelmente a uma leitura teopolítica. Os deuses que imaginamos e adoramos, principalmente em praça pública, podem ser outra coisa que não Deus. João Calvino notoriamente sustentava que o coração humano produz ídolos incessantemente (veja Isaías 44:9-11). O que são os ídolos para sermos tentados a aceitá-los? O panteão do primeiro século incluía, dentre muitos outros, Afrodite, Asclépio, Dionísio, Marte e César. Hoje temos nomes diferentes para seus equivalentes: Sexo, Saúde/Preparo Físico, Prazer, Guerra e Poder/Segurança, dentre outros. Como os do passado, que tinham templos, estátuas e inscrições para representar suas divindades, também encontramos nossos ídolos representados na mídia em geral: revistas e livros, filmes e canções, em programas de televisão e on-line. Cada um desses pode ser equivocadamente valorizado como algo pelo que

---

[55] A primeira frase é de Bauckham (*A teologia do Livro de Apocalipse*, p. 31), a segunda frase é de Carey ("The Book of Revelation as counter-imperial script").

se viver, morrer e matar. Quando são considerados como componentes do *summum bonum*, como elementos essenciais do bem maior da cultura, tornam-se parte da causa nobre pela qual, em última análise, justifica-se matar ou morrer. "Todas as versões do reino deste mundo se protegem e promovem sua causa mobilizando o interesse pessoal de seus cidadãos em uma força tribal coletiva, a qual torna cada cidadão disposto a matar e ser morto por aquilo que acredita ser o bem da sociedade."[56]

Costuma-se afirmar com frequência que os ídolos mais comuns no ocidente são Poder, Sexo e Dinheiro — visão contra a qual não tenho grandes discordâncias. Entretanto, uma vez que esses ídolos estão relacionados a uma visão mais ampla da vida, como o sonho americano, ou os direitos inalienáveis de um povo livre, eles se tornam parte da religião civil da nação. Eu sustentaria, na verdade, que a divindade mais sedutora e perigosa dos Estados Unidos é o deus sincrético e onipresente do nacionalismo misturado ao cristianismo *light*: crenças, linguagem e práticas religiosas que são superficialmente cristãs, mas permeadas de mitos e hábitos nacionais. Lamentavelmente, a maioria dos praticantes dessa religião civil pertence a igrejas cristãs, que é precisamente o motivo pelo qual Apocalipse é dirigido às sete *igrejas* (não à Babilônia), para todos os cristãos tentados pelo culto civil.

Para resumir: Apocalipse é uma crítica ao império? Sim, mas essa não é sua principal função teopolítica. O destino do império é certo, o que é *in*certo é o destino daqueles que atualmente tomam parte no culto ao império. A crítica mais relevante é a crítica à igreja, mais especificamente em relação a sua participação na idolatria do culto imperial: a religião civil ou nacional. As igrejas se arrependerão? Para as igrejas, emerge uma questão fulcral: "Besta ou Cordeiro?".

A ESTRUTURA DE APOCALIPSE

Muitos intérpretes de Apocalipse observaram os diversos grupos e sequências de sete no livro. O esboço abaixo, na verdade, não é

---

[56] Boyd, *Myth*, p. 56.

muito diferente daqueles propostos por Primásio e, especialmente, Beda, nos séculos 6 e 8, respectivamente:[57]

Capítulos	Conteúdo principal
1:1-8	Prólogo: Introdução apocalíptica/profética/epistolar/litúrgica/teopolítica
1:9-20	Visão inicial: Cristo presente entre as igrejas
2 e 3	7 mensagens profético-pastorais de Cristo às igrejas
4 e 5	Visão central e centralizadora: Deus e o Cordeiro (Cristo) na sala do trono celestial
6:1—8:1	7 selos (7:1-17 = intervalo entre o 6 e o 7)
8:2—11:19	7 trombetas (10:1—11:13 = intervalo entre o 6 e o 7)
12:1—13:18	O adversário no conflito: Visões da trindade profana
14:1-20	Intervalo: Visões de salvação e juízo
15:1—16:21	7 taças de juízo
17:1—19:10	7.ª taça ampliada: A queda da Babilônia e a celebração celestial
19:11—22:5	7 cenas do fim culminando na visão final: Novos Céus, Nova Terra, Nova Jerusalém (21:1—22:5)
22:6-21	Epílogo: Conclusão apocalíptica/profética/epistolar/litúrgica/teopolítica

A estrutura do livro pode ser simplificada da seguinte forma:

I. Apocalipse 1—3 / visão inicial do Senhor ressurreto e suas sete mensagens profético-pastorais
II. Apocalipse 4 e 5 / Visão central e centralizadora de Deus e do Cordeiro
III. Apocalipse 6—20 / Visões do juízo de Deus, com intervalos
IV. Apocalipse 21 e 22 / Visão final da nova criação

Essa estrutura resumida apresenta o ordenamento de quatro dos principais capítulos desse livro (caps. 5, 6, 8 e 9).

---

[57]Citado em Murphy, "Revelation", p. 683. O padrão de sete no conjunto de visões finais (19:11—22:5) é observado por Talbert, *Apocalypse*, p. 88-103.

Lendo Apocalipse *com* responsabilidade

A maior parte do conteúdo de Apocalipse é uma jornada sobrenatural, algo um tanto típico para literaturas apocalípticas, e consiste em uma série de "visões discretas e narrativas reveladoras"[58] (4:1—22:5). As principais visões e narrativas são sobre juízo divino, com intervalos (dando espaço para que os leitores/ouvintes respirem) que trazem diversas cenas celestiais, hinos e prenúncios da conclusão escatológica. Essas várias visões e episódios revelam tanto o presente invisível como o futuro que ainda está por vir. Em vez de ser uma longa narrativa linear, a sequência de visões e narrativas curtas é de certa forma repetitiva, ainda que sempre em uma crescente de intensidade, com os sete selos e trombetas de juízo (6:1—11:19) correspondendo aos sete anjos e às sete taças (14:6—19:10). Esses dois conjuntos de visões de juízos, reunidos em grupos de sete, são interrompidos por visões da trindade profana (12:1—13:18) e visões adicionais breves de salvação e julgamento (14:1-20). As visões da renovação e salvação final compreendem a conclusão (19:11—22:5), "uma turnê pela galeria de arte escatológica".[59]

Essa longa seção principal é precedida de uma visão inicial de Cristo (1:9-20), que é tanto a fonte como o assunto principal das visões; o que também é válido para as sete mensagens (caps. 2 e 3) que se sucedem à visão inicial e precedem a visão central e centralizadora da sala do trono celestial de Deus e do Cordeiro (caps. 4 e 5). Tudo isso introduz a longa série de visões sobre juízos (e salvação) que notoriamente formam a maior parte do livro. A obra, como um todo, possui prefácio e posfácio (1:1-8; 22:6-21) que encerram o conteúdo do livro, indicando seu caráter híbrido e seu interesse litúrgico e teopolítico.

A narrativa da seção principal de Apocalipse não é estritamente cronológica. Como Mitchell Reddish diz:

> Há certamente a intenção de uma progressão nos eventos descritos, como é evidenciado pela abertura do sétimo selo, que introduz

---

[58]Aune, *Revelation 1—5*, p. xxxiii.
[59]Boring, *Revelation*, p. 195. As palavras "Eu vi" marcam cada uma das sete visões nessa seção.

as sete trombetas. Tal progressão, contudo, não é estritamente linear. Na verdade, os eventos posteriores às vezes recontam eventos anteriores [...] Em vez de uma progressão linear reta, a estrutura de Apocalipse apresenta um movimento em espiral. Eventos anteriores são apresentados de diferentes formas e por meio de imagens diversas.[60]

Esse movimento narrativo se chama recapitulação. Ele não nega a afirmação de que Apocalipse possui um enredo. Devemos, em vez disso, reconhecer que esse enredo é revelado como uma sinfonia, com variações do tema principal conforme a obra segue em direção a seu objetivo. Esse movimento não linear significa que um esboço do livro seria mais parecido com uma espiral: uma série de círculos conectados que se move adiante.[61]

Um aspecto do conteúdo de Apocalipse que precisa ser novamente enfatizado é que, embora o arrebatamento seja o ponto de partida teológico para a série *Deixados para trás* e muitas outras interpretações populares de Apocalipse, *não há menção de arrebatamento no livro de Apocalipse*.[62] (Ele estaria supostamente narrado em 4:1, a introdução da visão central do livro.) Quando destaquei isso em uma de minhas aulas, uma aluna quase me acusou de heresia por negar a segunda vinda de Cristo. Eu lhe disse, e agora repito, que o livro de Apocalipse ensina claramente o retorno de Cristo, assim como exorta seus leitores a orar por isso. Não é a segunda vinda de Cristo que está ausente em Apocalipse, mas o suposto arrebatamento da igreja por Cristo em um tipo de prévia secreta da verdadeira segunda vinda. A anteriormente mencionada — a segunda (e última) vinda de Cristo — consta no livro de Apocalipse, no restante do Novo Testamento, nos credos e nos ensinamentos

---

[60]Reddish, *Revelation*, p. 21. Schnelle (*New Testament Theology*, p. 754) sugere que Apocalipse é mais como uma "série de círculos concêntricos, com o reino de Deus e de Jesus já inaugurados servindo tanto como alicerce cômo centro do pensamento do vidente".
[61]Veja o gráfico em Koester, *Revelation and the end of all things*, p. 39.
[62]Veja espec. o artigo "Farewell to the rapture" de N.T. Wright, em http://www.ntwrightpage.com/Wright_BR_Farewell_Rapture.htm.

históricos da fé cristã. Este livro declara essa futura vinda sem hesitação alguma.[63]

CONCLUSÃO: UM TEXTO TEOPOÉTICO, TEOPOLÍTICO, PROFÉTICO-PASTORAL

Apocalipse fala tanto ao segmento da igreja que transigiu como ao segmento da igreja que sofre perseguição, como uma verdadeira palavra profético-pastoral sempre faz, confrontando o primeiro e consolando o segundo. Trata-se de um texto teopoético e teopolítico que nos fornece uma visão inspiradora do reinado presente e futuro de Deus e do Cordeiro que foi morto (Cristo); uma poderosa crítica ao império e à religião civil; e uma audaciosa exortação para que sigamos o Cordeiro em uma comunidade de resistência fiel, vida litúrgica e esperança missional. Apocalipse foi escrito para "capacitar [seus ouvintes] a controlar seu medo, renovar seu compromisso e sustentar sua visão".[64] Ele consegue isso por meio de uma série de imagens e símbolos que não devem ser excessivamente interpretados (algumas pessoas diriam que não lhes cabe interpretação alguma, bastando que sejam experimentados). Debates sobre o significado ou sobre alusões culturais desse ou daquele detalhe são inevitáveis, mas tais discussões não devem obstar a experiência da visão teopoética do texto. Aliás, como um crítico comentou sobre os detalhes das imagens em "Ode on a Grecian Urn", o famoso poema de John Keats, tais disputas "comprovam a riqueza enigmática do significado" presente no texto.[65] Acima de tudo, porém, os detalhes do simbolismo não devem ser tratados como se Apocalipse fosse um guia dos detalhes do fim da história. Os detalhes servem, mais precisamente, como uma grande agenda litúrgica e teopolítica.

---

[63]O termo técnico teológico para a segunda vinda é *parúsia*, que significa "presença" ou "advento". Veja Mateus 24:3, 27; 1Corintios 15:23; 1Tessalonicensses 2:19; 3:13; 4:15; 5:23; e outros textos. Era um termo frequentemente usado para a chegada do imperador ou outros oficiais importantes. No Novo Testamento, a associação entre *parúsia* e Jesus preserva sua ênfase teopolítica.
[64]Metzger, *Breaking the code*, p. 106.
[65]Abrams, *Norton anthology*, 2:663n1.

QUESTÕES PARA REFLEXÃO E DEBATE

1. Em que sentido Apocalipse é um texto litúrgico? De que modo o fato de identificá-lo como tal influencia nossa interpretação do texto? Em que sentido Apocalipse é um texto político ou teopolítico? De que modo o fato de identificá-lo como tal influencia nossa interpretação do texto?

2. O que você pensa da afirmação de que a religião civil, como uma aberração do cristianismo, predomina no ocidente, principalmente nos Estados Unidos? O que você pensa da afirmação de que Apocalipse é um manifesto contra a religião civil, quer no primeiro século ou no século 21? De que modo o fato de identificá-lo como tal influencia nossa interpretação do texto?

3. De que modo o fato de identificar Apocalipse como um texto profético-pastoral pode influenciar nossa interpretação do livro?

4. É possível ler Apocalipse conforme as sugestões apresentadas neste capítulo e ainda acreditar que ele prevê o futuro?

CAPÍTULO 4

Como estamos lendo?
Interpretando Apocalipse

Como devemos ler e interpretar Apocalipse? Isso tem sido um problema basicamente desde o dia em que o livro saiu da ilha de Patmos. Alguns dos resultados têm sido fantasiosos e até estranhos. O comentário de G. K. Chesterton é adequado: "ainda que São João, o Evangelista, tenha visto muitos monstros estranhos em sua visão, ele não viu criatura tão feroz como seus próprios comentaristas".[1] Como também o de Lutero: "Alguns chegaram a fermentá-lo [Apocalipse] e a produzir muitas coisas estúpidas em suas próprias mentes".[2]

Uma reação tem sido excomungá-lo da igreja, excluindo-o da Bíblia, literalmente ou de maneira prática, quando o negligenciamos. Portanto, antes de falarmos sobre a interpretação de Apocalipse, precisamos examinar brevemente sua presença na Bíblia, ou no cânon: sua canonicidade.

DENTRO OU FORA? A QUESTÃO DO CÂNON

Apesar de contar com alguns fortes apoiadores na igreja primitiva, Apocalipse conseguiu ser admitido na Bíblia cristã por um triz.[3]

---

[1] Chesterton, *Orthodoxy*, p. 13.
[2] Luther, "Preface to the Revelation of St. John [II]", p. 400.
[3] Para uma rápida abordagem, veja Wall, *Revelation*, p. 25-32.

Embora ninguém tenha compilado uma lista de critérios para que os livros fossem incluídos no cânon cristão em desenvolvimento — mais especificamente, naquilo que viria a se tornar o Novo Testamento — fica claro que certas preocupações eram levadas em conta. Os líderes das primeiras igrejas queriam saber com certeza que os textos considerados confiáveis para a fé e a vida eram antigos, apostólicos, reconhecidos em todas as igrejas cristãs e teologicamente ortodoxos.

De início, os líderes da igreja primitiva costumavam identificar Apocalipse como um texto antigo e apostólico, mencionando-o em seus escritos. Mas logo as visões e imagens fantásticas do livro se tornaram um parque de diversões para teólogos com crenças idiossincráticas, que muitos outros consideravam perigosas. Como mencionado no capítulo 1, os montanistas extraíram grande parte de sua teologia de Apocalipse (espec. 20:1-6, acerca do suposto milênio), e os líderes ortodoxos reagiram questionando a autoria apostólica do livro, bem como sua ortodoxia. À época de Eusébio, historiador da igreja (início do quarto século), Apocalipse era aceito por alguns e rejeitado por outros. Eusébio, portanto, incluiu-o em sua lista de livros denominados "polêmicos" ou mesmo "espúrios" no debate da igreja sobre o cânon em desenvolvimento. As igrejas ocidentais incorporaram Apocalipse ao cânon quando este foi finalizado no quarto século, mas as igrejas orientais continuaram desconfiadas. Cirilo de Jerusalém (315-386) o omitia do cânon e chegou a bani-lo de todas as leituras públicas e privadas. De maneira geral, muitas igrejas do oriente afirmavam que o milênio (20:1-6) "distorcia a natureza espiritual do cristianismo".[4] (Apocalipse continua de fora do lecionário ortodoxo até hoje.)

O que estava em discussão nesses debates não era apenas a autoria de Apocalipse, mas a questão hermenêutica: Como devemos lê-lo? O texto deve ser entendido de forma literal ou simbolicamente, alegoricamente? (Como diz o ditado: quanto mais as coisas mudam, mais continuam as mesmas!) Após as igrejas terem decidido que Apocalipse deveria entrar, ou permanecer, no cânon, o problema de como interpretá-lo não desapareceu. Na verdade, sua integração ao cânon acabou por agravar o problema da interpretação, porque agora os cristãos *tinham* de interpretá-lo e *tinham* que integrá-lo ao resto

---

[4]Boring, *Revelation*, p. 3.

das Escrituras. O debate começou com afinco de todos os envolvidos, de forma que as principais correntes da história interpretativa já estavam estabelecidas nos primeiros séculos de trabalho teológico sério sobre o livro.[5] As visões são sobre eventos e personagens históricos específicos, ou transcendem as referências históricas e são recorrentes ao longo da história? O milênio é literal ou simbólico, terreno ou celestial? Seu assunto principal são as previsões de juízo ou a natureza de Cristo e da igreja? E assim por diante.

Há outra alternativa, em lugar de levar a sério a inclusão de Apocalipse no cânon. Podemos seguir o caminho tomado por Lutero e Calvino, para quem o simbolismo de Apocalipse encobria o Cristo e, portanto, não era adequado ao cristão comum. Todavia, deveríamos provavelmente considerar esse caminho um equívoco, pois a teologia dos reformadores, como um todo, muito deve aos pais da igreja; e muitos dos pais da igreja se fundamentaram teologicamente em Apocalipse, apesar das dificuldades. Evitar Apocalipse, portanto, não é de fato teologicamente responsável. É preciso encontrar outra estratégia para sua interpretação.

ABORDAGENS DE APOCALIPSE

Judith Kovacs e Christopher Rowland são estudiosos da história da interpretação e do impacto de Apocalipse. Eles sugerem haver dois extremos no amplo espectro interpretativo do livro de Apocalipse: o polo que busca "decifrar" e o polo que busca "contextualizar". Intérpretes decifradores se concentram nos detalhes, buscando correlações entre o texto e eventos ou pessoas específicas (eventos e pessoas no passado da história da igreja e/ou em sua própria época), ao passo que intérpretes que buscam contextualizar tentam "expressar o espírito do texto" e "representá-lo" em novas circunstâncias. Toda interpretação de Apocalipse, segundo Kovacs e Rowland, encaixa-se em algum lugar entre essas duas extremidades do espectro.[6] Também podemos nos referir a esses dois polos como

---

[5]Para uma bibliografia sobre a história da interpretação, veja a nota 6 no Prefácio deste livro.
[6]Kovacs e Rowland, *Revelation*, p. 8.

uma hermenêutica (estratégia interpretativa) de *correspondência* e uma hermenêutica de *analogia*.

Kovacs e Rowland sugerem ainda algo que outros também notaram: há intérpretes de Apocalipse que tendem a se concentrar no passado, no presente, ou no futuro em sua leitura do livro. Alguns intérpretes, em outras palavras, acreditam que Apocalipse deva ser lido, prioritária ou exclusivamente, como um documento antigo destinado à igreja primitiva, alguns entendem que o texto fala acima de tudo para nós hoje em dia (ou seja, para qualquer época, porque sua mensagem é atemporal), e alguns o veem basicamente como um conjunto de previsões sobre o futuro. Poucos intérpretes, contudo, descartariam a relevância do intervalo de tempo que é o foco de seu interesse; até mesmo intérpretes populares, como Hal Lindsey e Tim LaHaye, enxergam Apocalipse como um texto relevante tanto para o primeiro século quanto para a nossa época (na verdade, para todas as épocas), ainda que predominantemente nos fale sobre a tribulação futura e acontecimentos associados.

Se juntarmos esses dois sistemas simples de classificação das abordagens de Apocalipse, poderemos montar um gráfico com um eixo x e um eixo y, no qual poderemos demarcar os interesses dos intérpretes entre a estratégia que procura decifrar e a que procura contextualizar; e entre os enfoques no passado, presente e futuro[7]:

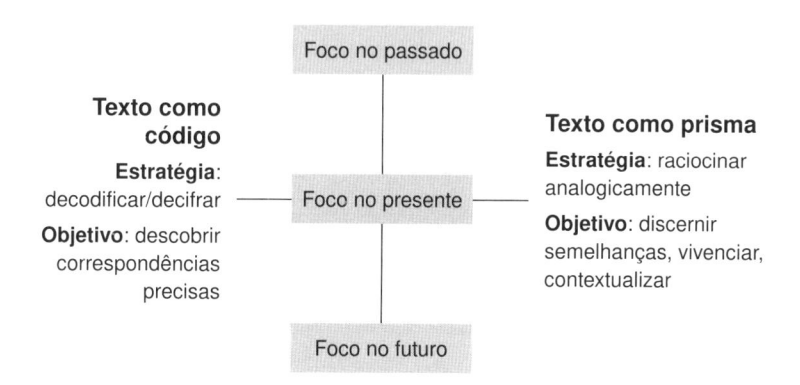

	Foco no passado	
Texto como código **Estratégia**: decodificar/decifrar **Objetivo**: descobrir correspondências precisas	Foco no presente	**Texto como prisma** **Estratégia**: raciocinar analogicamente **Objetivo**: discernir semelhanças, vivenciar, contextualizar
	Foco no futuro	

---

[7] Adaptei esse diagrama de diversos diagramas semelhantes apresentados por Rowland em muitas palestras e publicações, incluindo em Kovacs e Rowland, *Revelation*, p. 8.

Cinco estratégias interpretativas

É possível expandir ainda mais a combinação desses dois úteis sistemas de classificação — os eixos decodificador/contextualizador e o eixo passado/presente/futuro — ao sugerirmos que, hoje em dia, temos ao menos cinco estratégias interpretativas básicas sendo praticadas para Apocalipse. (A maioria, se não todas, são na verdade bastante antigas na história da interpretação.) Tais abordagens não são, contudo, mutuamente excludentes.[8]

1. A primeira é a *preditiva*, que é a interpretação mais comum de Apocalipse, com foco no futuro. Essa abordagem, contudo, não é nenhuma novidade; ela remonta a alguns dos primeiros intérpretes de Apocalipse, como Justino Mártir e Ireneu no segundo século, e Vitorino no terceiro, que escreveu o primeiro comentário de Apocalipse que subsiste até hoje. Ao longo dos séculos, muitos intérpretes cristãos viram o cumprimento das tribulações, do milênio e/ou as imagens de Apocalipse em seu próprio tempo ou em um futuro muito próximo. "A história está repleta de tentativas fracassadas de usar Apocalipse para prever a história."[9] O interesse em decodificar e estabelecer correlações costuma se intensificar antes de momentos marcantes na história (como nos anos 1000 e 2000) e durante eventos políticos conturbados, seja no mundo ou na igreja.

Encontramos essa abordagem em duas formas básicas. Alguns intérpretes se concentram na história, enxergando Apocalipse como uma previsão da história do mundo ou da igreja, geralmente culminando na época, ou próximo da época, em que o próprio intérprete vive. Essa abordagem é algumas vezes denominada historicismo ou histórico-eclesiástica. Na idade média, Joaquim de Fiore (século 12) e Nicolau de Lira (século 14) liam Apocalipse como um esquema sequencial da história da igreja. Sua estratégia de leitura influenciou muitos intérpretes posteriores.

---

[8]Os termos utilizados para a diversas abordagens de Apocalipse, e espec. as definições desses termos usados aqui, são de uso próprio e podem divergir da utilização de outros estudiosos.

[9]Barr, "John's ironic empire", p. 20.

Intérpretes preditivos mais recentes se concentram na escatologia, pois entendem que Apocalipse se preocupa principalmente com o "fim dos tempos". Chamada algumas vezes de abordagem futurista, é a obviamente encontrada em diversos livros, *websites* e outras mídias populares que veem Apocalipse como uma pré-estreia de um filme ou uma amostra do fim. A forma mais comum dessa abordagem hoje em dia é o dispensacionalismo, popularizado principalmente pelo professor dos Irmãos de Plymouth, J. N. D. Darby (1808-1882), depois pela Bíblia de Estudo Scofield, por Hal Lindsey (*A agonia do grande planeta Terra*) e, mais recentemente, por Tim LaHaye e Jerry Jenkins (a série *Deixados para trás*). Os dispensacionalistas, como já mencionado, dividem a história em várias eras, ou dispensações na história divina; vinculam a tribulação de Apocalipse 6—19 com a 70.ª semana em Daniel 9:25-27; e creem em um retorno duplo de Jesus ou em dois estágios, começando com o "arrebatamento" da igreja, supostamente verificado em Apocalipse 4:1 e em outros textos. Essa é uma abordagem decodificadora de Apocalipse, de forma que seu interesse é relacionar os símbolos de Apocalipse a personagens e eventos posteriores, principalmente com aqueles que sejam da mesma época do intérprete. Hal Lindsey, por exemplo, sugeriu que os gafanhotos em Apocalipse 9 poderiam ser helicópteros de ataque.

Deve-se observar que essa abordagem pode ser bastante política. As pessoas não apenas tentaram relacionar os personagens de Apocalipse com situações e pessoas do mundo político, mas por vezes essa interpretação influenciou diretamente estratégias políticas, como no caso das relações entre os Estados Unidos e países do Oriente Médio.[10]

2. A segunda chamaremos de abordagem *preterista*, que se volta exclusivamente para o passado ("pretérito" é um termo linguístico que se refere ao passado). Às vezes denominada abordagem histórico-contemporânea, trata-se de uma abordagem acadêmica não teológica que pode lançar mão do método histórico-crítico de

---

[10]Veja, p. ex., Boyer, *When time shall be no more*; Tuveson, *Redeemer nation*; Jewett e Shelton, *Captain America*.

estudos bíblicos, ou talvez da metodologia sociorretórica. Em qualquer dos casos, ela vê Apocalipse rigorosamente como um documento pertencente e restrito à sua própria época, um mero exemplar de literatura religiosa antiga. Ela se desenvolveu, em parte, como reação às leituras futuristas. O intérprete não precisa ter interesse explícito nas supostas previsões, ou mesmo na relevância contínua, do texto. A decodificação é feita para apurar o significado dos símbolos exclusivamente no primeiro século. Certos comentários acadêmicos, como a obra altamente prestigiada de três volumes de David Aune, se encaixam nessa categoria.[11]

As outras três abordagens se concentram na mensagem atual de Apocalipse, ou em seu caráter atemporal. Por atemporal, não quero dizer que Apocalipse é cheio de generalidades vagas e sem profundidade teológica; mas que é atemporal no sentido de ser sempre oportuno, uma palavra viva e ativa, sempre apta a falar tão forte e incisivamente em um contexto moderno como o foi em seu contexto original. Cada uma dessas três abordagens atemporais, mas sempre oportunas, possui um importante papel neste livro.

3. Chamaremos a terceira abordagem de *poética*, ou *teopoética*. Os defensores dessa abordagem argumentam que Apocalipse utiliza linguagem poética e mítica para exprimir grandes verdades sobre Deus, o mal, a história e assim por diante. Essa abordagem é algumas vezes denominada idealista, espiritual, não histórica, atemporal ou transtemporal. Essa interpretação também tem sido sempre um tanto reacionária, reagindo quando percebe abusos em abordagens proféticas, mas também diante de deficiências em leituras meramente históricas. Pais da igreja, como Orígenes, o grande intérprete alegorista do terceiro século, e, em menor grau, Agostinho (354-430), trabalhando a partir da obra de um intérprete chamado Ticônio, reagiram contra as interpretações futuristas.

---

[11]Isso não significa que Aune não tenha interesses teológicos; ele os tem, e ele os revela em outras obras. Esse comentário, contudo, é um exemplo de abordagem preterista histórico-crítica. Ben Witherington, por outro lado, combina explicitamente em seu comentário uma interpretação sociorretórica, que por si só poderia ser uma abordagem preterista, com uma reflexão teológica contemporânea.

Mais recentemente, Paul Minear chamou Apocalipse de uma "dança animada e fervorosa de ideias", e J. P. M. Sweet disse que era "mais uma música que um discurso racional".[12] Eugene Peterson o classifica como um "poema teológico" que "não [...] requer decifração", mas "desperta fascinação", e Richard Hays escreve sobre sua linguagem "teopoética".[13] Apesar desses intérpretes não descartarem o estudo histórico, eles rejeitam a abordagem decodificadora, seja preterista ou futurista, como violações do gênero e da linguagem de Apocalipse. Essa abordagem, então, não é apenas reacionária; ela afirma que a importância e a verdade de Apocalipse não estão limitadas à associação original com Roma e o contexto histórico concreto no qual o livro foi escrito, ou a supostas correlações com realidades futuras específicas.

4. A quarta abordagem pode ser chamada de *política* ou *teopolítica*. Essa abordagem, para nossos propósitos, não se refere às implicações políticas das interpretações proféticas e dispensacionalistas; mas a uma visão básica de Apocalipse como um documento de conforto e (especialmente) de protesto, para tomar emprestadas as palavras do título da interpretação de Apocalipse escrita pelo teólogo sul-africano Allan Boesak durante a época do apartheid: *Comfort and protest* [Conforto e protesto] (1986). Tratamentos semelhantes, em forma de livros, vieram do ativista americano Daniel Berrigan e do teólogo da libertação, o sul-americano Pablo Richard, enquanto outros combinaram abordagens mais históricas com interpretações centradas na justiça (Elisabeth Schüssler Fiorenza) ou no anti-imperialismo (p. ex., Wes Howard-Brook e Anthony Gwyther). Martin Luther King Jr. também se voltou para Apocalipse em sua "Carta de uma prisão em Birmingham" e em seus sermões. A abordagem teopolítica pode ter o objetivo de criticar a injustiça, promover transformações e justiça, ou ambos.[14]

---

[12] Minear, citado em Peterson, *Reversed thunder*, xii; Sweet, *Revelation*, p. 13.
[13] Peterson, *Reversed thunder*, p. 7 e xiii; Hays, *Moral vision*, p. 170, 173, 184.
[14] Poder-se-ia também incluir a obra de William Stringfellow e Jacques Ellul aqui, embora a abordagem da carta seja também um tanto teopoética.

5. A quinta abordagem pode ser denominada *profético-pastoral*. Essa abordagem vê Apocalipse como principalmente um documento de formação cristã, com a função de convocar a igreja à fidelidade diante de um conflito inevitável com poderes hostis. Um comentarista que combina essa abordagem com um cuidadoso trabalho histórico é Charles Talbert. Ele escreve que Apocalipse "atua visando promover pureza espiritual e devoção resoluta a Deus", ou "fidelidade ao primeiro mandamento".[15] Os comentários de Gerhard Krodel e Robert Wall, dentre outros, possuem ponto de vista semelhante.

Essa abordagem profético-pastoral ficará certamente muito próxima das duas anteriores. Se lermos Apocalipse poeticamente, concluiremos que a Babilônia não é apenas Roma, como o fariam os preteristas, e que certamente não se trata de algum tipo de reformulação futura do império romano na Europa moderna, como alguns futuristas afirmariam; logo, seu poder sedutor e opressor pode ser sentido — e deve ser tanto apontado como combatido — nas realidades políticas de nossa própria época. Essas últimas três metodologias são semelhantes entre si, no sentido de que todas vão além da mera correspondência e se preocupam com questões atemporais sobre Deus, o mal, império, religião civil e questões semelhantes, reagindo a novas situações.

Sem ignorar o passado ou o futuro (de uma forma geral), a prioridade deste livro está no Apocalipse como uma palavra para a igreja no presente. Combinaremos, portanto, as abordagens (teo)poética, (teo)política e profético-pastoral. Faremos isso fundamentando nossa interpretação contemporânea de Apocalipse em sua mensagem para a igreja do primeiro século, procurando analogias atuais com as realidades da antiguidade (como fizemos com a questão da religião civil no último capítulo), ainda que sempre nos mantendo atentos às promessas para o futuro da criação de Deus, as quais estão contidas especialmente em Apocalipse 21 e 22. Ao contrário de muitos comentários tradicionais sobre Apocalipse, o foco deste livro é o panorama geral, não os detalhes. Para os detalhes — o valor simbólico dos diversos elementos no texto, particularmente

---

[15]Talbert, *Apocalypse*. Ele afirma que "nossa própria época [...] replica as circunstâncias do profeta de forma quase exata" (p. 12).

no contexto do primeiro século — aconselha-se a consulta de um bom comentário. Ainda que o sentido de Apocalipse não deva ficar limitado ao significado de seu contexto original, compreender e se basear nesse sentido primário e mais literal é essencial a uma interpretação responsável.

ERROS COMUNS E PRINCÍPIOS GERAIS CONSEQUENTES DE UMA INTERPRETAÇÃO RESPONSÁVEL

Muitas pessoas que leem Apocalipse não têm ideia do que fazer com o texto, então tendem a lê-lo de forma rígida, ou literal, conforme as interpretações que viram ou ouviram por parte de pregadores e escritores populares. Os argumentos expostos, juntamente com os dois capítulos anteriores, sugerem que faríamos bem em ler Apocalipse com certo conjunto de prismas. Agora podemos brevemente observar diversos erros comuns na leitura de Apocalipse e alguns antídotos rápidos a partir de nossa abordagem até esse ponto. Esse exame geral será sucedido por um resumo crítico mais específico da interpretação de Apocalipse utilizada pela série *Deixados para trás* (por causa de sua influência abrangente), e então por alguns detalhes adicionais sobre a abordagem alternativa utilizada neste livro.

Seguem agora alguns dos erros mais comuns na interpretação de Apocalipse e seus respectivos antídotos. Eles estão todos intimamente relacionados entre si:

Erros comuns e seus antídotos na interpretação de Apocalipse

Erro	Antídoto
1. Não conseguir reconhecer o caráter apocalíptico de Apocalipse, bem como o caráter e a função da literatura apocalíptica.	1. Compreender as características da literatura apocalíptica (simbolismo, poesia, apelo à imaginação) e sua função em proporcionar consolo, incentivo, esperança e alerta.
2. Não ser capaz de levar Apocalipse à sério como um texto produzido em e para sua própria época.	2. Atentar primeiramente aos sinais de seu sentido para os crentes do primeiro século na Ásia Menor.

3. Defender o cumprimento contemporâneo arbitrário de símbolos e visões apocalípticas, a partir da hipótese duvidosa de que as profecias e a história devem culminar no presente.	3. Interpretar o simbolismo de Apocalipse, antes de mais nada, dentro do contexto do primeiro século, não do século 21. Então buscar riquezas simbólicas em sua mensagem que sugiram realidades análogas contemporâneas, não realidades literais específicas.
4. Tratar a Bíblia como um quebra-cabeça, com peças a serem encaixadas — um texto desse livro aqui, outro daquele livro ali etc.— visando descobrir supostos eventos vindouros.	4. Ler cada livro bíblico, incluindo Apocalipse, de forma holística e contextualizada por sua mensagem específica.
5. Preocupar-se com questões (por vezes falaciosas) sobre o significado de certos aspectos irreconhecíveis ou menos importantes do livro, como a identidade da besta, o Armagedom, a duração e a data do milênio etc. Isso implica permitir que uma visão específica do milênio controle sua leitura do livro como um todo.	5. Manter o foco nas questões mais amplas e temáticas, não nos detalhes polêmicos. Permitir que Apocalipse capture a imaginação instruída e disciplinada nos assuntos relacionados às questões teológicas/espirituais, evitando tratá-lo como um vídeo de previsão do futuro.
6. Deixar de conhecer Apocalipse à luz da tradição cristã predominante e dos estudiosos contemporâneos.	6. Lembrar que pessoas como Hal Lindsey, Tim LaHaye, Jerry Jenkins e David Jeremiah não são os primeiros, os únicos ou os melhores intérpretes de Apocalipse.

PROBLEMAS COM A SÉRIE *DEIXADOS PARA TRÁS*

(E INTERPRETAÇÕES ANÁLOGAS DE APOCALIPSE)

Esse último ponto nos traz a uma rápida conversa sobre a série *Deixados para trás*, com livros, filmes e produtos licenciados, de Tim LaHaye e Jerry Jenkins. As estimativas de vendas desses produtos variam, mas 75 milhões de dólares é provavelmente uma estimativa correta. Embora não seja inédita, essa abordagem, retratada tanto na série *Deixados para trás* como em inúmeras outras publicações semelhantes, é sem dúvida alguma a abordagem interpretativa de Apocalipse mais influente e popular nos Estados Unidos e, provavelmente, no mundo. Como uma forma de interpretar Apocalipse, contudo, está repleta de problemas, incluindo deficiências hermenêuticas (de interpretação geral), teológicas e políticas. O espaço não nos permite nem apresentar uma lista completa, quanto mais discorrer em detalhes sobre esses problemas, mas as listas rápidas abaixo indicam sua abrangência e gravidade.[16]

Problemas hermenêuticos (de interpretação) com a abordagem de *Deixados para trás*

1. A série não é na verdade uma ficção, mas uma combinação de teologia e documentário proléptico, como uma mostra do que há de vir, pois ela enxerga a profecia bíblica como a "história escrita antecipadamente" (*Left behind*, p. 214). A correspondência entre os livros e o comentário de LaHaye (*Revelation unveiled*) é reveladora, mas não causa surpresa.
2. Trata a Bíblia como um quebra-cabeça que deve ser montado a fim de apresentar um roteiro do futuro, com diversos textos extraídos de vários livros, todos fora de contexto, e relacionados a eventos atuais ou previstos para acontecer. Tal método é algumas vezes denominado de "amarelinha" bíblica, e seu resultado é uma colcha de retalhos com as cenas de Apocalipse assumindo maior relevância temática na colcha.
3. Afirma ser literal, mas não é, ou só é de forma seletiva. Uma melhor descrição seria defini-la como correlativa, pois tenta estabelecer correspondências precisas, em vez de estabelecer analogias ou interpretar literalmente.
4. Compreende de forma errada a natureza e a função das literaturas profética e apocalíptica, deturpando de forma grosseira quase todos os textos bíblicos que utiliza. Profético não significa apenas antever o futuro, além de apocalíptico ser profundamente simbólico.
5. Encontra aspectos da segunda vinda que não estão na Bíblia, tais como duas vindas de Jesus e um arrebatamento em Apocalipse. Em vez disso, "Jesus voltará, uma só vez".[17]

---

[16]Há inúmeros livros criticando a série *Deixados para trás*, incluindo Rossing, *The rapture exposed*; Tuck, *The Left behind fantasy*; Olson, *Will Catholics be "left behind"?*; e Standaert, *Skipping towards Armageddon*.

[17]Rossing, *Rapture exposed*, p. 186.

6. Impõe a textos bíblicos antigos, um constructo interpretativo teológico estranho que foi criado no século 19: o dispensacionalismo.
7. Presume que estamos prestes a passar pelo arrebatamento e pela tribulação, e que isso é tudo o que realmente importa.
8. Ignora o movimento mais importante no livro, que não é cronológico, mas teológico: o foco em Deus como Alfa e Ômega (1:8; 21:6; 22:13) significa que Apocalipse *"não se move do arrebatamento ao milênio, mas de Deus a Deus"*.[18]

Problemas teológicos e espirituais com a abordagem de *Deixados para trás*

1. A série compreende equivocadamente as referências neotestamentárias ao "fim dos tempos". Para o Novo Testamento, o "fim dos tempos" é o período entre a primeira e a segunda vinda de Jesus.
2. Reduz o evangelho a "Deus, e Jesus, e o arrebatamento, e a manifestação em glória", transformando-o em uma preocupação deletéria com os detalhes sobre os acontecimentos que cercam a segunda vinda de Cristo.
3. Reduz o principal motivo de conversão ao medo.
4. Reduz o discipulado a (a) fé na morte de Jesus para evitar ser deixado para trás ou destruído; (b) evangelizar outras pessoas para não serem deixadas para trás ou destruídas; (c) correlacionar as "profecias bíblicas" com os eventos atuais; e (d) preparar-se para matar ou morrer pelo evangelho/reino.[19]
5. Possui um viés escapista, logo não traz uma ética de vida contínua entre os dois momentos, entre a primeira e a segunda vinda. Não há nenhuma compulsão a amar ao próximo, praticar obras de caridade, batalhar pela paz e a justiça etc. Compare isso à esperança do retorno iminente e à ética de 1Tessalonicenses, que de fato possui uma ética para a vida na esperança da segunda vinda.

---

[18]Koester, "On the verge of the millennium", p. 135.

[19]Minha aluna, Caroline Lawson Dean, em um ensaio sobre o popular filme evangélico de 1972, *A thief in the night* [Um ladrão na noite], e suas sequências, destacou que tais filmes sobre o arrebatamento tendem a trazer diversas cenas "didáticas" ou "momentos educacionais", nos quais duas coisas básicas são explicadas: como se tornar cristão após o arrebatamento e qual será a sequência dos eventos no fim dos tempos.

6. É inerentemente militarista. Qualquer coisa que se assemelhe a pacifismo, cooperação internacional ou desarmamento é satânico, de forma que os crentes são convocados a tomar parte em uma guerra literal, na qual a vitória é garantida pelo retorno de um Jesus conquistador. Os heróis cristãos se juntam a esse Jesus, carregando e usando Uzis e armas semelhantes.
7. É intrinsicamente anticatólica. Os únicos católicos bons e salvos são aqueles basicamente protestantes.
8. Não consegue ver a igreja como uma alternativa pacífica ao império, mas, sim, como seu capelão ou como seu oponente beligerante.

Problemas políticos com a abordagem de *Deixados para trás*

1. É inescrupulosamente pró-americana.
2. Privilegia o estado moderno de Israel sem tecer crítica alguma.
3. Suspeita de tudo o que tenha relação com o trabalho das Nações Unidas ou de organismos internacionais.
4. Compreende as guerras no Oriente Médio como parte do plano de Deus; algo que, portanto, seria de fato desejável, ou um bem.
5. Inculca uma mentalidade de cruzada e sobrevivencialista nas mentes dos leitores.[20]

Avaliação geral: trata-se de uma abordagem absolutamente equivocada da Bíblia, da teologia e da vida cristã. Poderia ser aceitável como ficção, em um nível amador, com a ressalva de que se trata na verdade de teologia — e de uma teologia *perigosa*. A natureza equivocada da série se torna totalmente distorcida, em especial, nos dois últimos livros, onde o discipulado fiel e verdadeiro é representado por uma matança em nome de Jesus, com a consequente descrição de Jesus como guerreiro. Isso torna a série, de modo geral, espiritual, teológica e politicamente perigosa. Craig Hill observa que

---

[20] Um ex-evangelista notório, que lia Apocalipse de forma semelhante, vendia comida liofilizada para que seus seguidores se preparassem para o cavalo amarelo (fome) de Apocalipse 6.

"os defensores do arrebatamento mutilaram o testemunho bíblico a ponto de torná-lo quase irreconhecível".[21]

O único ponto de partida para uma cura desse tipo de leitura errada é compreender a perspectiva teológica básica, a temática e o propósito de Apocalipse. Assim, passemos a uma rápida ponderação sobre a teologia de Apocalipse, antes de voltarmos à nossa abordagem sobre uma estratégia interpretativa alternativa à utilizada pela abordagem da série *Deixados para trás* e publicações semelhantes.

A TEOLOGIA DE APOCALIPSE: UMA VISÃO GERAL

Sinto-me tentado a postergar a abordagem sobre a teologia, ou sobre o "ensinamento", de Apocalipse até o final deste livro, após termos examinado todos os aspectos do texto bíblico que pretendemos percorrer. Isso, porém, provavelmente seria um erro, pois uma das dificuldades em ler Apocalipse com responsabilidade é possuir uma estrutura interpretativa, ou hermenêutica, global, dentro da qual ler o livro. Por isso, antes de explorarmos alguns dos detalhes, vejamos o quadro geral. Naturalmente, essa visão do quadro geral é um estudo cuidadoso de todos esses detalhes, por mais desconcertantes que, às vezes, eles possam ser. Os leitores, todavia, estão convidados a testar as afirmações propostas nessa análise conforme os detalhes forem sendo abordados nos capítulos posteriores.[22]

Discernindo o propósito de Apocalipse

Como já mencionado, a maioria das pessoas interpretam Apocalipse como um tipo de pré-exibição do fim do mundo. O foco do livro, segundo essas pessoas, é a escatologia, as últimas coisas. Em certo sentido, a escatologia é logicamente o foco do último livro da Bíblia; porém, em um sentido mais profundo, a escatologia não é o enfoque *principal* de Apocalipse. Assim como no resto das Escrituras, a

---

[21]Hill, *In God's time*, p. 207.
[22]Para um rápido resumo da teologia de Apocalipse, veja Reddish, *Revelation*, p. 22-6 e Beale, *Revelation*, p. 171-7. Para uma análise excelente e detalhada, veja Bauckham, *A teologia do Livro de Apocalipse*.

escatologia que encontramos em Apocalipse é um meio para alcançar um fim. Sua intenção é dar esperança ao povo em tempos de provação e/ou tentação, para que permaneçam fiéis ao compromisso firmado em aliança com Deus.

Em outras palavras, o propósito do livro de Apocalipse é persuadir seus ouvintes e leitores, tanto do passado como do presente, a se conservarem leais a Deus, a despeito de aflições passadas, presentes ou que possam vir a ocorrer no futuro — independente da forma que esse sofrimento possa assumir e da origem que ele possa ter — simplesmente a serem fiéis. A despeito de lembranças, experiências ou temores, Apocalipse nos afirma que ser fiel a essa aliança é *possível* por causa de Jesus e *desejável* por causa do futuro glorioso que Deus tem reservado para nós e para toda a ordem criada.

Poderíamos afirmar que Apocalipse nos faz um chamado vívido, imaginativo e profético para um testemunho cristão "antiassimilacionista" e revigorante; perante, contra e dentro do contexto de uma cultura imperial de morte, imoral e idólatra.[23] Isso é algo que o texto faz, não apenas oferecendo a esperança da salvação futura em Deus, mas também mostrando a soberania de Deus mesmo agora. A combinação dessa certeza futura com a presente realidade da soberania de Deus significa que a vida deve e pode ser vivida como uma vida de adoração e fidelidade a Deus e ao Cordeiro.

Podemos desenvolver essa visão geral ao propormos que há sete temas teológicos no livro de Apocalipse, os quais, tomados em conjunto, constituem sua mensagem. Optei por não incluir textos específicos de Apocalipse neste ponto, já que o caráter visionário do livro significa que um versículo aqui e outro lá dificilmente conseguiria capturar a força de suas visões ou o significado pleno de suas afirmações teológicas, quanto mais o efeito de sua associação em um livro.

Sete temas teológicos em Apocalipse

1. O *trono: o reino de Deus e do Cordeiro*. Deus, o Criador, Reina! Jesus, o redentor, o Cordeiro que foi morto, é o Senhor! O reinado do Deus eterno, o princípio e o fim, não está apenas no

---

[23] O termo "antiassimilacionista" foi extraído de Talbert, *Apocalypse*.

futuro ou no passado, mas no *presente*; e se manifesta, dentre todas as coisas, no Cordeiro que foi morto. Deus é indissociável do Cordeiro e vice-versa. Cada um deles pode ser chamado de Alfa e Ômega e ambos governam juntos em um único trono. Há uma interpretação cruciforme (centrada na cruz e em forma de cruz) do poder divino.

2. *A realidade do mal e do império*. O mal é real. O império existe agora — não apenas no futuro ou no passado, mas no *presente*. O império, por natureza, faz afirmações blasfemas e imorais, promovendo consequentemente práticas que trazem desordem às relações humanas, tanto no sentido vertical (pessoas-Deus) como no sentido horizontal (pessoas-pessoas). O império promete vida, mas produz morte, tanto física como espiritual.

3. *A tentação da idolatria e da imoralidade*. A igreja cristã é facilmente seduzida pela idolatria e imoralidade do império, porque suas afirmações e práticas são frequentemente acompanhadas de acepção religiosa e autoridade; elas se tornam uma religião civil. Por esse motivo, a imoralidade é, em última análise, idolatria: a idolatria da violência, da opressão, da cobiça, da luxúria e afins. A desumanidade suprema da humanidade — tratar outros seres humanos como mercadorias descartáveis — é, portanto, em essência, um ataque a Deus como criador e redentor.

4. *Um apelo à resistência e à fidelidade à aliança*. Em meio ao império e à religião civil em todas as suas formas, a igreja é chamada a fazer oposição em decorrência inevitável da fidelidade à sua aliança com Deus, chamado que exige discernimento espiritual profético e pode resultar em diversos tipos de aflições.

5. *Adoração e uma visão alternativa*. O discernimento espiritual exigido da igreja, por sua vez, requer uma visão alternativa de Deus e da realidade que revela e desafia o império: uma visão que precisa da sabedoria do Espírito para ser vista e posta em prática. Apocalipse proporciona essa visão de adoração e visão "incivil", centrada no trono do Deus eterno e santo, e do Cordeiro fiel que foi morto, assim como na nova criação vindoura.

6. *Testemunho fiel: o padrão de Cristo*. A resistência cristã ao império e à idolatria segue o exemplo de Jesus Cristo e seus apóstolos,

dos santos, profetas (como João) e mártires: é fiel, sincera, corajosa, justa e não violenta. Tal testemunho não é passivo, mas ativo, e consiste na formação de comunidades e indivíduos que empenham sua fidelidade exclusivamente a Deus, vivem um amor não violento tanto para com amigos como para com inimigos, deixam a vingança nas mãos de Deus; e que, pelo Espírito de Deus, criam miniculturas de vida como alternativas à cultura de morte do império. Essa interpretação do discipulado e da missão possui a forma do Cordeiro ou a forma da cruz (cruciforme).
7. *O juízo e a salvação/nova criação iminentes de Deus.* Deus, o criador, e Cristo, o redentor, levam o mal e a injustiça muito a sério, e estão prestes a julgar a humanidade, salvar os fiéis e renovar o cosmo. A vontade de Deus é de que todos sigam o Cordeiro e participem na vida salvadora do "Deus conosco" por toda a eternidade.

Desenvolveremos esses temas ao longo do restante do livro, conforme examinarmos cada seção de Apocalipse nos próximos capítulos. Também voltaremos a esses temas no capítulo final ao refletirmos sobre como viver a mensagem de Apocalipse hoje.

Uma única mensagem?

Todos esses temas podem ou deveriam ser condensados em uma única mensagem? Segundo Udo Schnelle, Apocalipse "comunica um único conceito: ele anuncia a uma comunidade terrena ameaçada a certeza da vitória celestial".[24] De modo um tanto semelhante, Frances Aran Murphy afirma que a mensagem de Apocalipse é "ressurreição", "ou ressurreição para a vida eterna", significando "transposição da vida criada efêmera para a vida criada eterna".[25] Mas Murphy corretamente acrescenta que o "tema principal de Apocalipse é adoração combinada com juízo", que se concentra no Cordeiro que foi morto, cujo sacrifício é o julgamento do mundo e cujos discípulos dão testemunho ao compartilhar do seu destino.[26]

---

[24]Schnelle, *Theology of the New Testament*, p. 772.
[25]Murphy, "Revelation", p. 686.
[26]Ibidem.

O próprio Apocalipse parece apresentar uma sinopse de sua própria mensagem em diversos trechos, os quais trazem muitos dos sete temas anotados acima: as sete bem-aventuranças espalhadas pelo livro (veja a abordagem na p. 62); cap. 14, espec. v. 1-13; o texto de 21:5-8, que poderíamos denominar as "sete últimas palavras de Deus"; e o epílogo (22:6-21). Eu sugeriria, portanto, que uma versão levemente ampliada do subtítulo deste livro refletiria esses textos e seria um bom resumo da mensagem de Apocalipse: testemunho e adoração incivil: *seguindo o Cordeiro para fora da Babilônia corrompida rumo à nova criação.*[27] Precisaremos desenvolver isso com mais cuidado, logicamente.

UMA ESTRATÉGIA INTERPRETATIVA ALTERNATIVA E CRUCIFORME

Após uma desconstrução, deve haver uma reconstrução. Começamos esse processo com um resumo da teologia de Apocalipse. A seguir, apresento um conjunto alternativo de princípios — uma hermenêutica, ou estratégia interpretativa, centrada no Cordeiro ou cruciforme — para a leitura de Apocalipse. Trata-se de uma alternativa à forma popular de leitura de Apocalipse que verificamos na série *Deixados para trás* e em abordagens semelhantes. Essa interpretação, contudo, não é idiossincrática; na verdade, incorpora e sintetiza algumas das principais correntes interpretativas de Apocalipse mencionadas acima e exigidas pelo capítulo anterior, bem como pelo resumo teológico já apresentado. Como mencionado anteriormente, essa abordagem será genericamente designada como teopolítica (*incivil*), teopoética (*adoração*) e profético-pastoral (*testemunho*). Essa abordagem interpretativa incorporará as seguintes estratégias concretas:

1. *Reconhecer que a imagem central e centralizadora de Apocalipse é o Cordeiro que foi morto.* Em Apocalipse, Cristo morre por nossos

---

[27]Essa sentença, não intencionalmente, mas oportunamente, evoca o subtítulo do clássico de John Howard Yoder, *The Politics of Jesus*, que é *Vicit Agnus noster*. Essas três palavras são a primeira metade do antigo credo Morávio: *Vicit Agnus noster, Eum sequamur*, ou "Nosso Cordeiro foi vitorioso; sigamo-lo".

pecados, mas ele também morre, até primordialmente, como a encarnação e paradigma de fidelidade a Deus ao confrontar os poderes contrários a Deus. Cristo é o Senhor, Cristo é vitorioso e sua conquista se dá por meio da resistência fiel e cruciforme: ele não inflige violência, mas a suporta; ele efetivamente não mata, mas proclama sua palavra poderosa.[28] Apocalipse se opõe ao império, desafiando a teologia de vitória e poder de Roma com o que muitos têm denominado "poder do Cordeiro".[29] Somos vitoriosos ao seguirmos o Cordeiro, não a Babilônia, Roma, ou poderes imperiais análogos.

2. *Lembrar que Apocalipse foi, antes de mais nada, escrito por um cristão do primeiro século, para cristãos do primeiro século, e utilizando imagens e recursos literários do primeiro século.* Essas imagens refletem determinadas realidades do primeiro século, de forma que não preveem realidades específicas do século 21. Entretanto, assim como outras imagens poderosas, tais imagens em Apocalipse despertam relações com realidades semelhantes em outras épocas, incluindo a nossa — o que nos leva ao princípio seguinte.

3. *Abandonar as abordagens do livro conhecidas como literais e lineares, como se fosse o relato histórico escrito antecipadamente, e utilizar uma estratégia interpretativa de analogia em lugar de correlações.* Apocalipse é imagem, metáfora, poesia, caricatura política. Apocalipse, de forma criativa, revela a natureza de todo e qualquer sistema que se opõe aos caminhos de Deus no mundo, especialmente aos revelados em Cristo, o Cordeiro que foi morto. Esses sistemas não se limitam a poderes futuros específicos, mas são encontrados em todos os lugares e épocas. Devíamos, portanto, examinar se em nossas ideologias e ismos não temos manifestações de idolatria e imoralidade, conforme as reveladas no imperialismo, militarismo, nacionalismo, racismo, elitismo classista (adoração da própria coletividade e a degradação da coletividade alheia), consumismo e hedonismo (adoração das coisas

---

[28] Discutiremos isso em maiores detalhes no capítulo 8.
[29] Veja, p. ex., Rossing, *Rapture exposed*, p. 103-22; Ewing, *Power of the Lamb*.

e do prazer). Isso significa que devemos examinar especialmente nossos próprios valores ocidentais, americanos, do hemisfério norte, e até mesmo cristãos; não algum suposto governo mundial, por evidências de que ele seja o anticristo.

4. *Focar no chamado do livro à adoração pública e ao discipulado.* Apocalipse convoca os cristãos para um árduo discipulado de discernimento — uma fidelidade cruciforme não conformista — que pode levar à marginalização ou até à perseguição no presente; mas, após todas as coisas, a um lugar no novo céu e na nova terra de Deus. Apocalipse convoca os crentes a renunciar à retaliação e à violência, e não para uma guerra literal de qualquer tipo, quer no presente, quer no futuro. Por sua própria natureza, tal qual a resistência, a inconformidade fiel não é, em absoluto, uma retirada, mas, sim, um envolvimento crítico em termos totalmente diferentes do *status quo*. Tudo isso é gerado e nutrido na adoração. Mas precisamos ser diligentes, pois, como argumenta Harry Maier, nós, ocidentais, somos hoje em dia consideravelmente semelhantes aos crentes de Laodiceia, de forma que muitos de nós precisam ler a carta que lhes foi dirigida em Apocalipse.[30] Se ele estiver correto, estamos em maus lençóis, mas sem ter consciência disso, o que torna a conversão à verdadeira adoração e discipulado uma árdua jornada.

5. *Situar as imagens de morte e destruição em Apocalipse dentro do quadro mais amplo de esperança.* A morte e destruição em Apocalipse simbolizam o juízo e a purificação de Deus que são necessárias para a concretização da esperança oferecida em Cristo de novos céus e nova terra, na qual somente Deus e o Cordeiro reinarão para todo sempre entre os remidos, reconciliados com um povo formado a partir de todas as tribos, pessoas e nações. A igreja testifica, com palavras e atos, sobre essa realidade futura, mas sabe que somente Deus pode trazer essa realidade final à terra, por isso constantemente ora: "Vem, Senhor Jesus!".

Essa estratégia de cinco pontos, ainda que desenvolvida na forma de um livro, pode não bastar para convencer dispensacionalistas

---

[30] Em seu *Apocalypse recalled*, espec. p. 130-9.

(ou outros) de que sua forma de abordar Apocalipse é equivocada e irresponsável. Afinal, Apocalipse, tal qual a beleza, está nos olhos de quem vê, certo? Nesse momento, podemos recorrer à sabedoria de Christopher Rowland:

> A natureza do imaginário polivalente de Apocalipse leva-nos a concluir que, no fim das contas, não há como refutar leituras como essas [dispensacionalismo escapista]. Pode-se apenas apelar à coerência com a demanda mais ampla do evangelho e sua aplicação, por gerações de homens e mulheres que dedicaram a vida servindo e atuando junto aos desvalidos e marginalizados, para confrontar tais apropriações de Apocalipse e de outros livros bíblicos, que se mostram desumanizantes e ignoram o mundo.[31]

QUESTÕES PARA REFLEXÃO E DEBATE

1. Qual das abordagens de Apocalipse discutidas neste capítulo lhe atrai mais? Por quê?
2. Por que você imagina que a abordagem preditiva de Apocalipse, verificada na série *Deixados para trás* e em publicações semelhantes, é tão popular e persistente?
3. Qual sua reação à lista de deficiências na série *Deixados para trás* e à abordagem alternativa defendida neste livro e ao longo deste livro até aqui?
4. Como o resumo da teologia de Apocalipse, apresentado neste capítulo, pode ser comparado ao entendimento de sua mensagem, com o que você tem ouvido e/ou defendido?

---

[31] Rowland, "The Book of Revelation", p. 544.

CAPÍTULO 5 | # Sete mensagens profético- -pastorais do Senhor ressurreto

(APOCALIPSE 1—3)

O primeiro capítulo de Apocalipse nos fala sobre João, o autor. Já dissemos algo sobre ele e sua situação como uma testemunha fiel e profeta cristão exilado (1:1,2,9-11). O que João realmente quer que saibamos, porém, não é quem ele é ou o que ele fez, mas quem é o Deus que ele encontrou e o que esse Deus lhe revelou para transmitir às igrejas.

PALAVRAS INICIAIS

Como já vimos, João inicia Apocalipse nos dizendo do que se trata: um texto apocalíptico, um texto profético e uma carta. Todos os três elementos aparecem logo no início do livro.

É importante começar a ler Apocalipse do início, bem do início. Algumas pessoas leem Apocalipse como se as primeiras e mais importantes palavras sobre o livro estivessem em 1:19. Esse versículo nos diz o que João escreverá e, portanto, Apocalipse nos contará "as coisas que você [João] viu, tanto as presentes como as que estão por vir". Alguns intérpretes encontraram nesse texto não apenas o conteúdo e a estrutura de Apocalipse, mas também o propósito de o lermos: obter informações, especialmente sobre aquilo que está por vir — os eventos do fim dos tempos. Mas esse é um ponto de partida incorreto.

Apocalipse 1:3 traz a primeira das sete bem-aventuranças, ou bênçãos, do livro de Apocalipse (veja a lista na p. 62). Ela é declarada tanto sobre aqueles que o leem em voz alta (nas assembleias), como sobre aqueles que ouvem/guardam suas profecias. A ênfase em guardar as palavras da profecia nos faz lembrar que esse livro não é predominantemente uma descrição de eventos futuros para satisfazer nossa curiosidade, mas, sim, um chamado à "fidelidade ao primeiro mandamento" (nas bem colocadas palavras de Talbert[1]); um chamado à conversão e ao discipulado, *à luz* das realidades passadas, presentes e futuras. O profeta é um visionário, não apenas das crises atuais ou dos eventos futuros, mas de uma forma alternativa de se alicerçar na visão de Deus.

Isso é coerente com o sentido bíblico de profecia e essa noção é tanto reforçada como consolidada ao longo do último livro da Bíblia, começando já no primeiro capítulo. Ignorar esse ponto fundamental é perder o foco de Apocalipse e garantir uma interpretação irresponsável de seu conteúdo. Apocalipse 1:3 é, portanto, a chave interpretativa (ou hermenêutica) do livro em relação à nossa motivação para lê-lo e à nossa estratégia básica para sua leitura. Lemos Apocalipse como as palavras de um profeta-pastor (e, em última análise, de Deus), para sermos formados e transformados, não apenas informados. Tudo o que vem após 1:3, até mesmo as palavras de 1:19, servem para promover a promessa e o desafio profético-pastoral do livro.

---

[1] Talbert, *Apocalypse*. Ele afirma que "nossa própria época [...] reflete as circunstâncias do profeta de forma quase idêntica" (p. 12).

A VISÃO INICIAL

Apocalipse também já começa com algumas afirmações extraordinárias sobre Deus e Cristo. Tais assertivas confrontam declarações blasfemas feitas tanto pelo próprio imperador quanto a seu respeito; lembram os ouvintes de quem eles são e a quem eles pertencem; e dão, a eles e a nós, esperança para o triunfo definitivo. Isso é teologia em forma de poesia com um propósito profético-pastoral.

Era importante para as igrejas primitivas — e é crucial para nós — compreender que Jesus não é apenas um ser humano heroico, mas que compartilha da identidade divina.[2] Apocalipse 4 e 5 deixará isso claro com palavras fortes, mas isso já é revelado aqui no primeiro capítulo. Graça e paz da parte daquele que é todo-poderoso, trino e uno: Deus, o Pai, o Espírito ("sete espíritos" significando a plenitude do único Espírito divino) e Jesus Cristo (1:4-6). Embora haja um foco especial no papel exclusivo de Jesus no plano de Deus, também são traçados paralelos entre Jesus e Deus Pai:

Deus	Jesus
Que é (1:4, 8)	Primogênito dentre os mortos (1:5)
Que era (1:4, 8); Eu sou o Alfa (1:8)	Eu sou o primeiro (1:17)
Que há de vir (1:4, 8); [Eu sou] o Ômega (1:8)	Ele vem com as nuvens (1:7); [Eu sou] o último (1:17)
Seu trono (1:4)	Soberano dos reis da terra (1:5); a ele sejam glória e poder para todo o sempre (1:6); cf. Daniel 7:13-14
O Todo-Poderoso (1:8); cf. Daniel 7:9 "tronos foram postos no lugar, e um ancião se assentou. Sua veste era branca como a neve; o cabelo era branco como a lã".	"Sua cabeça e seus cabelos eram brancos como a lã, tão brancos quanto a neve, e seus olhos eram como chama de fogo" (1:14); cf. Daniel 7:9

---

[2]Veja, espec., Bauckham, *Jesus and the God of Israel*.

A visão inicial (1:9-20) remonta a Daniel 7:9-14 a fim de descrever Cristo como um personagem poderoso, sacerdotal e presente (junto às igrejas). Ao atribuir a Jesus *tanto* as características de um homem ("semelhante a um ser humano" ou "filho de homem"; Apocalipse 1:13; Daniel 7:9) *quanto* as do ancião (Apocalipse 1:14; Daniel 7:9) em Daniel 7, João nos diz que Jesus compartilha da identidade e do reino de Deus. Desse modo, tanto o prólogo de Apocalipse (1:1-8) como sua visão inicial nos dizem que Jesus é realmente o Senhor.

A presença desse Senhor Jesus entre as igrejas (simbolizada pelos "candelabros"; 1:12-13,20) atende a função profético-pastoral anunciada em 1:3. Primeiramente, é um sinal de *segurança*. Aquele que é todo-poderoso protegerá a igreja. "Não tenha medo" (1:17) é uma palavra dirigida não somente a João, mas a todos que leem ou ouvem essas palavras. Eles serão mantidos em segurança a despeito do que possa acontecer; eles compartilharão da conquista de Jesus, de sua vitória. Em segundo lugar, a visão é um sinal de *esperança*. Aquele que foi morto agora vive e viverá para sempre na glória. Ele permite que a igreja participe de sua vitória sobre o império e sobre a morte — após ter também compartilhado seu testemunho fiel (1:5), que o levou à cruz. Em terceiro lugar, a visão é um chamado ao *discipulado*. Aquele que fala a palavra de Deus convoca a igreja à obediência.

Todos esses três aspectos da visão emergem nas sete mensagens às igrejas (Apocalipse 2 e 3): segurança suprema, esperança cruciforme, discipulado fiel.

SETE MENSAGENS PROFÉTICO--PASTORAIS ÀS IGREJAS

As mensagens às sete igrejas estão, de modo perene, entre os textos de Apocalipse mais fáceis de compreender e de pregar. Notórios pela imagem inesquecível de Jesus vomitando a igreja morna de Laodiceia de sua boca (3:16), assim como pela imagem igualmente memorável de Jesus à porta e batendo (3:20), essas mensagens nos permitem um vislumbre da vida de sete igrejas do primeiro século, com suas qualidades e deficiências, e fornecem um desafio permanente aos leitores de hoje em dia.

Desmistificando um mal-entendido

Antes de iniciarmos um exame sério desses dois capítulos, precisamos repelir um equívoco popular comum a respeito deles. Predomina em certos círculos a visão de que as sete igrejas descrevem sete eras da história da igreja, vindo do período apostólico até o presente, conjuntamente conhecidas como "a era presente" ou "a era da igreja". Embora esse enfoque não negue que as sete mensagens possuíam relevância imediata para as igrejas do primeiro século, ou para cada crente e igreja desde aquela época, ele entende que seu propósito principal é prever o futuro. Como a influente Bíblia de Estudo Scofield coloca nas notas introdutórias de Apocalipse 2 e 3: "de forma absolutamente indiscutível, essas mensagens apresentam uma antevisão precisa da história *espiritual* da igreja, e nessa ordem precisa".[3] Essa abordagem — uma "visão aérea da história da igreja"[4] — tem sido particularmente popular nos círculos protestantes conservadores, pelo menos ao longo dos últimos cem anos aproximadamente, mas sua essência na verdade remonta ao menos à Idade Média.

A mais conhecida de suas várias versões tem sido popular entre os dispensacionalistas do último século. Essa interpretação, com apenas poucas variações e um sistemático preconceito anticatólico, pode ser encontrada nas notas da Bíblia de Estudo Scofield (1909, 1917), nas representações gráficas de Apocalipse produzidas pelo ministro batista Clarence Larkin (c. 1919),[5] e nos comentários de Apocalipse de autoria de Hal Lindsey (*There's a new world coming* [Há um novo mundo a caminho], 1973, 1984) e de Tim LaHaye (*Revelation unveiled* [Apocalipse revelado], 1999). Eis seu entendimento:

---

[3] *Scofield reference Bible*, 1917, p. 1331-2.
[4] Lindsey, *There's a new world coming*, p. 28.
[5] Parte das obras de Larkin pode ser vista em http://www.sacred-texts.com/chr/tbr/img/01900.jpg. Lindsey (*There's a new world coming*, p. 27) comenta sua dependência da *New Scofield reference Bible*.

Interpretação dispensacionalista das igrejas em Apocalipse 2 e 3

2:1-7	Éfeso	Igreja apostólica	Até c. 100 ou 150
2:8-11	Esmirna	Igreja perseguida	C. 100-312 (Constantino)
2:12-17	Pérgamo	Igreja comprometida, favorecida pelo império, mas julgada por Cristo	C. 312-606 (com a eleição do Papa Bonifácio III ocorrendo em 607)
2:18-29	Tiatira	Igreja medieval mundana e negligente, dominada pelo papado e caracterizada por superstição e paganismo	C. 606-1500/1517 (Reforma Protestante), mas também prosseguindo até a tribulação
3:1-6	Sardes	Igrejas da reforma, ainda muito semelhantes às igrejas medievais, mais mortas que vivas	C. 1517-1750, mas também prosseguindo até hoje
3:7-13	Filadélfia	Igreja verdadeira, amada por Cristo e caracterizada por reavivamento e atividade missionária	C. 1750 ao início do século 20, mas também prosseguindo até o arrebatamento
3:14-22	Laodiceia	Igreja morna, apóstata e avessa ao sobrenatural	C. 1900 até a tribulação

Por mais criativa e atraente que essa abordagem possa ser, ela possui muitos problemas. Primeiramente, Apocalipse não dá indício algum de interesse ou conhecimento de "eras" específicas da igreja. Pelo contrário, o contexto dos capítulos 2 e 3, para não mencionar o efetivo conteúdo desses capítulos, não sugere preocupação alguma com igrejas futuras, mas com igrejas reais do primeiro século que enfrentavam problemas em sua própria época. Isso não descarta alguma relevância simbólica ou contínua para as igrejas, mas isso deveria ser assunto para uma cuidadosa reflexão teológica, não para especulações desvairadas. Em segundo lugar, e quiçá mais relevante, esse tipo de esquema reflete, sem discernimento algum, a perspectiva de um protestantismo extremamente conservador (em grande medida fundamentalista) e extremamente americano; o qual (pelo menos nesse caso) tem seus heróis nos primórdios da igreja e no movimento missionário protestante, e seus inimigos tanto na Igreja Católica como na Reforma Magistral e seus herdeiros (o "protestantismo clássico"). Tais preconceitos aparecem tanto nas descrições como nas datas apresentadas acima (p. ex., 1900 refere-se à data aproximada de diversas rupturas entre fundamentalistas e modernistas). Esse tipo de interpretação da história da igreja não tem fundamentação alguma no texto, mas tão somente reproduz a predisposição do intérprete, e uma leitura voltada para uma perspectiva europeia e americana. Os capítulos 2 e 3 de Apocalipse são extremamente ricos no aspecto teológico para merecer interpretações equivocadas tão irresponsáveis.

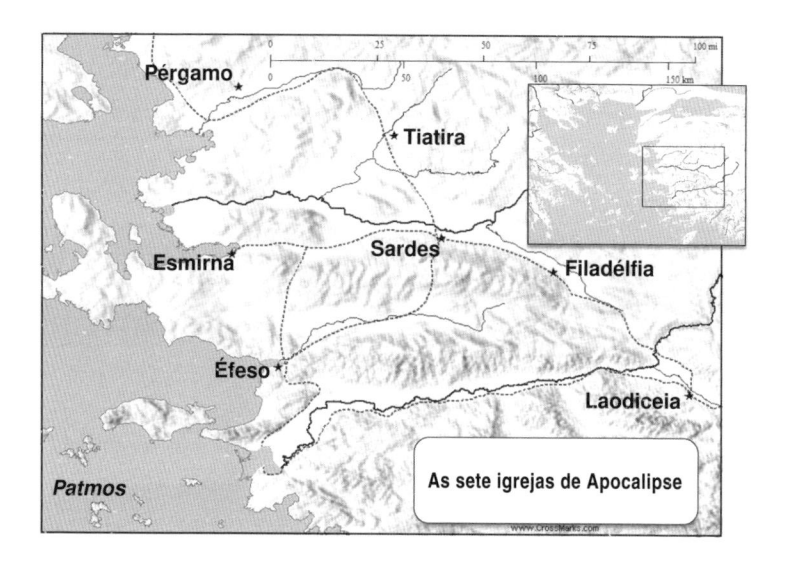

As sete igrejas de Apocalipse

A FORMA DAS MENSAGENS

Frequentemente denominadas cartas, os textos endereçados às sete igrejas na Ásia Ocidental seriam mais bem definidos como oráculos proféticos, ou talvez mensagens profético-pastorais. Alguns estudiosos, com especial destaque para David Aune, chegaram até a sugerir que elas se parecem a éditos imperiais.[6] Jesus fala como um personagem real, até mesmo imperial, por meio de João às igrejas.

---

[6]Veja Aune, *Revelation 1—5*, p. 126-9.

Suas palavras devem ser consideradas extremamente sérias. Jesus, porém, também fala como um pastor, como alguém que anda entre as igrejas (2:1; cf. 1:13). As mensagens aos vários "anjos" das igrejas constituem uma série de visitas pastorais.[7] Como Jesus ao mesmo tempo inspira reverência e é presente, ele pode falar palavras fortes de conforto e de advertência, apelando tanto ao coração (emoções) das igrejas como à sua mente (razão).[8]

Praticamente qualquer leitor dessas sete mensagens poderá notar um padrão estrutural. Alguns intérpretes de Apocalipse tentaram relacionar sua forma com componentes de éditos imperiais da antiguidade e também com trechos de discursos retóricos ancestrais, e tais análises podem estar corretas. No mínimo, contudo, podemos identificar uma estrutura literária bastante sistemática com as seguintes partes:

- endereçamento ao "anjo" da igreja (= mensageiro? líder? profeta? anjo guardião?);
- descrição de Cristo extraída em grande parte da visão inicial;
- elogios (em todas, com exceção de Laodiceia);
- condenação (em todas, com exceção de Esmirna e Filadélfia);
- advertência: exortação/alerta;
- promessa escatológica àqueles que vencerem (forem fiéis);
- apelo para dar ouvidos ao Espírito.

Eugene Peterson reduz essas partes a três elementos essenciais de "direção espiritual": confirmação, correção e promessa motivadora.[9] Embora essas três dimensões possam ser o cerne de cada mensagem, os demais elementos também são importantes (em especial os alertas), especialmente naquilo que se relacionam com o texto de Apocalipse como um todo. A tabela abaixo resume, para cada uma das sete mensagens, esses sete elementos (exceto o apelo para dar ouvidos ao Espírito, cujo conteúdo não varia):

---

[7] Richard, *Apocalypse*, p. 52.
[8] Veja DeSilva, *Seeing things John's way*, p. 175-92; 229-55.
[9] Peterson, *Reversed thunder*, p. 50-2.

As sete mensagens profético-pastorais às igrejas de Apocalipse

Texto e igreja	Cristo	Elogio	Condenação	Advertência: exortação/ alerta	Promessa escatológica àqueles que vencerem / forem fiéis
2:1–7 Éfeso	Segura 7 estrelas, caminha entre 7 candelabros[10] (veja 1:13, 16)	Obras, trabalho árduo, perseverança, intolerância com malfeitores, pôr à prova falsos apóstolos, sofrer sem desfalecer; ódio às práticas dos nicolaítas	Abandonou o primeiro amor	Lembre-se de onde caiu; arrependa-se; pratique as obras que fazia anteriormente. Caso contrário: remoção do candelabro	Comer da árvore da vida (veja 22:2,14,19; Gênesis 2:9; 3:22)
2:8-11 Esmirna	Primeiro e último; que morreu e tornou a viver (veja 1:8,17)	Aflições, pobreza, calúnias por parte dos que dizem ser judeus	Nenhuma	Não tema o sofrimento iminente; alguns serão aprisionados; 10 dias de aflição. Seja fiel até a morte.	Coroa da vida, livramento da segunda morte (veja 20:6,14; 21:8)
2:12-17 Pérgamo	Possui espada afiada de dois gumes (veja 1:16)	Permanecer fiel ao nome de Cristo na cidade do trono de Satanás, mesmo com o martírio de Antipas	Alguns seguem os ensinos de Balaão sobre idolatria /imoralidade sexual (= nicolaítas)	Arrependa-se. Caso contrário: Cristo entrará em guerra contra os seguidores de Balaão/ nicolaítas	Maná escondido, pedra branca com um novo nome (veja 22:4)

[10]Ou menorás.

Sete mensagens profético-pastorais do Senhor ressurreto

2:18-29 Tiatira	Filho de Deus (veja 1:6) com olhos como chama de fogo e pés como bronze reluzente (veja 1:14-15); sonda mentes e corações e retribui segundo as obras	Obras: amor, fé, serviço, perseverança, obras recentes maiores que no princípio	Tolerância com Jezabel, falsa profetisa de idolatria/imoralidade sexual (ensinos = "profundos segredos de Satanás"); recusa arrepender-se	Sofrimento aos adúlteros, a não ser que se arrependam; morte dos filhos de Jezabel; os demais: fiquem firmes	Autoridade sobre as nações para governá-las (veja Salmos 2:8,9), estrela da manhã (veja 22:16)
3:1-6 Sardes	Possui os 7 espíritos de Deus e as 7 estrelas (veja 1:4,16)	[Logo após uma repreensão:] uns poucos não contaminaram as vestes, mas caminham com Jesus de branco e são dignos	Nome/reputação de estar vivo, mas na verdade morto; obras imperfeitas ou incompletas	Fique atento, fortaleça o que resta e que estava para morrer; lembre-se, obedeça, arrependa-se; caso contrário: Cristo virá como um ladrão	Vestido como os fiéis de branco; Cristo não apagará o nome do livro da vida (21:27) mas o reconhecerá perante o Pai e os anjos (cf. 21:7)
3:7-13 Filadélfia	Santo, verdadeiro, que possui as chaves de Davi, que abre e fecha e ninguém pode reverter o que ele faz	Obras; guardou a palavra de Cristo sobre perseverança e não negou seu nome, apesar de ter pouca força	Nenhuma	Sinagoga de Satanás (= falsos judeus) se prostrarão perante eles e reconhecerão que Cristo os amou; proteção contra a provação que virá sobre o mundo; manter-se firme	Cristo fará deles uma coluna permanente no templo de Deus (cf. 21:22), escreverá neles o nome de Deus e o nome da Nova Jerusalém (veja 21:2,10) e o novo nome do próprio Cristo

| 3:14-22 Laodiceia | O "Amém," a testemunha fiel e verdadeira (veja 1:5); origem/início da criação de Deus | Nenhum | Não é frio nem quente em obras, mas morno; não é rico, mas miserável, pobre, cego, nu, digno de compaixão | Deseja que ele seja frio ou quente; como não é, está a ponto de ser vomitado da boca; que compre de Cristo ouro, roupas brancas, colírio; repreensão e disciplina para o que é amado; seja diligente e arrependa-se; Cristo bate à porta, entrará e ceará com quem a abrir | Um assento com Cristo em seu trono (veja o cap. 5) |

O CONTEÚDO DAS MENSAGENS

Quando lemos essas sete mensagens, somos impactados por dois problemas graves que as igrejas estão enfrentando: a realidade de diversos tipos de perseguições e a forte tentação de transigir, com alguns enxergando as concessões como uma forma de interromper a perseguição. As sete mensagens nos dizem que há grande diversidade entre as igrejas, desde as altamente adaptadas às condições ao redor até aquelas que são perseguidas — certamente por não transigirem.

A forma mais destacada de contemporização em questão é o consumo de comida sacrificada aos deuses (ídolos, na perspectiva cristã), que era uma exigência e norma cultural, pois demonstrava apoio ao *status quo* político e social. Era praticada e defendida dentro das igrejas por diversos indivíduos e grupos a quem João atribui nomes simbólicos: os seguidores de Balaão e os nicolaítas em Pérgamo (2:14-15), os nicolaítas (por implicação) em Éfeso (2:6), e Jezabel e seus seguidores em Tiatira (2:20-25).[11] Ele chama os líderes desse movimento de falsos apóstolos e falsos profetas (2:2,20) e, assim como outros profetas antes dele, refere-se à idolatria como adultério e fornicação espiritual (2:14,20-22).

Quanto à perseguição, esta parece ter ocorrido de diversas formas: intimidação por identificar-se como cristão (carregar o nome) em Éfeso e em Filadélfia; privação econômica e/ou social, além de difamação por parte de certos judeus, em Esmirna e em Filadélfia; medo de prisões iminentes, o que sugere investigações por agentes do governo provincial (talvez agentes do culto imperial, possivelmente a partir de denúncias de líderes judeus) em Esmirna; e hostilidades, chegando a incluir uma morte violenta, em Pérgamo. João imputa essa perseguição, em última instância, a Satanás (2:9,13,24; 3:9), o que corresponde à sua descrição de Satanás e das bestas satânicas de Apocalipse 12 e 13 (discutida nos caps. 7 e 8 mais adiante).

As cidades onde esses primeiros grupos cristãos se reuniam eram importantes centros urbanos, alguns com populações de 100.000 pessoas ou mais: Éfeso (200.000 a 250.000), Esmirna (75.000 a 100.000), Pérgamo (120.000 a 180.000) e Sardes (100.000).[12] Os cristãos em suas pequenas igrejas domésticas eram uma pequena minoria. Como eles sobreviveriam à pressão cultural, política e religiosa de "andar na linha"? Aprendemos algo com suas lutas, e com as palavras que Cristo lhes fala nas sete mensagens.

As igrejas individualmente

O espaço só permite uma rápida análise de cada uma das mensagens para as igrejas.

2:1-7. A igreja em Éfeso existia em uma importante cidade portuária que era o lar do procônsul da província (nomeado pelo governador)

---

[11] Balaão era um profeta associado ao desvio de Israel à idolatria e imoralidade com os Midianitas; ele então foi justiçado e morto pelos israelitas (Números 31:8). Jezabel era a esposa fenícia do rei Acabe, de Israel (1Reis 16:31), que se opôs e assassinou profetas de YHWH e apoiou profetas de Baal (1Reis 18—21). Com exceção desse texto, os nicolaítas são desconhecidos, apesar de o nome significar "conquistadores de pessoas".

[12] Essas estimativas foram extraídas de diversas fontes. Veja, p. ex., Stark, *Rise of Christianity*, p. 131-2.

Lendo Apocalipse *com* responsabilidade

e sede dos principais templos dedicados à deusa Ártemis e ao imperador. A Ártemis efésia era adorada por todo o império e seu templo era conhecido como uma das sete maravilhas do mundo antigo. O problema em Éfeso é frequentemente lido como um relato sobre os perigos da ortodoxia rígida (ênfase na crença correta), que inevitavelmente levaria a uma falha de espiritualidade (amor a Deus) ou de ortopraxia (prática correta, especialmente amor ao próximo). Isso, porém, dissemina duas ideias que não são bíblicas: (1) uma divisão entre crer/consentir, por um lado, e amor, por outro; e (2) amor de Deus como postura interior, mas não como lealdade ativa. Os efésios são elogiados por sua postura firme, intransigente e publicamente comprovada, logo a situação seria melhor decifrada como um caso de *ortopraxia incompleta* que requer arrependimento e complementação, não como um exemplo de *ortodoxia equivocada* que exige o repúdio de crenças supostamente rígidas. A lealdade e o amor dos efésios por Deus são evidentes: em meio a crises com falsos mestres transigentes e vizinhos perseguidores, o amor que eles precisam recuperar é o de uns pelos outros (veja João 13—17).[13]

Templo dedicado a Ártemis e ao imperador em Éfeso.

---

[13]Outros intérpretes acreditam que o amor perdido é o amor por Deus, ou tanto por Deus como uns pelos outros.

2:8-11. A igreja em Esmirna também ficava localizada em uma cidade portuária, famosa por sua beleza e sua lealdade de longa data a Roma, expressa em um fervilhante culto imperial. (Foi também a cidade do famoso bispo martirizado Policarpo, morto em Esmirna por volta de 156 por sua lealdade a Jesus.) É provável que alguns judeus tenham revelado sua própria identidade como povo de Deus (a partir da perspectiva de João) ao firmar alianças com aqueles que possuíam poder econômico (talvez dirigentes das guildas comerciais, redes de comerciantes semelhantes aos sindicatos modernos, ou nos templos, que também funcionavam como bancos) e/ou com agentes políticos romanos que perseguiam a igreja em Esmirna. O impacto econômico e as possíveis ações judiciais aparentemente não fizeram com que a igreja cedesse. O desafio é manter-se destemido e fiel — confiar e obedecer.

2:12-17. A igreja em Pérgamo vivia à sombra da imponente acrópole da capital da província, onde ficavam localizados muitos prédios oficiais e locais religiosos, incluindo um imensoltar para Zeus e um templo gigantesco dedicado ao culto imperial. Isso bem pode ter estimulado a famosa imagem do trono de Satanás (2:13). A maior parte da igreja permaneceu fiel apesar da morte de um mártir (Antipas; 2:13), a única baixa efetivamente mencionada nas sete mensagens. Alguns deles, contudo, haviam voltado a comer carne sacrificada a ídolos, talvez para evitar o mesmo destino de Antipas. O desafio para os transigentes é voltar e se arrepender e, para os fiéis, manterem-se firmes.

A acrópole de Pérgamo, onde ficava o "trono de Satanás".
As ruínas do templo dedicado ao culto imperial estão no centro, e o altar de Zeus à direita, cercado por árvores.

Ruínas do altar de Zeus, em Pérgamo.

2:18-29. A igreja de Tiatira ficava localizada em uma cidade conhecida por suas diversas guildas comerciais. Embora a igreja tenha progredido em sua vida e testemunho (2:19), pode ter sido o desejo de evitar o tipo de fragilização econômica e social sofrida em Esmirna e nos arredores de Filadélfia que levou muitos, quiçá a maioria (veja 2:20,24) da igreja, a seguir "Jezabel"; seja esse o nome real de uma falsa profetiza, ou um símbolo para conformismo. A mensagem para essa mulher e seus filhos/seguidores é a mais longa e a mais severa das sete cartas, sinalizando a seriedade da situação. Uma vez mais, o desafio (implícito) é para que os transigentes interrompam seu comportamento e, para os fiéis, que se mantenham firmes.

3:1-6. Sardes, assim como Pérgamo, possuía uma acrópole imponente, embora mais austera, que estava integrada à identidade da cidade de uma forma historicamente humilhante. Por duas vezes, Sardes fora tomada por ataques-surpresa de forças que haviam invadido a cidade através da supostamente inexpugnável acrópole. Talvez por isso João tenha recebido as palavras de Jesus: "virei como um ladrão" (3:3),[14] indicando que ele retornará quando a igreja

---
[14] Veja tb. Mateus 24:4; Lucas 12:39; 1Tessalonicenses 5:2.

menos esperar. A maior parte da igreja em Sardes está tão desalentada que está quase morta; então, em um discurso verdadeiramente apocalíptico, João exorta a igreja a acordar e ressuscitar dentre os mortos. Como é dito que uma minoria não contaminou suas vestes (3:4), podemos compreender que esse estado de desânimo não é apatia, mas o efeito do opróbrio por causa de certas "obras" (3:2), enquanto se apegavam à boa fama (3:1) e imaginavam não haver nada de errado. Desse modo, o problema principal não é a indiferença, mas a pressuposição, e a necessidade dos crentes em Sardes era identificar e colocar um fim na atividade inadequada.

Ruínas de Sardes, com a acrópole ao fundo.

3:7-13. Assim como em Esmirna, a igreja em Filadélfia, cidade com exuberante cultura grega, mas profunda devoção a Roma, estava em conflito com alguns judeus. Será coincidência que essas duas igrejas não tenham recebido repreensão alguma? Ou talvez, por sofrerem perseguição não apenas por parte de seus vizinhos gentios e/ou oficiais do governo, mas também por seus irmãos mais próximos na fé monoteísta, esses cristãos da antiguidade

| Lendo Apocalipse *com* responsabilidade

cempreendessem melhor o sentido do seu compromisso e a necessidade de assumi-lo publicamente, a despeito das consequências? Mais uma vez, eles são desafiados à resistência e a conservarem-se fiéis. A promessa de Jesus: "o guardarei da hora da provação" (3:10, NVI) é melhor traduzida por "o protegerei do grande tempo de provação" (NVT).[15]

3:14-22. Os cristãos de Laodiceia viviam na cidade mais rica da região e, aparentemente, compartilhavam daquela riqueza. A cidade era um centro comercial e um entroncamento de diversas vias, com templos para inúmeras divindades. Estudiosos constataram alusões nessa mensagem não somente à riqueza de Laodiceia, mas também à produção local de colírio, ao uso de lã negra e principalmente à falta de um suprimento local de água de boa qualidade. Frequentemente se sugere que João tinha ciência das fontes termais próximas em Hierápolis e da boa água fresca que era trazida para Laodiceia de fora da cidade. A água morna pode ser uma referência às águas quentes que descem pelas escarpas em Hierápolis, ou à própria água de Laodiceia.

O problema com a igreja de Laodiceia é que ela não é nem quente nem fria, mas morna; o que é tão repugnante para Jesus, que ele está a ponto de cuspir ou mesmo vomitar (3:15,16). Tepidez (mornidão) não é uma metáfora arcaica para indiferença. O texto, portanto, não apresenta uma esfera de pensamento com dois extremos — quente (com Jesus) e frio (contra Jesus) — e um grupo intermediário indeciso. Apresenta, mais exatamente, dois pontos contraditórios, o primeiro deles é ilustrado com duas imagens: água quente e água fria. Ambas são agradáveis e benéficas, enquanto a água morna é o exato oposto: repugnante ao paladar e insalubre. "Morno" significa alguém tão próspero e presumidamente autossuficiente (3:17), que não possui comunhão alguma com Jesus. Não se trata de uma igreja com posições moderadas, mas de uma igreja que cede em tudo o que lhe é pedido. Eles não apenas participavam do *status quo* quando

---

[15]Veja Aune, *Revelation 1—5*, p. 240; Boxall, *The Revelation*, p. 73; Reddish, *Revelation*, p. 76; Witherington, *Revelation*, p. 106-7. Não há esperança de arrebatamento para escapar da tribulação aqui.

necessário para poderem sobreviver, mas abraçavam integralmente o estilo de vida e os valores da elite e dos poderosos.

A única solução para essa igreja é tornar a convidar Jesus para a vida da comunidade (3:20), o que exigiria que rejeitassem as idolatrias que haviam empobrecido, desnudado e cegado a igreja (3:18). O desafio é aceitar uma reforma completa.

As sete mensagens juntas

Ainda que cada igreja receba uma mensagem acerca de sua própria situação, há uma questão que abrange todas: fazer ou não fazer concessões. Mais concretamente, essas igrejas seriam testemunhas fiéis *de* Jesus e *semelhantes a* Jesus (e João!), abstendo-se de participar dos costumes culturais pagãos, incluindo o culto imperial, ainda que isso acarretasse sérias consequências: sociais, econômicas e políticas? Elas se juntariam aos nicolaítas, aos balaamitas, aos seguidores de Jezabel, aos fiéis de Laodiceia, que participavam de várias formas de concessões e de acordos, os quais João denomina idolatria; ou se absteriam — "sairiam para fora" (18:4) — e estariam dispostas a sofrer como João, Antipas de Pérgamo (2:13) e como o próprio Jesus?

Essas assembleias de crentes estão tomando parte em um conflito, até mesmo em uma guerra — a guerra do Cordeiro. O Cordeiro está lá com elas, como seu pastor e exemplo, chamando-as a renovar sua devoção. Elas sairão vitoriosas nessa guerra, não ao brandirem suas espadas, mas ao seguirem Jesus em adoração "incivil" e testemunho fiel. Ao menos algumas delas, porém, correm o risco de perder essa batalha cósmica; e João, logicamente, quer que elas vençam. Todas precisam ser testemunhas fiéis, o que *pode* efetivamente significar martírio para alguns.

Considera-se que essas mensagens, e outras partes de Apocalipse, algumas vezes exaltam o martírio, até mesmo de uma forma irresponsável. Mas dizer que Apocalipse exalta o martírio só é verdade se percebermos que o significado de "mártir" no primeiro século era "testemunha" (grego: *martys*); somente mais tarde na história da igreja, "mártir" passou a se referir a testemunhas que haviam morrido por sua fé. Apocalipse encoraja seus ouvintes, não à morte como algo bom ou um fim em si mesma, mas a um discipulado e um testemunho fiel, ainda que isso possa levar à morte. A diferença não é uma questão de semântica, mas de conteúdo. A mensagem desses sete discursos do Cristo ressurreto não é um convite à morte, mas ao discipulado, o que envolve abster-se de tudo o que o corrompe. Um discipulado tão custoso, como Dietrich Bonhoeffer o descreveu,[16] é muito mais desafiador do que muitos cristãos do primeiro século (ou de qualquer século) conheciam ou desejavam. É tarefa de Apocalipse, em parte, convencer seus ouvintes e leitores de que o discipulado fiel tem tanto custos quanto recompensas. É por isso que as sete mensagens trazem tanto palavras de desafios quanto promessas extraídas das visões dos capítulos 21 e 22.

O SIGNIFICADO CONTEMPORÂNEO DAS MENSAGENS

Afirmar que Apocalipse 2 e 3 contêm um resumo da história da igreja parece um tanto forçado e bastante inverossímil. Já a ideia de que essas sete igrejas de alguma forma simbolizam o leque de igrejas cristãs possíveis — especialmente o leque de perigos mais comuns enfrentados pelas igrejas — é bem mais plausível.

O pastor e teólogo T. Scott Daniels, o falecido estudioso do Novo Testamento Bruce Metzger e o professor de teologia espiritual Eugene Peterson estão entre os muitos que associaram as sete igrejas (ou ao menos cinco das sete) aos perigos mais comuns enfrentados por todas as igrejas em todas as épocas.[17] Mais recentemente, Daniels argumenta que cada uma das igrejas manifesta, ou poderia manifestar (no caso de Esmirna e Filadélfia), um pecado mortal específico por ter desenvolvido um *éthos*, um tipo de personalidade coletiva. Daniels acredita que todas as igrejas de todas as eras possuem seu próprio espírito coletivo peculiar.

As observações desses três intérpretes são as seguintes:

---

[16]Em seu livro *Discipleship* (= *The cost of discipleship*).
[17]Daniels, *Seven Deadly spirits*; Metzger, *Breaking the code*, p. 46; Peterson, *Reversed thunder*, p. 52. Daniels sugere que Esmirna e Filadélfia poderiam ter desenvolvido um espírito oposto àquele pelo qual foram elogiadas.

Sete mensagens profético-pastorais do Senhor ressurreto

Perigos enfrentados pelas igrejas em Apocalipse

Texto e igreja	Metzger	Peterson	Daniels
2:1-7 (Éfeso)	Perda do primeiro amor	"abandonar o primeiro amor deleitoso de Cristo"	Manutenção de limites, ortodoxia mesquinha
2:8-11 (Esmirna)	Medo de sofrer	[Nenhum]	[Consumismo]
2:12-17 (Pérgamo)	Falta de compromisso com a doutrina	Indiferença para com a heresia	Transigência, mau testemunho
2:18-29 (Tiatira)	Pusilanimidade moral	Tolerância para com a imoralidade	Fé privatizada, separando corpo e alma
3:1-6 (Sardes)	Estar morto espiritualmente	Apatia	Fé apática
3:7-13 (Filadélfia)	Incapacidade de ficar firme	[Nenhum]	[Medo]
3:14-22 (Laodiceia)	Ser morno	Adoção das riquezas materiais em lugar da vida no Espírito	Autossuficiência

Até mesmo os intérpretes dispensacionalistas, de forma geral, concordariam com esses escritores em suas avaliações das mensagens espirituais duradouras que podem ser extraídas de cada uma dessas sete igrejas, para além de sua correspondência com os períodos da história da igreja.[18]

A essas observações, poderíamos adicionar os seguintes pontos a partir do que foi discutido neste capítulo (com exceção de Esmirna e Filadélfia, que não recebem críticas):

- Éfeso: ortopraxia incompleta (falta de amor mútuo);
- Pérgamo: conformismo, especialmente em relação à religião civil;
- Tiatira: conformismo para evitar fragilização econômica e social;

---

[18]Veja, p. ex., Lindsey, *There's a new world coming*, p. 57-8, o qual concorda com a interpretação espiritual oferecida pelo erudito dispensacionalista John Walvoord em seu livro *The Revelation of Jesus Christ*.

- Sardes: presunção;
- Laodiceia: prosperidade mal orientada, autossuficiência, e idolatria da elite e de um poderoso *status quo*.

Peterson argumenta que "[uma] seleção aleatória de sete igrejas em qualquer século, mesmo em nosso tempo, resultaria em algo muito parecido com as sete igrejas" mencionadas em Apocalipse.[19] O ponto principal de Apocalipse 2 e 3, quando ouvido com sinceridade nos dias de hoje, é escutar quando o Espírito de Deus identifica o espírito profano característico de nossa própria igreja e nos oferece a presença e a graça de Cristo para nos transformar em um povo mais fiel a Deus.

Mensagens específicas podem ser especialmente adequadas para determinadas igrejas em seu próprio contexto histórico. Uma igreja perseguida pode precisar ouvir a mensagem para Esmirna ou Filadélfia, enquanto uma igreja adaptada às normas da cultura onde está inserida, principalmente à ânsia pelo poder e sua religião civil, precisaria ouvir a mensagem a Pérgamo ou Laodiceia. Na verdade, Harry Maier propõe que os cristãos privilegiados do ocidente precisam ler Apocalipse "como um cristão de Laodiceia".[20] Ainda que contrariando as expectativas, a visão de Maier sobre as igrejas ocidentais não é assim tão diferente da visão dos dispensacionalistas, que também veem a igreja contemporânea como semelhante à de Laodiceia. (Contudo, ao contrário dos dispensacionalistas, Maier sem dúvida incluiria as próprias igrejas dispensacionalistas nesse grupo.) Quando refletimos sobre a mensagem para Laodiceia, podemos ser levados a repetir a oração presente na terceira estrofe do hino *God of grace and God of glory* [Deus de graça e Deus de glória]:[21]

> Cura a loucura beligerante dos teus filhos, subjuga nosso orgulho sob teu controle.

---

[19]Peterson, *Reversed thunder*, p. 56.
[20]*Apocalypse Recalled*, espec. p. 30-9.
[21]Texto de Harry Emerson Fosdick, 1930.

Humilha nosso contentamento egoísta e irresponsável,
   abastado de bens e pobre de espírito.
Concede-nos sabedoria, concede-nos coragem,
Para que não percamos o propósito do teu reino. (2x)

RESUMO DAS SETE MENSAGENS

Após ter examinado os sete textos proféticos, com suas semelhanças e diferenças, podemos agora ter condições de resumir sua mensagem conjunta. Talvez devêssemos ler todas as sete mensagens como uma mensagem única, que chama a igreja para formar o conjunto de todas as marcas explícitas e implícitas da igreja santa encontrada nesses dois capítulos de Apocalipse. O pastor e teólogo John Stott, por exemplo, identifica que as marcas da igreja são amor (Éfeso), sofrimento (Esmirna), verdade (Pérgamo), santidade (Tiatira), autenticidade (Sardes), missão (Filadélfia) e entrega incondicional (Laodiceia).[22]

A partir de nossa análise, poderíamos dizer que Cristo deseja uma igreja caracterizada por plenitude de ortodoxia e ortopraxia; fidelidade e intrepidez; devoção a Jesus, mas não ao estado; e preferência pelos pobres em lugar dos ricos. Ou, quiçá, mais alinhados à linguagem usada por Jesus, pudéssemos resumir a mensagem da seguinte forma:

> Por amá-los e querer que compartilhem da nova criação que está às portas, eu os exorto a permanecerem fiéis em sua fé pública para mim, ou a se arrependerem e renová-la. Como disse anteriormente: "Cuidado com os falsos profetas" e "Nem todo aquele que me diz: 'Senhor, Senhor', entrará no Reino dos céus, mas apenas aquele que faz a vontade de meu Pai que está nos céus" (Mateus 7:15, 21). Ou, como direi mais adiante: "Saiam dela!" (Apocalipse 18:4) — e fiquem fora; pois como prometi antes de deixá-los: "Eu — que ressuscitei e fui vitorioso — estarei sempre com vocês, até o fim dos tempos" (Mateus 28:20).

---

[22] Veja Stott, *What Christ thinks of the Church*.

| Lendo Apocalipse *com* responsabilidade

QUESTÕES PARA REFLEXÃO E DEBATE

1. Na sua visão, a abordagem dispensacionalista de Apocalipse 2 e 3 possui algum mérito? Por que ou por que não?
2. Segundo sua experiência, qual a forma mais dominante de adaptação cultural que vemos nas igrejas cristãs atualmente?
3. Com qual das sete igrejas você, ou sua comunidade cristã, mais se identificaria? Qual seria a mensagem concreta do Cristo ressurreto para sua comunidade?
4. Onde no mundo você identifica manifestações contemporâneas das forças e fraquezas dessas sete igrejas?

CAPÍTULO 6

A visão central e centralizadora: Deus e o Cordeiro

(APOCALIPSE 4 E 5)

As mensagens proféticas para as igrejas, e para a igreja como um todo, são completas: sete palavras, cada uma voltada para um contexto específico, todavia válidas para a igreja cristã como um corpo único e para congregações específicas nas mais diversas épocas e lugares. O livro de Apocalipse então muda radicalmente do tipo de texto que podemos entender facilmente, um registro relativamente simples de oráculos profético-pastorais, para o tipo de texto que pode nos confundir, assustar ou angustiar. Em Apocalipse 4 e 5, voltamos aos textos visionários que vimos pela primeira vez em Apocalipse 1, e seguiremos com esse mesmo gênero até quase o fim do livro. A maioria dos leitores contemporâneos se sentiria mais à vontade com outros quinze capítulos semelhantes aos dois que deixamos para trás, mas não é assim que um texto apocalíptico funciona.

Lendo Apocalipse *com* responsabilidade

UMA VISÃO UNIFICADA

Os capítulos 4 e 5 estão intimamente associados. Eles são como "as duas placas de um díptico visionário", diz um comentarista[1], referindo-se a conjuntos de pinturas, tapeçarias e retábulos articulados, muito comuns na Idade Média. O tema dessa pintura em painel duplo é a sala do trono celestial de Deus, que João teve o privilégio de visitar durante a experiência de sua visão. Ele é descrito como uma mistura de cenários de templo e de sala do trono do Antigo Oriente Médio, conforme as representações em Isaías 6 e Daniel 7, e do império romano, onde o imperador era honrado e adorado como o soberano do universo.

A espiada que João deu no céu — que parece estar em "fervilhante atividade"[2] — é uma *visão* de adoração que então se torna um *chamado* à adoração. Adoração, como escreve Eugene Peterson, é:

> Uma reunião no centro, para que nossa vida seja centrada em Deus e não vivida de forma excêntrica, ou distante do centro. Adoramos para reagir e sermos estimulados por esse centro, o Deus vivo. Deixar de adorar nos relega a uma vida de trancos e barrancos, à mercê de qualquer propaganda, qualquer sedução, qualquer canto de sereia [...] Se não houver um centro, não haverá uma circunferência. Pessoas que não adoram são varridas para um absoluto desassossego epidêmico no mundo, sem direção firme e sem um propósito firme.[3]

Com certeza, como Peterson insinua e Bob Dylan entoou em sua famosa canção: "você tem de servir alguém". A alternativa à adoração focada no centro verdadeiro, a verdadeira autoridade para a vida (aqui simbolizada no trono), é a adoração voltada para centros enganosos: ídolos. Babilônia é "o local de antiadoração".[4]

O registro da experiência de João introduz duas imagens que dominarão o resto do livro: o trono de Deus e o Cordeiro de Deus. A palavra "trono" aparece 43 vezes do capítulo 4 até o fim do livro

---

[1] Boxall, *The Revelation of Saint John*, p. 93.
[2] Aune, "The influence of Roman imperial court ceremonial", p. 8.
[3] Peterson, *Reversed thunder*, p. 60.
[4] Peterson, *Reversed thunder*, p. 66.

(19 vezes somente nos caps. 4 e 5), e a palavra "Cordeiro" (em relação a Cristo) aparece 28 — 7 x 4 — vezes. Juntas, essas imagens formam a chave hermenêutica, ou interpretativa, do livro inteiro. Elas revelam em imagens a teologia essencial do livro de Apocalipse: Deus, o criador, reina e é digno de toda nossa devoção; e Jesus, o fiel, o Cordeiro de Deus que foi morto, reina com Deus, igualmente digno de nossa devoção absoluta.

Essa combinação de imagens cria dois paradoxos estonteantes. O primeiro é que Deus compartilha sua soberania e honra, expressa no recebimento de adoração, com o Messias Jesus. O segundo é que esse Jesus, digno de adoração, exerceu seu mandato e poder messiânicos ao ser morto. Seu poder se manifesta na fraqueza, como colocou Paulo (2Coríntios 12:9).

Voltaremos a esse tema mais tarde. Primeiramente, porém, precisamos examinar com mais atenção essa pintura visionária em painel duplo. Ela é formada por uma teofania (revelação de Deus) e por uma cristofania (revelação de Cristo) e, por meio da união de ambas, forma-se uma visão reconfigurada de Deus. (Veja o quadro nas páginas 136-8.)

A ESTRUTURA E A TEOLOGIA DE APOCALIPSE 4 E 5: TEOFANIA, CRISTOFANIA E A RECONFIGURAÇÃO CRISTOLÓGICA DE DEUS

Como mencionado acima, as imagens do "trono" e do "cordeiro" aparecem ao longo de todo o livro de Apocalipse. Muitos intérpretes afirmam que uma ou ambas as imagens fornecem a chave teológica do livro: uma simboliza soberania e poder, a outra o sacrifício e a vulnerabilidade. A chave para a compreensão de Apocalipse, como veremos, está na conjunção das duas imagens, cuja simbiose começa nos capítulos 4 e 5, reproduzidos aqui a partir da NAA. Os textos em negrito mostram paralelos entre o capítulo 4 e o capítulo 5, os textos sublinhados mostram paralelos dentro do capítulo. Para precedentes veterotestamentários, veja Êxodo 3 e 19, Ezequiel 1 e 10, Daniel 7 e Isaías 6.

Capítulo 4

¹Depois destas coisas, olhei, e eis que havia uma porta aberta no céu. E a primeira voz que ouvi, que era como de trombeta ao falar comigo, disse: "Suba até aqui, e eu lhe mostrarei o que deve acontecer depois destas coisas".

A Majestade de Deus

²Imediatamente eu me achei no Espírito, e eis que havia **um trono armado no céu, e alguém estava sentado no trono**. ³E esse que estava sentado era semelhante, no aspecto, à pedra de jaspe e ao sardônio, e ao redor do trono havia um arco-íris semelhante, no aspecto, à esmeralda. ⁴Ao redor do trono havia também vinte e quatro tronos, e neles estavam sentados **vinte e quatro anciãos**, vestidos de branco e com **coroas** de ouro na cabeça. ⁵Do trono saíam relâmpagos, vozes e trovões, e, diante do trono, estavam acesas sete tochas de fogo, que são os **sete espíritos de Deus**. ⁶Diante do trono havia algo como um mar de vidro, semelhante ao cristal.

A Majestade de Deus cristologicamente reconfigurada

Capítulo 5

¹Vi, na mão direita **daquele que estava sentado no trono**, um livro em forma de rolo escrito por dentro e por fora, e selado com sete selos. ²Vi, também, um anjo forte, que proclamava com voz forte: "Quem é digno de quebrar os selos e abrir o livro?" ³Ora, <u>nem no céu, nem sobre a terra, nem debaixo da terra</u>, ninguém podia abrir o livro, nem mesmo olhar para ele. ⁴E eu chorava muito, porque ninguém foi achado digno de abrir o livro, nem mesmo de olhar para ele. ⁵Então um dos anciãos me disse: "Não chore! Eis que o Leão da tribo de Judá, a Raiz de Davi, venceu para quebrar os sete selos e abrir o livro". ⁶Então vi, no meio do trono e dos **quatro seres viventes** e entre os **anciãos**, em pé, um Cordeiro que parecia que tinha sido morto. Ele tinha sete chifres, bem como sete olhos, que

A visão central e centralizadora: Deus e o Cordeiro

são os **sete espíritos de Deus** enviados por toda a terra. ⁷O Cordeiro foi e pegou o livro da mão direita daquele que estava sentado no trono.

A ADORAÇÃO DE DEUS
No meio do trono e à volta do trono havia também **quatro seres viventes** cheios de olhos por diante e por detrás. ⁷O primeiro ser vivente era semelhante a um leão, o segundo era semelhante a um novilho, o terceiro tinha o rosto semelhante ao de ser humano e o quarto ser vivente era semelhante à águia quando está voando. ⁸E os quatro seres viventes, tendo cada um deles, respectivamente, seis asas, estavam cheios de olhos, ao redor e por dentro. Não tinham descanso, nem de dia nem de noite, **proclamando** [cantando]: "Santo, santo, santo é o Senhor Deus, o Todo-Poderoso [cf. Isaías 6:1-4], aquele que era, que é e que há de vir." ⁹Sempre que esses **seres viventes davam glória, honra e ações de graças ao que está sentado no trono**, ao que vive para todo o sempre, ¹⁰**os vinte e quatro anciãos se prostravam diante daquele que está sentado no** trono, adoravam o que vive para

A ADORAÇÃO DE DEUS
CRISTOLOGICAMENTE
RECONFIGURADA
⁸E, quando ele pegou o livro, os **quatro seres viventes e os vinte e quatro anciãos se prostraram diante do Cordeiro**, tendo cada um deles uma harpa e taças de ouro cheias de incenso, que são as orações dos santos, ⁹e **cantavam** um cântico novo, dizendo: "**Digno és** de pegar o livro e de quebrar os selos, porque foste morto e com o teu sangue compraste para Deus os que procedem de toda tribo, língua, povo e nação ¹⁰e para o nosso Deus os constituíste **reino** e sacerdotes; e eles **reinarão** sobre a terra." ¹¹Vi e ouvi uma voz de muitos anjos ao redor do trono, dos seres viventes e dos anciãos, cujo número era de milhões de milhões e milhares de milhares [cf. Daniel 7:10], ¹²proclamando com voz forte: "Digno é o Cordeiro que foi morto de **receber o poder**, a riqueza, a sabedoria, a força, **a honra, a glória** e o louvor".

todo o sempre e depositavam as suas coroas diante do trono, **proclamando** [cantando]: "**Tu és digno**, Senhor e Deus nosso, **de receber a glória, a honra e o poder**, porque criaste todas as coisas e por tua vontade elas vieram a existir e foram criadas."

RESUMO: A RECONFIGURAÇÃO CRISTOLÓGICA DE DEUS
[13]Então ouvi que toda criatura que há no céu e sobre a terra, debaixo da terra e sobre o mar [cf. Filipenses 2:9-11], e tudo o que neles há, estava dizendo: "Àquele que está sentado no trono e ao Cordeiro sejam o louvor, a honra, a glória e o domínio para todo o sempre." [14]E os quatro seres viventes respondiam: "Amém!" Também os **anciãos se prostraram e adoraram.**

A TEOFANIA (APOCALIPSE 4)

Imagens e descrições de salas do trono eram comuns no mundo antigo. David Aune refere-se a essa como um "pasticho" de cenas de salas do trono israelitas-judaicas, e de outras fontes antigas do Oriente Médio, da Grécia e do Império Romano.[5] Leitores das Escrituras notarão especialmente os ecos das visões proféticas do trono de Deus.[6] "O trono representa o poder e o governo de Deus. Ao destacar o trono, João está puxando a cortina e mostrando ao leitor o verdadeiro *locus* do poder no mundo"[7] — e quem realmente é "Senhor e Deus" (4:11).

Além disso, há inúmeras semelhanças com rituais associados à corte imperial romana, como a presença de criados em torno do

---

[5]Aune, "The influence of Roman imperial court ceremonial", p. 6.
[6]Além das visões proféticas listadas acima, veja tb. 1Reis 22:19-33 e os textos não bíblicos de 1Enoque 14:8-16:4, 39:1—40:10, e 71:1-17.
[7]Reddish, *Revelation*, p. 92.

A visão central e centralizadora: Deus e o Cordeiro

trono imperial, a oferta de hinos e louvores ao imperador, e a prática de criados e reis menores oferecerem coroas de ouro a ele. (Um trono imperial itinerante carregava o imperador por cidades e províncias para que o povo o adulasse.) Nessa visão, João encontra o Deus de Israel, de quem ele tem uma percepção renovada à luz de Cristo, e que implicitamente afasta qualquer pretenso senhor, deus ou governante universal.

Um intérprete observa com justiça que o capítulo 4 é também "uma sinfonia de teofanias do Antigo Testamento".[8] O texto ecoa as histórias de Moisés e da sarça ardente (Êxodo 3) e a entrega da lei a Moisés no Sinai (Êxodo 19—24), além das visões registradas acima. Alguns desses elementos semelhantes incluem Deus sendo descrito em um trono (1Reis 22:19; Isaías 6:1; Ezequiel 1:26), com aparência branca (Daniel 7:9), e cercado por coisas belas (Ezequiel 1:18,26-28), bem como a presença de mar (Ezequiel 1:22; Daniel 7:2,3), fogo/fumaça/relâmpagos (Êxodo 3:2,3; 19:16,18; Isaías 6:4; Ezequiel 1:4,13,14; Daniel 7:9,10), anjos (1Reis 22:19; Êxodo 3:2; Daniel 7:10), e diversas outras criaturas vivas (Ezequiel 1:5-25; 10:15-22; Daniel 7:3-7).

O que exatamente João experimenta, especialmente com seus ouvidos e olhos? A voz de Cristo (4:1; veja 1:10,11) o convoca ao céu para ver o futuro (4:1). Mas antes que ele possa ver o futuro, ele precisa ver quem possui o futuro e quem é digno de concretizar aquele futuro. João vê um trono e aquele que está assentado no trono (4:2), mas muito pouco é dito sobre a identidade daquele que está assentado no trono. Em vez disso, ele é descrito como tendo a aparência de pedras preciosas, belas e brilhantes, e cercado por um arco-íris que é igualmente precioso, brilhante e deslumbrante. Esse é obviamente "o Senhor, o Deus todo-poderoso" (4:8), aquele que é eterno e santo em Israel e que foi entronizado no centro do cosmo, cercado em círculos concêntricos por sete lâmpadas de fogo, quatro seres viventes e 24 anciãos. As criaturas e os anciãos adoram em conjunto aquele que está no trono com cantos de louvor ("Santo, Santo, Santo" — conhecido como *trisagion*[9]) e gestos físicos de adoração.

---

[8] Prévost, *How to read the Apocalypse*, p. 83.
[9] Formados pelas palavras gregas para "três" e "santo".

É claro que nós gostaríamos de identificar esses seres. Parece ser melhor entender os seres viventes como criaturas celestiais, talvez representativas de toda a criação; e os 24 anciãos como o povo de Deus, com seu número remetendo às 24 ordens sacerdotais instituídas por Davi (1Crônicas 24:1-19) ou, mais provavelmente, às 12 tribos de Israel e aos 12 apóstolos (veja Apocalipse 21:12,14). Os 24 anciãos estão vestidos de branco — simbolizando pureza, vitória e adoração — e usando coroas de ouro — simbolizando que compartilham, pela graça divina, do reinado de Deus.

Mais importante que a aparência e a identidade das criaturas e dos anciãos, contudo, é sua atividade: eles louvam e adoram sem cessar, cantando em hinos o quão merecedor Deus é de toda honra como o eterno (4:8) e criador (4:11). A adoração de Deus é o ritmo cardíaco do cosmo, mesmo quando nós, seres humanos sobre a terra, não a vemos, dela não participamos nem a valorizamos. Somente Deus é digno de receber o que outros, em especial poderosas figuras políticas, podem querer ou exigir: nossa total devoção, nosso louvor, nossas coroas.

A CRISTOFANIA (APOCALIPSE 5)

No capítulo 5, o segundo painel desse díptico visionário da sala do trono celestial, entra em foco uma mudança dramática em duas etapas, indicada pelas palavras: "Então vi", primeiro em 5:1, então em 5:6. A primeira parte do capítulo se concentra em um rolo misterioso, depositado na mão direita de Deus, a mão de poder e autoridade. Ele possui inscrições em ambos os lados do papiro ou do pergaminho (algo extremamente incomum na antiguidade) e está selado com sete selos. Esse rolo tem sido identificado de diversas formas, como as Escrituras, o Livro da Vida (p. ex., 20:12) e um documento legal; porém, mais frequentemente, como o plano escatológico de Deus para julgar e salvar o mundo — plano este que está, de forma bastante literal, prestes a se revelar. Essa última interpretação faz mais sentido à luz de uma comparação com outros textos apocalípticos, bem como considerando o fluxo narrativo do livro de Apocalipse; assim como os selos, que começam no capítulo 6, são identificados com o juízo divino.

A visão central e centralizadora: Deus e o Cordeiro

O problema que angustia João é que ninguém em toda a criação é digno de abrir esse rolo, de desencadear o juízo escatológico e a salvação de Deus. Um dos anciãos, porém, diz que há, na verdade, um que é digno, cujo nome é "o Leão da tribo de Judá, a Raiz de Davi", ambas as imagens de poder e domínio messiânico. Esse é também aquele que "venceu" (5:5).

Tanto João quanto nós, seus leitores, aguardamos a revelação e identificação desse Leão messiânico, poderoso e conquistador; e talvez tanto João quanto nós suspeitemos de que o ancião esteja chamando nossa atenção para Jesus, o Leão de Judá e Filho de Davi — e ele está. Porém, no que foi "talvez a mais atordoante 'recriação de imagens' da literatura"[10], a visão que João recebe e descreve não é o que qualquer pessoa esperaria. Ele recebe a visão de um Cordeiro morto, não de um Leão feroz. "O choque dessa reviravolta", escreve Richard Hays, "revela o mistério central de Apocalipse: Deus conquista o mundo, não por meio de uma demonstração de força, mas por meio do sofrimento e da morte de Jesus, 'a testemunha [*martyr*] fiel' (1:5)."[11]

Como um conjunto narrativo, Apocalipse primeiro monta essa imagem extraordinária, então tudo o que vem depois flui a partir disso. A imagem provavelmente se vale tanto do cordeiro da Páscoa (Êxodo 12) como do servo sofredor de Deus, que é conduzido como um cordeiro para o matadouro (Isaías 53:7; cf. Jeremias 11:19).[12] Essa é a imagem central e centralizadora, a metáfora chave, o ponto focal de Apocalipse: um Cordeiro morto, um Senhor crucificado.[13] Como afirma Richard Bauckham, é crucial que nós reconheçamos:

---

[10]Boring, *Revelation*, p. 108.

[11]Hays, *Moral vision*, p. 174.

[12]Bauckham, *A teologia do Livro de Apocalipse*, p. 85-92 e muitos comentaristas destacam de forma especial o contexto da Páscoa.

[13]A NRSV "como se tivesse sido morto" (5:6) é potencialmente enganosa; a morte era real, e a NAB (New American Bible) traz uma melhor tradução: "que parecia que tinha sido morto". Beale (*Revelation*, p. 621) chama Apocalipse 12 de "o centro e a chave para todo o livro". Embora o capítulo 12 possa ser o centro físico do livro — além de certamente resumir em símbolos seu enredo, conflitos e personagens centrais — ele não funciona como uma chave hermenêutica (interpretativa) por meio da qual todo o resto pode ser interpretado. Essa função pertence ao Cordeiro que foi morto, por causa de seu papel paradoxal e onipresente no livro.

o contraste entre o que ele [João] ouve (5:5) e o que ele enxerga (5:6). Ele ouve: "Eis que o Leão da tribo de Judá, a Raiz de Davi, venceu". Os dois títulos messiânicos evocam uma imagem profundamente militarista e nacionalista do Messias de Davi como conquistador das nações, destruindo os inimigos do povo de Deus [...]. Contudo, essa figura é reinterpretada pelo que João vê: o Cordeiro cuja morte sacrificial (5:6) redimiu pessoas de todos os povos (5:9,10). Ao justapor as duas imagens contrastantes, João criou um novo símbolo de triunfo pela morte sacrificial.[14]

A imagem de um Cordeiro (auto)sacrificial, que foi morto, contudo, não significa que esse Cordeiro seja destituído de poder. Aliás, o que vemos é exatamente o contrário: o Cordeiro é na verdade o Leão messiânico que possui sete olhos de perfeita percepção, ou sabedoria, e sete chifres de perfeito poder (5:6). Como a figura em Daniel 7:13,14, ele compartilha da autoridade real de Deus. Em Apocalipse, porém, a natureza do poder é redefinida. O poder do Cordeiro em Apocalipse assume duas formas: o poder da sua morte, simbolizado pelo cordeiro morto, e o poder da palavra que ele profere, simbolizado pela espada que sai de sua boca (1:16).[15]

Aqui no capítulo 5, o foco é o poder de sua morte. O poder do Cordeiro, sua "conquista", é revelado não na força bruta associada ao leão, mas no poder da fidelidade até a morte; uma morte violenta que resultou no "resgate", ou remissão, de um povo real e sacerdotal para Deus. As imagens do Cordeiro e de "um reino e sacerdotes para [servir] o nosso Deus" (5:10; cf. 1:6; Êxodo 19:6) remetem aos relatos da Páscoa e do Êxodo,[16] com a diferença de que, dessa vez,

---

[14]Bauckham, *A teologia do Livro de Apocalipse*, p. 89-90.

[15]As duas imagens de testemunho poderoso na morte e de palavra poderosa são combinadas em Apocalipse 19:11-21, onde Cristo, a Palavra de Deus (10:13), traz juízo com a espada em sua boca (sua palavra; 19:15, 21) e com sangue em suas vestes (sua morte; 19:13). Esses dois aspectos do poder do Cordeiro são absolutamente coerentes com as convicções de Paulo de que o Cristo crucificado é o poder de Deus (1Coríntios 1:23-24) e de que o evangelho é o poder de Deus (Romanos 1:16).

[16]A imagem do Cordeiro também pode se referir ao cordeiro sacrificado duas vezes por dia (Êxodo 29:38-42; Números 28), mas a referência principal parece ser o cordeiro da Páscoa.

A visão central e centralizadora: Deus e o Cordeiro

o povo remido não vem de uma única nação, mas de "toda tribo, língua, povo e nação"(5:9; cf. 7:9; 21:24; 22:2).[17]

Eis o único — ou seja, o Salvador fiel e crucificado, que é agora o Senhor ressurreto, assunto ("de pé"; 5:6), e vitorioso — que é digno de quebrar o selo (e assim posteriormente abrir o livro, desencadeando o juízo final e a salvação). Isso ele faz. O amálgama de imagens e atividades celestiais resultantes expressa vividamente a antiga convicção cristã de que o Jesus crucificado ascendeu à mão direita de Deus e é digno do mesmo louvor e honra devidos a Deus. É por isso que primeiro os anciãos (e talvez também os seres viventes; 5:8-10) e então também miríades de anjos cantam louvores ao Cordeiro que foi morto, o redentor, repetindo os hinos entoados a Deus, o Criador, no capítulo 4. Por fim, todas as criaturas de todas as partes do cosmo (5:13) cantam juntas para aquele que está no trono e para o Cordeiro. O cenário completo é uma representação ardente do texto poético de Filipenses 2:6-11, onde aquele que foi obediente até a morte é reconhecido como Senhor, digno de receber os louvores que são devidos apenas a Deus, por todos que estão "no céu, na terra e debaixo da terra" (Filipenses 2:10).[18]

O Cordeiro de Deus é, portanto, claramente Jesus, ainda que seu nome não apareça neste capítulo. Como redentor, ele tanto é digno do tipo de louvor devido a Deus, como digno de dar início ao poderoso juízo escatológico e à salvação de Deus. Por quê? Porque em sua morte, ele já deixou evidente o verdadeiro significado de poder, juízo e salvação. A obra de Cristo é a obra de Deus, e vice-versa; pois Cristo, conforme proclama Apocalipse, compartilha da própria identidade de Deus. Na verdade, já vimos em Apocalipse que, com o Pai, Jesus compartilha (simbolicamente) os cabelos brancos (indicando antiguidade; 1:14), o nome (1:17), o domínio (1:5,6), e que ele se juntou ao seu Pai no trono divino (3:21). Mais adiante em Apocalipse, João se refere ao trono como sendo "o trono de Deus e do Cordeiro" (22:1,3), à fonte da salvação como sendo tanto Deus

---

[17]Essa realidade global da salvação fundamenta a visão correspondente do povo presente e futuro de Deus nos capítulos 7, 21 e 22.

[18]Alguns estudiosos acreditam que Filipenses 2:6-11 é um antigo hino cristão.

como o Cordeiro (7:10), e à ira divina como sendo a ira de Deus e do Cordeiro (6:16-17). Além disso, Deus e o Cordeiro formam juntos o templo e a luz da Nova Jerusalém (21:22,23).

Richard Bauckham corretamente comenta que: "Quando o Cordeiro que parecia ter estado morto é visto 'no centro do' trono no céu (5:6; veja 7:17), o significado é que a morte sacrificial de Cristo *diz respeito à maneira de Deus governar o mundo*. O Cordeiro não é um símbolo divino menor do que o símbolo 'aquele que está sentado no trono'".[19] É crucial não ignorarmos a importância paradoxal de o Cordeiro de Deus compartilhar a identidade e a soberania de Deus. Mesmo exaltado, Jesus continua sendo o Cordeiro, o crucificado. Ele toma parte na identidade e no reino de Deus, tornando-se digno de adoração como o Cordeiro que foi morto, *e somente como tal*. Esse é o testemunho sistemático do Novo Testamento: que o Senhor exaltado continua a ser o Jesus crucificado.[20] E essa é "a verdadeira face de Deus".[21]

Quando esse testemunho é negligenciado ou esquecido, os problemas logo aparecem. Qualquer leitura de Apocalipse — e qualquer prática teológica, de forma mais ampla — que esqueça essa verdade central do Novo Testamento é teologicamente problemática, até mesmo perigosa, desde sua origem. Ela está destinada, não ao fracasso, mas ao sucesso — e esse é seu vício intrínseco. Seres humanos, mesmo aqueles que são aparentemente cristãos fiéis, frequentemente desejam uma divindade todo-poderosa que governe o universo com poder, preferencialmente segundo seus próprios interesses, e com força quando necessário. Tal conceito de Deus e soberania induz seus adeptos a se unirem a esse tipo de Deus, na implementação de um (pretenso) poder divino, para a obtenção de uma (pretensa) justiça divina. Compreender a realidade do Cordeiro como Senhor — e, portanto, o poder do Cordeiro — dissolve, ou deveria dissolver, tais percepções equivocadas do poder e

---

[19]Bauckham, *A teologia do Livro de Apocalipse*, p. 80. "No meio do" é uma tradução mais adequada que o "entre" da NRSV.
[20]Veja, p. ex., João 20:26-29; Gálatas 2:19-20.
[21]Prévost, *How to read the Apocalypse*, p. 83.

da justiça divinas, e de suas equivocadas consequências humanas. É claro que tanto historicamente quanto hoje em dia tais visões equivocadas persistem.

A frequente má compreensão de Apocalipse demonstra exatamente esse tipo de poder divino coercitivo na história humana, em especial na interpretação das visões de juízo. Precisaremos voltar a essa questão em um capítulo posterior. Por ora, contudo, precisamos enfatizar que somente quando os capítulos 4 e 5 forem lidos como chave hermenêutica de Apocalipse para questões da realidade, teológicas, históricas e de ética, seremos capazes de situar as visões de juízo na perspectiva correta.

Em questões de ética, ou de conduta da vida diária (às quais também voltaremos em maiores detalhes), devemos destacar um rápido ponto agora. Acabamos de ver que a cristologia do Cordeiro em Apocalipse é inseparável da teologia propriamente dita (doutrina de Deus) e da soteriologia (doutrina da salvação). Também é verdadeiro que a cristologia do Cordeiro é inseparável da ética. Paradoxalmente, o Cordeiro que foi morto revela Deus e também revela o que significa ser fiel a Deus. Ele revela como Deus salva a humanidade e como a humanidade, por sua vez, pode servir a Deus. Aqui, João, o vidente, mais uma vez ecoa as palavras de Paulo, para quem a cruz simboliza tanto o meio divino de salvação como a expressão humana dessa salvação na vida diária. Tal como para Paulo, também em Apocalipse: a cruz — que significa a morte fiel do Cordeiro que foi morto — é tanto a *fonte* como a *forma* da nossa salvação.[22]

ADORAÇÃO DE DEUS E DO CORDEIRO

Como não poderia deixar de ser, algumas das melhores interpretações de Apocalipse 4 e 5 assumem a forma de música sacra, pois esses capítulos estão repletos de textos de hinos. Algumas dessas interpretações musicais também recorrem a outras imagens e visões de Apocalipse.

---

[22]Veja meu *Reading Paul*, p. 78-90.

Poucos hinos evocam o espírito de adoração tão poderosamente como o hino de Reginald Heber, composto em 1826 para o Domingo da Santíssima Trindade, *Holy, holy, holy* [Santo, santo, santo]:

> Santo, santo, santo! Todos os santos adoram a ti,
> Lançando por terra suas coroas em torno do mar de vidro;
> Querubins e serafins se prostram diante de ti,
> Que eras, és e para todo o sempre serás.

Igualmente inspirado por Apocalipse 4, temos o hino católico alemão do século 18 *Holy God, we praise your name* [Santo Deus, teu nome louvamos]. Ele menciona "corais de anjos" formados por "querubins e serafins", e também "santos sobre a terra", "o séquito de apóstolos", "profetas" e "mártires com vestes brancas" (veja 7:9-17), que "em um incessante canto de louvor, preenchem os céus com sua doce harmonia: 'Santo, santo, santo é o Senhor!'".

Muitas composições de música sacra têm sido inspiradas pela imagem de Jesus como o Cordeiro que é adorado. Talvez a mais conhecida seja a penúltima estrofe do "Messias" de Handel (mencionado no cap. 1), que foi inspirado em Apocalipse 5:9,12,13 e é sucedido por apenas uma última estrofe, "Amém", extraída da resposta dos quatro seres viventes em Apocalipse 5:14:

> Digno é o Cordeiro que foi morto, e que nos redimiu para Deus pelo Seu sangue, de receber poder, riquezas, sabedoria, força, honra, glória e bênçãos. Bênçãos e honra, glória e poder, sejam a ele que se assenta sobre o trono, e ao Cordeiro, para todo o sempre. Amém.

O notório hino do século 18, *All hail the power of Jesus' name* [Saudai todos o poder do nome de Jesus] (Edward Perronet, 1779) explicitamente nos conclama a acompanhar os anjos prostrados e a "multidão sagrada reunida" de Apocalipse 5 (como também os caps. 7, 14 etc.), para "saudar aquele [Jesus] que nos salva por sua graça" e "coroá-lo Senhor sobre tudo o que há". O triunfante hino do século 19, *Crown him with many crowns* [Coroai-o com muitas coroas] (Matthew Bridges, 1852) combina imagens dos capítulos 5, 7 e 19 (veja, em especial, 19:12), convidando-nos a juntar nossas vozes ao coral celestial:

> Coroai-o com muitas coroas, ao Cordeiro em seu trono.
> Ouvi, pois o hino celestial suplanta todas as outras melodias!
> Desperta, ó minh'alma, e canta àquele que morreu por ti.
> E saúda-o como teu Rei incomparável por toda a eternidade.

O exultante hino luterano do século 20, *This is the feast* [Essa é a celebração], de John Arthur, recorre diretamente ao capítulo 5, com pitadas extraídas de outros textos, para fazer o mesmo convite:

> Digno é Cristo, o Cordeiro que foi morto, cujo sangue nos libertou para sermos povo de Deus / [...] Cante com todo o povo de Deus e junte-se ao hino entoado por toda a criação / Bênçãos e honra e glória e poder sejam para Deus e o Cordeiro para sempre / Amém / Essa é a celebração da vitória, pois nosso Deus, o Cordeiro que foi morto, começou seu reinado / Aleluia.

Tanto a famosa estrofe de Handel como esses hinos nos lembram que a adoração de Deus e do Cordeiro está fundamentada no grande ato de redenção, o qual Apocalipse 1:5 devidamente relaciona ao grande amor que o Cordeiro teve e tem por aqueles que ele morreu para remir. O belo hino popular americano *What wondrous love* [Que maravilhoso amor], provavelmente escrito pelo ministro metodista Alexander Means, celebra esse amor e nos convida a acompanhar o grande coral de louvor a Deus e ao Cordeiro:

> Que maravilhoso amor é esse, ó minh'alma, ó minh'alma!
> Que maravilhoso amor é esse, ó minh'alma!
> Que maravilhoso amor é esse
> Que fez com que o Senhor da bem-aventurança
> Suportasse uma terrível maldição por minh'alma, por minh'alma,
> Suportasse uma terrível maldição por minh'alma!

> A Deus e ao Cordeiro, cantarei, cantarei.
> A Deus e ao Cordeiro, cantarei.
> A Deus e ao Cordeiro, que é o grande Eu Sou,
> Enquanto milhões se unem ao tema, cantarei, cantarei,
> Enquanto milhões se unem ao tema, cantarei.

Mais recentemente, Chris Tomlin capturou sentimento semelhante em sua canção *We fall down* [Prostramo-nos]:

> Nós nos prostramos, lançamos nossas coroas
> Aos pés de Jesus
> A grandeza de sua misericórdia e amor
> Aos pés de Jesus
> E bradamos santo, santo, santo (três vezes)
> É o cordeiro.

Seria difícil encontrar uma conclusão ou resposta mais adequada à visão central e centralizadora de Apocalipse que essas três canções de adoração cristã.

RESUMO

O que queremos dizer quando afirmamos que Apocalipse é uma revelação? Com especial referência aos capítulos 4 e 5, isso significa:

1. Apocalipse proporciona uma desconstrução bem como uma reconstrução completas de nosso universo narrativo e simbólico, nosso entendimento de Deus, nossa compreensão de poder e daquilo que entendemos como vitória. Por quê? Não César, mas o Cordeiro que foi morto é o Senhor de tudo!
2. O Cordeiro compartilha da identidade e do domínio divinos.[23] Na verdade, a visão do Cordeiro que foi morto passa agora a ser a

---

[23] A cristologia de Apocalipse "pode ser devidamente descrita como a participação plena de Jesus na governança de Deus: a divindade de Jesus Cristo e a primazia do Pai são ambas afirmações igualmente válidas da realidade divina, sem que a distinção de pessoas seja eliminada" (Schnelle, *Theology of the New Testament*, p. 756).

autorrevelação definitiva e divina do ser e da autoridade de Deus. Tal como na declaração de Paulo de que o Cristo crucificado é o poder e a sabedoria de Deus (1Coríntios 1:18-25), também em Apocalipse o Cordeiro imolado é a revelação do poder e da sabedoria de Deus (chifres e olhos).
3. O Cordeiro que foi morto não é apenas nossa visão central e centralizadora, mas também o prisma interpretativo por meio do qual lemos o restante do livro. O juízo e a salvação divinos devem ser interpretados — na verdade definidos — à luz da realidade do Cordeiro que foi morto, que é digno de adoração divina.

São essas verdades — juntamente com a liturgia interminável de louvor que é sempre a música de fundo do livro de Apocalipse — que devemos manter em mente ao prosseguirmos na leitura do restante de Apocalipse.

QUESTÕES PARA REFLEXÃO E DEBATE

1. De que forma Cristo, como o Cordeiro de Deus, "reconfigura" a identidade de Deus?
2. De que modo Cristo e/ou Deus são associados ao poder secular em nossa cultura?
3. De que modo adotar a visão dos capítulos 4 e 5 como chave interpretativa de Apocalipse influencia nossa leitura e realização (materialização) do texto?
4. Como o caráter litúrgico e musical da visão nos capítulos 4 e 5 pode nos moldar nos âmbitos teológico, espiritual, pastoral e litúrgico?

CAPÍTULO 7 | **Conflitos e personagens:** o drama de Apocalipse

No capítulo 3 falamos sobre o caráter dramático de Apocalipse. No início do livro, nas visões dos capítulos 1, 4 e 5, e nas sete mensagens profético-pastorais, conhecemos os protagonistas deste drama: Deus no trono celestial; o Cordeiro fiel que foi morto; e o Espírito profético. Também fomos apresentados àqueles que estão associados a essa Santíssima Trindade, tanto aos que estão no céu (os vinte e quatro anciãos e os muitos milhares), quanto aos que estão na terra (os membros das sete igrejas). Por fim, fomos apresentados, de forma superficial, aos antagonistas da história: Satanás, que possui seu próprio trono (não celestial), e aqueles que o representam ou se associam a ele em oposição a Deus e ao povo de Deus. Essas forças opostas estão empenhadas em um conflito cósmico, apocalíptico — bem no meio de lugares como Éfeso e Pérgamo, para não mencionar Nova York ou Nairóbi. Por causa disso, alguns até já chamaram Apocalipse de manuscrito de guerra.

Nós conhecemos a conclusão da história: Deus vence. Esse manuscrito de guerra mais parece um hino de vitória.[1] Haverá juízo sobre o mal e malfeitores, e salvação para o povo fiel de Deus. Antes, porém, de investigarmos de forma pormenorizada as visões

---

[1]Prévost, *How to read the Apocalypse*, p. 23.

de juízo (cap. 8) e a vitória e salvação finais (cap. 9), devemos fazer uma pausa para examinar mais detalhadamente a natureza do conflito em si e, particularmente, os personagens envolvidos no conflito. Prosseguiremos por tópicos, e não capítulo a capítulo.

O ENREDO DE APOCALIPSE

Podemos pensar em Apocalipse como um enredo que se desenvolve da seguinte forma:

O prólogo: o cenário cósmico é montado

Deus criou a humanidade para viver em um estado de adoração a Deus, comunhão mútua e harmonia com a criação. Podemos chamar isso de a cultura da vida, o reino de Deus, ou mesmo a cidade de Deus. Deus deu ao povo de Israel profetas fiéis para lembrá-los desse propósito. Deus também enviou Jesus como o Messias. Embora tenha sido perseguido por Satanás (cap. 12), Jesus foi fiel até a morte, a quem Deus justificou em sua ressurreição e ascensão, tornando-o igualmente digno de adoração e fidelidade (cap. 5). As boas-novas da morte libertadora e generosa de Jesus, e de sua ressurreição e ascensão à posição de Senhor, foram pregadas por todo o mundo. Muitos receberam essa mensagem em cidades da província romana da Ásia, formando comunidades fielmente obedientes a Deus e ao Cordeiro, inspiradas pelo Espírito profético. Satanás, contudo, uma vez expulso dos céus, persistiu em sua oposição a Deus e ao povo de Deus e continuou a perseguir o povo de Deus (cap. 12). Ele seduziu seres humanos em posição estratégica para serem seus cúmplices na criação de uma anticultura de idolatria, malignidade e caos, uma cultura da morte — "Babilônia". Um ou mais dentre os que são fiéis a Deus foram mortos, e ao menos um, João, foi exilado por causa de seu testemunho fiel.

Primeiro ato: Satanás entra em ação

Satanás está na condução de uma poderosa e idólatra cultura da morte, que seduziu tanto nações quanto indivíduos, incluindo algumas pessoas em igrejas na Ásia. A seu serviço estão duas importantes figuras: a besta da terra e a besta do mar (cap. 13). A primeira reivindica poder divino e prerrogativas sobre toda a terra, enquanto a última incita as pessoas a adorá-la. Essa trindade profana persegue constantemente o povo fiel de Deus, procurando conquistar sua lealdade e adoração. Os fieis estão sendo seduzidos e alguns estão se submetendo.

Segundo ato: o profeta fala

Em meio a uma pressão cada vez maior e sob ameaça iminente de um surto persecutório, João conclama as igrejas de volta à fidelidade a Deus (caps. 1—3). Ele as lembra que Deus já havia agido para sua salvação no ministério profético e na morte fiel de Jesus, o Cordeiro. A morte de Jesus foi um ato de obediência fiel a Deus e de amor pela humanidade oprimida. Juntamente com sua ressurreição/ascensão, foi também um ato divino de guerra cósmica, a vitória decisiva sobre o triunvirato profano e seu poder de opressão e morte. João relembra as igrejas de que todos os que creem nessas boas-novas, fielmente adorando a Deus e ao Cordeiro, na liturgia e na vida, estão libertos de seus pecados e tanto do poder quanto do destino da Babilônia.

Apesar do poder de sedução da Babilônia, as igrejas que dão atenção à voz do Espírito profético dão testemunho fiel de Deus e do Cordeiro, tornando-se uma personificação parcial e proléptica (em antecipação) da cidade vindoura de Deus.

Terceiro ato: Deus julga

A poderosa e idólatra cultura da morte, Babilônia, é submetida ao juízo divino e está fadada à ruína (caps. 17 e 18). Deus e o Cordeiro, então, dão início a esse juízo, levando a um rápido e inequívoco declínio da trindade profana. Esse é o ato mais longo de Apocalipse, englobando múltiplas cenas e abrangendo a maior parte da narrativa, mas pode ser resumido em poucas palavras: "Caiu! Caiu a grande Babilônia!" (18:2).[2] Deus não derrota apenas a trindade profana, mas a própria morte (20:14), o derradeiro instrumento de poder idólatra e o supremo inimigo da raça humana.

---

[2]Cf. Isaías 21:9; Jeremias 51.

Quarto ato: Deus renova

Babilônia, cidade de opressão e morte, é substituída pela nova Jerusalém, o novo céu e a nova terra, a nova cultura de plenitude e vida (caps. 21 e 22). É um lugar onde a dor e a tristeza estão ausentes, um tempo em que não mais há opressão e morte. Tem início o processo de cura das nações e a humanidade é restaurada conforme o propósito original de Deus para adoração, comunhão e harmonia. Deus e o Cordeiro passam a habitar permanentemente com a humanidade renovada.

Após ver brevemente esses quatro atos, mais seu prólogo, passamos agora aos principais personagens do drama. Como o capítulo anterior analisou o caráter de Deus e do Cordeiro (os principais protagonistas) em alguma profundidade, começaremos por Deus, mas passaremos mais tempo falando de Satanás, as bestas (os antagonistas) e aqueles apanhados no meio da batalha cósmica.

DEUS, O CORDEIRO E O ESPÍRITO

Richard Bauckham fez uma breve, mas empolgante defesa de que a descrição de Deus em Apocalipse é trinitária, começando por sua peculiar saudação trinitária:[3]

> A vocês, graça e paz da parte daquele que é, que era e que há de vir, dos sete espíritos que estão diante do seu trono, e de Jesus Cristo, que é a testemunha fiel... (Apocalipse 1:4b,5).

Trataremos sucintamente de cada um desses três personagens no drama de Apocalipse.

O Alfa e o Ômega, aquele que está no Trono

Deus Pai, o todo-poderoso criador, é um personagem plenamente elaborado em Apocalipse.[4] Suas muitas representações incluem as duas que já exploramos — Deus como o Alfa e Ômega e como

---

[3]Bauckham, *A teologia do Livro de Apocalipse*, p. 38-40. Bauckham então estrutura grande parte de seu livro em torno das três Pessoas da Trindade.

[4]Veja Bauckham, *A teologia do Livro de Apocalipse*, p. 37-68.

Aquele que se assenta no trono — além de Deus como o juiz justo e santo de todos os povos, como aquele que há de vir e como o *recriador*. Cada aspecto desempenha um importante papel no drama.

Como Alfa e Ômega, primeiro e último, princípio e fim (1:8; 21:6), Deus não é apenas o eterno — e o único Deus verdadeiro (veja Isaías 44:6) — mas também aquele que há de vir: "que é, que era e que há de vir" (1:4; cf. 4:8). O "dia do Senhor" profético é iminente. Esse Deus está agindo, pronto para trazer tanto juízo quanto salvação. O Deus de Apocalipse também é o soberano, o que é expresso principalmente na temática predominante do trono (que começa em 1:4 e prossegue até 22:3) e no qualificativo "todo--poderoso" (utilizado um total de nove vezes). A imagem do trono é um desafio implícito a todo e qualquer trono imperial, com ocupantes que acreditem poder governar o mundo e merecer adoração ou outras formas de fidelidade suprema.

Como juiz, Deus, com justiça (16:7), coloca em ação a santidade e a justiça divinas, que, em última análise, não pode tolerar o mal e a injustiça que cobrem a terra, nem a idolatria de onde eles surgem. Ao mesmo tempo, porém, Deus, o juiz, age em Apocalipse — mesmo quando executa um juízo — de uma forma que não impede o arrependimento, ainda que os seres humanos recusem reiteradamente tal misericórdia (9:20-21; 16:9,11). Além disso, o juízo de Deus é uma expressão de plenitude para a criação, o ato final necessário antes da sua renovação. Deus, como re-criador da criação, está intimamente relacionado aos papéis divinos de soberano e juiz, mas também aos atributos divinos de fidelidade e misericórdia. O mesmo que se assenta no trono e derrota o mal de uma vez por todas, também virá trazendo juízo e salvação, dizendo: "Estou fazendo novas todas as coisas" (21:5).

David DeSilva demonstra minuciosamente que o Deus de Apocalipse possui nexo com o Deus de Israel das Escrituras. Esse é o Deus que denuncia sistemas de dominação, liberta seu povo (como no êxodo), defende o fiel, governa o cosmo, promete o *shalom* final e demonstra uma paciência extraordinária com a humanidade rebelde — embora não eterna. Somente esse Deus é digno de adoração e de fidelidade suprema.[5]

---

[5] DeSilva, *Seeing Things John's way*, p. 158-74.

Toda essa teologia propriamente dita (doutrina de Deus) deve, contudo, ser compreendida à luz de e segundo Cristo, o Cordeiro, como vimos no capítulo anterior. O Deus de Apocalipse não é uma divindade violenta e caprichosa, no caminho da guerra, mas o Santo de Israel, que, acima de tudo, trouxe a salvação em Cristo.[6]

Cristo, o Cordeiro, a testemunha fiel

Também há uma cristologia completa em Apocalipse.[7] A gama de títulos atribuídos a Cristo é impressionante: testemunha fiel (e verdadeira), primogênito entre os mortos, soberano dos reis da terra, Filho do Homem, primeiro e último, Alfa e Ômega, aquele que vive, Filho de Deus, santo, verdadeiro, Amém, Leão da tribo de Judá, Raiz de Davi, Cordeiro, Senhor, Palavra de Deus, Rei dos reis e Senhor dos senhores, a resplandecente estrela da manhã. Em seu tratamento da teologia de Apocalipse, Richard Bauckham faz um bom resumo da cristologia de Apocalipse. Com respeito à pessoa de Cristo ("o Cordeiro assentado no trono"), Bauckham apresenta Cristo como o Primeiro e o Último, a adoração de Jesus e a identidade divina de Jesus. Com relação à obra de Cristo ("a vitória do Cordeiro e de seus seguidores"), ele explica os títulos de Cristo; a obra de Cristo como guerra messiânica, êxodo escatológico e testemunho; a morte de Cristo como o Cordeiro de Deus; quando os crentes compartilham a vitória de Cristo; a abertura do livro; a derrota da besta; a conversão das nações; a parúsia; e temas correlatos.

Dentre as inúmeras imagens importantes de Jesus em Apocalipse, devemos observar especialmente as duas que merecem maior destaque logo no início de Apocalipse: o Cordeiro e a testemunha fiel. A imagem do Cordeiro que foi morto chama nossa atenção para a morte de Cristo. É um sacrifício, mas também é muito mais. A imagem do cordeiro destaca a vulnerabilidade de Cristo ao testemunhar fielmente.[8] Aqueles que foram libertados pela morte da

---

[6]A não violência do Deus aparentemente violento em Apocalipse é discutida no próximo capítulo.
[7]Veja Witherington, *Revelation*, p. 27-32 e espec. Bauckham, *A teologia do Livro de Apocalipse*, p. 81-126.
[8]Johns, *Lamb Christology*, p. 204.

Testemunha Fiel (1:5) são moldados à sua imagem, também como testemunhas fiéis.

Não menos importante que essas imagens, porém, é o fato de Jesus ser tão plenamente identificado com aquele que está no trono, como observamos no capítulo anterior. Ele também é o Alfa e o Ômega (1:17; 22:13), ele também é digno de adoração (cap. 4), ele também é aquele que há de vir (1:7; 22:12,20), e mais. "O que Cristo faz, Deus também faz",[9] e vice-versa. Mas também — e isso é crucial — *como* Cristo faz é como Deus faz. No Cordeiro de Deus que foi morto, vemos, a um tempo, *que* Deus é no fim das contas vitorioso sobre o pecado e a morte, e *como* Deus é vitorioso sobre o pecado e a morte. O status divino de Cristo, contudo, não o afasta das igrejas. Ele está presente com elas em suas provações (1:13), e o Cordeiro está destinado, curiosamente, a guiar seu povo (7:17), um papel pastoral que ele ainda hoje exerce.

Conforme avançamos por Apocalipse, a imagem de Cristo como guerreiro divino emerge. Não se deve permitir, porém, que essa imagem seja tomada em separado de Cristo, o Cordeiro, e da testemunha fiel. "Seu Messias Jesus [de João] não conquista vitória por ação militar [...]. Entretanto, ainda é uma vitória sobre o mal, alcançada não só na esfera espiritual, mas também na esfera política..."[10]

O Espírito profético-missional

Em Apocalipse, o conceito de Espírito é menos aprofundado que Deus e o Cordeiro, mas o papel do Espírito é ainda assim crucial. O Espírito funciona principalmente como a voz profética de Deus e do Cordeiro, falando às igrejas, mas também trazendo-as à presença de Deus para adoração e para ampliar sua visão; transformando-as em testemunhas fiéis da Testemunha Fiel (Jesus), e confortando-as em tempos de tribulação e de tristeza. João pode estar *em* Patmos, mas ele está *no* Espírito (1:10; 4:2; 17:3; 21:10).

A nomenclatura para o Espírito em Apocalipse é incomum, mas adequada: "os sete espíritos de Deus" (1:4; 3:1; 4:5; 5:6), a plenitude

---
[9]Bauckham, *A teologia do Livro de Apocalipse*, p. 79.
[10]Ibidem, p. 83.

do Espírito de Deus. Desse modo, o Espírito está intimamente vinculado tanto a Deus como ao Cordeiro. Os sete espíritos estão perante o trono de Deus (1:4; 4:5), simbolizando seu relacionamento com Deus. Quando Jesus fala às igrejas, ao final de cada mensagem, ele as instrui: "ouça o que o Espírito diz às igrejas" (2:7,11,17,29; 3:6,13,22). A voz do Espírito, em outras palavras, é a voz de Jesus. O Espírito profeticamente conclama as igrejas a desempenhar seu papel no drama que se desenrola: abandonar a idolatria e ser fiel a Deus, especialmente durante a tribulação. Juntos, o Espírito e a Noiva (Jesus) chamam o povo para experimentar a vida que somente Deus concede (22:17); por isso o Espírito não é apenas profético, mas também missional, enviado por toda a terra (5:6).

O Espírito profético-missional chama a igreja para testemunhar no mundo (19:10). Isso propõe que a associação do Espírito com adoração e visões (1:10; 4:2; 17:3; 21:10) significa que o Espírito capacita a igreja para um testemunho fiel no mundo, ao mantê-la centrada na adoração e ao guiá-la mediante visões de Deus (4:2), do mal (17:3) e da promessa escatológica (21:10) — uma vez que todos são necessários para um testemunho fiel. Por fim, ao agir como o Consolador, o Espírito tranquiliza a igreja de que o testemunho fiel resultará ao fim em descanso e recompensa, não em derrota (14:13).[11]

O MAL PERSONIFICADO: A TRINDADE PROFANA E A PROSTITUTA

O drama cósmico e apocalíptico retratado em Apocalipse tem seus protagonistas, o Deus trino e uno, e seus antagonistas, uma trindade profana, de certa forma análoga, formada por Satanás e duas bestas, uma paródia de Deus-Cristo-Espírito.[12] Esses personagens

---

[11]Sobre o Espírito em Apocalipse, veja tb. Bauckham, *A teologia do Livro de Apocalipse*, p. 127-44.

[12]As semelhanças são um tanto incríveis. Em cada trindade, o primeiro membro (Deus Pai; Satanás) é a fonte do poder e do domínio do segundo (o Cordeiro/Filho; a besta que sai do mar); tanto o primeiro como o segundo são adorados; tanto o primeiro como o segundo se assemelham a figuras de Daniel 7; e o terceiro (o Espírito; a besta que sai da terra) promove e fala pelo segundo.

são desenvolvidos com algum detalhamento em Apocalipse 12 e 13. O capítulo 12 apresenta a narrativa central do conflito de uma perspectiva *cósmica*; o capítulo 13, de uma perspectiva *política*. O capítulo 13 "expõe o sistema político-econômico-religioso romano para representar o domínio do Diabo, como contrário aos propósitos de Deus, e como um sistema escravizante",[13] que de forma fraudulenta exige lealdade indevida. Nos capítulos 17 e 18, o sistema é mais detalhadamente descrito como uma prostituta, ou meretriz, fadada à destruição. É crucial, contudo, que não limitemos essas imagens a figuras e realidades do passado ou a figuras futuras supostamente profetizadas em Apocalipse. As bestas e a Babilônia podem estar, e têm estado, presentes em muitas épocas, lugares e formas.

Um dragão, duas bestas

O dragão e seus dois asseclas estão entre os mais intensos personagens do drama apocalíptico. O dragão é explicitamente identificado como "a antiga serpente chamada Diabo ou Satanás, que engana o mundo todo" (12:9). Ele é vermelho, simbolizando seu envolvimento em mortes, e possui sete cabeças com diademas e dez chifres, símbolos de poder (12:3). Ele não é apenas o enganador, mas também o principal perseguidor do povo de Deus, incluindo o Messias (12:3,4,13-17), embora sua perseguição também possa ser executada por pessoas que acreditem estar fazendo a vontade de Deus (2:9; 3:9). Satanás é a fonte do poder político humano divinizado e idolatrado, descrito no capítulo 13 — algo que já havia sido antecipado de forma nítida na descrição de Pérgamo como local do trono de Satanás (2:13).

A besta que sai do mar é um tipo de encarnação desse poder satânico de perseguição, engano e idolatria, também possuindo sete cabeças e dez chifres (13:1), que são posteriormente identificados como colinas, governantes e reis submissos (17:9,12).[14] Ela faz afirmações públicas blasfemas ("nomes" e "palavras" como senhor,

---

[13]Carter, *Roman Empire*, p. 18.
[14]O dragão e as bestas lembram diversas criaturas mitológicas. "O primitivo monstro do caos erguia mais uma vez sua cabeça horrenda, dessa vez em vestes romanas" (Reddish, *Revelation*, p. 230).

deus, filho de Deus, salvador etc.) sobre seu poder real (13:1,5; cf. 17:3), mas a verdadeira fonte de seu poder é o dragão (13:2,4). Após a besta se recuperar de um ferimento mortal, de forma aparentemente miraculosa e semelhante a uma ressurreição (provavelmente uma alusão a relatos sobre o retorno de Nero), as pessoas passaram a adorar a besta e o dragão (13:3,4) — uma óbvia paródia da ressurreição de Jesus e da consequente adoração de Deus e do Cordeiro. Apesar da besta reinar por curto período de tempo (13:5), ela determina sua adoração por todo o mundo e passa a perseguir a igreja (13:7-9), como se esperaria da descendência de Satanás. Seu número especial é 666 (veja abordagem abaixo) e ela passa a ser chamada de "anticristo"; apesar de o termo em si, como já observamos, não estar presente em Apocalipse.

A segunda besta, que vem da terra, atua principalmente para promover a adoração da primeira besta (13:12). Ela opera com poder que não lhe pertence e por meio de mentiras. Sua aparência de cordeiro é uma máscara para proferir palavras satânicas (13:11), e sua exibição pública de sinais é, na verdade, um jogo de fumaça e espelhos para enganar as pessoas e fazê-las adorar a primeira besta (13:13-15). Ela exige que ricos e pobres recebam igualmente a marca da besta para poderem participar da economia (13:16,17).

A maioria dos intérpretes de Apocalipse identificaria a primeira besta, a que vem do mar (ou seja, que vem do ocidente, através do mar Egeu, para alcançar as cidades da Ásia Menor ocidental), como o império romano, o imperador (talvez um imperador em especial, como Domiciano), ou o poder imperial. A segunda besta, a que vem da terra (ou seja, de origem local), é vista como aqueles que promovem o culto imperial, talvez as autoridades do governo e/ou religiosas dentro e no entorno das cidades como Éfeso e Pérgamo. A marca da besta poderia ser um slogan imperial, um selo ou uma imagem.

A história da interpretação do anticristo é longa e fascinante.[15] Figuras cósmicas e históricas da literatura judaica foram mencionadas de diversas formas pelos escritores do Novo Testamento. Perseguição e/ou engano são as duas funções das diversas figuras do

---

[15] Veja McGinn, *Antichrist*.

anticristo, e o tema se repete ao longo da história da igreja conforme diversas figuras religiosas e políticas são vistas como análogas, ou como o cumprimento da encarnação do mal descrito em Apocalipse e em outras passagens. Diversos papas — mesmo bem antes das famosas denúncias protestantes do papado feitas por Lutero — e personagens políticos têm sido vistos como o anticristo: personalidades mundiais como Napoleão, Hitler, Stalin, Mussolini, Khrushchev e Saddam Hussein; mas também John F. Kennedy e o Papa João Paulo II, pois ambos sofreram ferimentos na cabeça. Grande parte da discussão protestante em torno do anticristo vai na direção do anticatolicismo, e muitas das supostas identificações são propostas ridículas derivadas de um processo interpretativo equivocado.

As identificações a partir do primeiro século, porém, fazem perfeitamente sentido dentro do contexto de Apocalipse, mas até esses símbolos históricos também demandam que a continuidade de sua relevância seja examinada. Reunidos, eles falam sobre megalomania política e sobre qualquer tipo de colaboração entre poderes políticos e restrições religiosas — religião civil — que falsamente afirme representar o Deus verdadeiro e a vontade de Deus. Como escreve Eugene Boring:

> [A] besta não é apenas "Roma" [...] é a arrogância inumana e anti-humana do império que foi plenamente expressa em Roma — mas não somente ali [...] Todos que apoiam a religião cultural, dentro ou fora da igreja, por mais semelhantes ao Cordeiro que possam ser, são agentes da besta. Toda propaganda que incite a humanidade a idolatrar impérios humanos é uma expressão deste poder bestial que procura assumir a aparência do Cordeiro.[16]

O papel do engano nesse tipo de teopolítica é de especial importância, e sua capacidade de impactar as massas é talvez mais notoriamente narrada nos filmes de Hitler falando a miríades de cidadãos comuns na Alemanha nazista (uma espécie de anti-imagem de Apocalipse 7). Uma recente exibição do Museu do Holocausto nos

---

[16]Boring, *Revelation*, p. 156-7.

Estados Unidos sobre propaganda nazista foi devidamente denominada "Estado de Engano". O exemplo da Alemanha nazista, contudo, pode soar para muitos como um exagero extremo. Eugene Peterson, porém, fala sobre o quão "normal" é a política de Apocalipse 12 e 13. Ele corretamente afirma que a política de Deus é a antítese da política normal exibida nesses capítulos, onde a política é vista como o "exercício de poder, quer por meio da manipulação da força (militarismo) ou por meio da manipulação das palavras (propaganda)".[17] Tais tipos de poder não estão restritos aos alvos fáceis de críticas, como os regimes totalitários.

A função da propaganda é fazer o mal parecer bom, o demoníaco parecer divino, o violento parecer pacificador, o tirânico e opressor parecer libertador. Ela faz uma fidelidade cega e incondicional parecer uma devoção religiosa razoável e de livre escolha. A grande mentira não parece de início um engano, mas apenas um exagero retórico. O exagero se aprofunda, alarga e amplia em um processo de autodistorção quase orgânico. Com o tempo, a retórica se transforma em falsidade descarada, mas então as pessoas não terão apenas passado a acreditar na mentira, mas a viver a mentira — ao longo do tempo a mentira passa a fazer parte da história delas. Nesse momento, o exagero que se tornou falsidade se transforma em algo indiscutível e em uma verdade *incontestável*, com efeitos altamente nocivos. O mal em nome do que é bom e em nome de Deus é agora quase inevitável, visto que a mentira age como um apocalipse, uma revelação religiosa que somente um verdadeiro Apocalipse pode revelar.

O 666 de Apocalipse 13

A primeira besta é notoriamente identificada como uma pessoa cujo número é 666 (13:18), um dos números simbólicos e envoltos em superstição mais conhecidos de todos os tempos. Enquanto escrevia este livro, minha esposa e eu tivemos de comprar um novo carro. Após consultar seu gerente, o vendedor que nos atendia voltou com um preço por escrito que terminava em 666, mas fora riscado e

---

[17]Peterson, *Reversed thunder*, p. 118. Veja tb. p. 123

substituído por 665. "Meu gerente não gosta desse número", explicou o vendedor. Ele não é o único. Recentemente ouvi um comentário semelhante em um mercado, onde minha conta somou US$ 6,66. Quando era adolescente, não gostava de ligar para um amigo que tinha o prefixo 666; recentemente, os residentes de uma cidade em Louisiana tiveram a opção de alterar o prefixo de seus telefones de 666 para 749. Existe até um termo técnico para o medo desse número: hexacosioihexecontahexafobia.

De modo simbólico, o 666 deve provavelmente ser compreendido como uma paródia da perfeição, que seria o 777. A pessoa que ostenta o número finge em vão ser divina, incorporando em vez disso uma "imperfeição absoluta".[18] Mas o número também deve ser interpretado como um exemplo de gematria, a antiga prática de atribuir significado à soma matemática das letras em uma palavra, em sistemas nos quais as letras são usadas para representar numerais, seja hebraico, grego ou latim. Falaremos mais sobre isso rapidamente.

Ao longo dos séculos, inúmeras personalidades se candidataram a trazer o cumprimento do 666, ou a assumir o papel do anticristo. Adaptações modernas de princípios da gematria têm levado as pessoas a propor Adolf Hitler (se a = 100, b = 101, c = 102 etc., Hitler = 666); Henry Kissinger (cujo nome em hebraico supostamente teria o valor de 111 [x 6 = 666]); o ex-presidente Ronald Wilson Reagan (seis letras em cada nome[19]); Bill Clinton (cujo nome supostamente somaria 666 em hebraico e grego); e Barack Obama. Outras associações com o 666 também têm sido vistas como evidências do anticristo: John F. Kennedy recebendo 666 votos na Convenção Democrata de 1956 (e mais tarde ferido na cabeça; veja Apocalipse 13:3); Ronald e Nancy Reagan se mudando para uma casa com o número 666; e assim por diante.

Muitos, talvez a maioria dos estudiosos da atualidade, acreditam que o 666 é uma referência ao imperador Nero, pelas seguintes razões[20]:

---

[18] Richard, *Apocalypse*, p. 112-3.
[19] Ou 616 se a pessoa usar "W" em vez de Wilson. (Veja a abordagem sobre o 616 abaixo.)
[20] O formato e parte do conteúdo dessas pequenas tabelas foi adaptada de Prévost, *How to read the Apocalypse*, p. 38-9.

Conflitos e personagens: o drama de Apocalipse

1. O grego para César Nero, *nerōn kaisar*, é transliterado para o hebraico como NRWN QSR (leitura da direita para a esquerda) e, usando a gematria hebraica, com os valores numéricos convencionais mostrados abaixo, a soma é 666:

Soma	Resh (ר) R	Samech (ס)S	Qof (ק) Q	Nun (נ/ן) N	Waw (ו) W	Resh (ר) R	Nun (נ/ן) N
666	200	60	100	50	6	200	50

2. As mesmas duas palavras também podem ser transliteradas sem o "n" final em *nerōn* para o hebraico como NRW QSR:

Soma	Resh (ר) R	Samech (ס) S	Qof (ק) Q	Waw (ו) W	Resh (ר) R	Nun (נ/ן) N
616	200	60	100	6	200	50

Isso apresenta a soma de 616, que é o número que efetivamente aparece em alguns manuscritos de Apocalipse.[21] Richard Bauckham e outros acreditam que a existência dessas duas variantes de manuscritos, com ambas "correspondendo" a valores para Nero, demonstra de forma conclusiva que o texto dizia respeito a Nero.[22]

3. Gematria com hebraico e grego também pode, contudo, produzir nomes de outros imperadores. Por exemplo, o 616 pode representar Calígula (com o grego transliterado para hebraico) ou Caio, nome de batismo de Calígula (somente em grego). E 666 pode representar Domiciano. Em meados do último século, o estudioso alemão Ethelbert Stauffer pegou os títulos abreviados de Domiciano, representados em moedas e inscrições: *Imperator Caesar Domitianus Augustus Germanicus*, em latim, ou *Autokrator Kaisar Dometianos Sebastos Germanikos*, em grego; abreviou como A ΚΑΙ ΔΟΜΕΤ ΣΕΒ ΓΕ (*a kai Domet Seb Ge*), e derivou 666 a partir dessa abreviação comum:

---

[21]P. ex., veja Oxyrnchus Papyrus LVI 4499 (fim do terceiro/início do quarto século): http://www.csad.ox.ac.uk/POxy/beast616.htm.
[22]Veja Bauckham, *Climax*, p. 384-452.

Lendo Apocalipse *com* responsabilidade

A	K	A	I	Δ	O	M	E	T	Σ	E	B	Γ	E	Soma
A	K	A	I	D	O	M	E	T	S	E	B	G	E	
1	20	1	10	4	70	40	5	300	200	5	2	3	5	666

Todos esses cálculos apontam a probabilidade de que 666 indique, em um nível literal, uma figura imperial que, de forma assaz ímpia, simula ser Deus. Como outras formas de simbolismo em Apocalipse, essa identificação não encerra a discussão do significado do número 666. Embora não devamos ficar em busca de um indivíduo específico, que possa ser o anticristo "profetizado" e esteja de alguma forma associado ao número 666, devemos estar sempre atentos para identificar e se afastar de poderes políticos que reivindiquem status de divindade ou quase divinos; ou que "simplesmente" aleguem ser divinamente abençoados e exijam fidelidade total, ou "simplesmente" incondicional. Algumas vezes, esse distanciamento pode sair caro, muito caro. Tal distanciamento pode ter de se tornar desobediência. A importância simbólica da segunda besta, contudo, é que por causa do poder sedutor de sua propaganda a favor da besta, identificar e então evitar ou desobedecer a afirmações idólatras tão poderosas é extraordinariamente difícil. Somente jejum e oração, como Jesus uma vez disse, pode expulsar esse demônio.

Apocalipse 17 e 18: Babilônia, a prostituta

A "grande meretriz" (17:1, NRSV), ou prostituta do capítulo 17, é chamada Babilônia (17:5); uma figura semelhante a Jezabel e uma paródia das imagens femininas de *Roma Aeterna* e *Dea Roma* (Roma Eterna e Deusa Roma). Ela está "assentada" sobre muitas águas (pessoas; 17:15) e sobre a besta blasfemadora com sete cabeças (17:2,3). As cabeças são identificadas (17:9,10) como sete montanhas (como as sete colinas de Roma) e como sete reis (a plenitude de imperadores). Recoberta de vestes luxuosas, a prostituta copulou com os habitantes da terra e se embriagou com o sangue dos santos (17:2-6); e, como a cidade todo-poderosa que governa sobre todas as outras (17:18), ela possui dez reis subservientes em suas mãos que farão guerra contra o Cordeiro, mas acabarão se voltando contra ela (17:12-17).

Conflitos e personagens: o drama de Apocalipse

A meretriz da Babilônia, de Albrecht Dürer, c. 1496-1498.

Babilônia, a grande meretriz, a cidade sedutora e ufanista, é a antítese do povo/cidade de Deus: a mulher no capítulo 12, a noiva do Cordeiro dos capítulos de 19 a 22, a nova Jerusalém dos capítulos 21 e 22. E a prostituta permanece entre nós. Não é preciso ser um ativista político ou um teólogo da libertação para reconhecer o poder contínuo da "Babilônia". O estudioso do Novo Testamento Bruce Metzger, escrevendo em 1993, disse o seguinte:

> A Babilônia é uma alegoria da idolatria que qualquer nação comete quando enaltece a abundância material, a proeza militar, a sofisticação tecnológica, a grandiosidade imperial, o orgulho racial ou qualquer outro tipo de glorificação da criatura acima do Criador [...] A mensagem do livro de Apocalipse refere-se [...] ao juízo de Deus

não apenas sobre pessoas, mas também sobre nações e, na verdade, sobre principados e poderes — ou seja, todas as autoridades, corporações, instituições, estruturas, burocracias e afins.[23]

Até mesmo, acrescenta Metzger, as igrejas cristãs.

A IGREJA/O POVO DE DEUS

Já percebemos, examinando Apocalipse 2 e 3, que a igreja em Apocalipse é uma entidade imperfeita, e que tanto igrejas como cristãos individuais vivem dentro de um espectro que oscila entre a fidelidade e a infidelidade. Apesar dessa realidade existencial, João insiste que a igreja é um povo que foi liberto e perdoado pelo sangue (morte) do Cordeiro (1:5; 5:9); que ela produz servos fiéis e "vitoriosos" que confirmaram sua identificação com o sangue do Cordeiro ao derramarem seu próprio sangue (6:10; 7:14); e que está destinada à vitória e glória finais, simbolizadas especialmente pelas vestes brancas (3:4,5; 4:4; 6:11; 7:9,13,14; 19:14; 22:14). Como o próprio Jesus, a igreja é simbolizada pelas cores vermelho e branco: imolada, porém vitoriosa.

Apocalipse nos traz diversas visões que nos falam ainda mais sobre como o autor compreende a igreja, parte do povo de Deus, dentro do drama cósmico. Deve-se notar logo de saída que, embora João não use a frase "o povo de Deus", ele parece trabalhar a partir da perspectiva dessa entidade. Esse povo é mais vividamente representado pela mulher do capítulo 12, que é descrita como "vestida do sol, com a lua debaixo dos seus pés e uma coroa de doze estrelas sobre a cabeça" e "prestes a dar à luz" (12:1-4). O dragão (identificado como o Diabo/Satanás/a serpente) deseja devorar a criança, um filho "que governará todas as nações com cetro de ferro" (12:5; cf. Salmos 2), mas a criança é levada para o trono de Deus. A mulher foge para o deserto, onde é protegida e sustentada por Deus, mas continua sendo perseguida pela serpente, que agora deseja "guerrear contra o restante da sua descendência", identificada como "aqueles que obedecem aos

---

[23]Metzger, *Breaking the code*, p. 88.

mandamentos de Deus e se mantêm fiéis ao testemunho de Jesus" (12:17; cf. "nossos camaradas", ou irmãos; 12:10).

Essa visão sugere que a mulher não é primordialmente um indivíduo (como Maria, a mãe de Jesus), mas um símbolo para todo o povo de Deus, de quem procede primeiro o Messias Jesus e então os demais filhos. O que eles têm em comum como povo de Deus é que são alvos do ataque cósmico de Satanás. Os cristãos perseguidos, mas fiéis, da época de João são parte de um corpo maior de testemunhas fiéis que formam o povo de Deus ao longo das eras. Esse corpo incluiria os doze patriarcas de Israel (mais, implicitamente, todos os fiéis em Israel) e os apóstolos (mais, implicitamente, todos os cristãos fiéis antes do tempo de João), pois esses parecem se unir para formar os 24 anciãos que adoram a Deus (p. ex., 4:4,10) e cujos nomes adornam os portões da Nova Jerusalém (21:12-14). Ele inclui outros "santos e profetas" fiéis, cujo sangue foi derramado (16:6; 18:24). Ele também incluiria, logicamente, as testemunhas fiéis dos dias do próprio João, quer ainda vivas ou recolhidas ao céu por causa de seu testemunho intrépido de Jesus (12:11; 17:6). E ele inclui o próprio Messias, precursor dentre os fiéis.

Testemunhas fiéis

A característica mais importante da igreja como povo de Deus em Apocalipse é seu chamado para ser testemunha fiel (p. ex., 2:10; 17:14). Esse chamado deve ser atendido, mesmo que diante de pressões causadas por oposições e tentações. Ele está alicerçado em Jesus, a testemunha fiel (1:5; 3:14; 19:11), e é exemplificado em João, a testemunha fiel então em Patmos (1:9), no mártir Antipas de Pérgamo (2:13), e em todas as testemunhas fiéis/mártires que já estão no céu (6:9-11; 7:13-17; 12:11; 17:6). O chamado também é destacado pela visão de uma parábola com duas testemunhas (11:1-13).[24] A incumbência de João de ser uma testemunha fiel, profética e semelhante a Cristo é reafirmada na visão em que recebe um livro agridoce para comer (10:8-11; cf. Ezequiel 3:3), mas o João exilado então reconhece que Deus também havia chamado

---

[24] Veja a sucinta mas criteriosa análise em Bauckham, *A teologia do Livro de Apocalipse*, p. 100-4.

outros para serem suas testemunhas. Seu testemunho profético dado em meio às nações (simbolizado pelo pátio dos gentios no templo, em 11:2) fez com que eles participassem do destino de seu fiel Senhor — tanto da morte como da ressurreição. Como Peterson diz:

> O lugar de adoração é protegido, mas não o lugar de testemunho. O pátio dos gentios, onde é dado o testemunho, não é medido [protegido]. [...] O testemunho ocorre diante da hostilidade [...] A testemunha pode ser um herói para os cristãos; mas, no mundo, a testemunha é solitária, suspeita, ignorada e, algumas vezes, maltratada.[25]

A tarefa de uma testemunha é se pronunciar corajosamente com palavras e atos, dando testemunho da verdade de Deus e profetizando contra toda falsidade que distorce e ridiculariza a verdade divina. Ela testifica a visão que Deus lhe deu na esperança de que os outros se arrependam do erro e se voltem para a verdade, mas seu sucesso é medido, não pela quantidade de convertidos, mas pela perseverança de seu testemunho. Isso sugere que a igreja deve ser missional e profética, uma comunidade martirológica, um ajuntamento de testemunhas.

Um chamado assim é difícil e perigoso, mas carrega consigo a promessa da proteção de Deus no presente e da recompensa de Deus no futuro. A proteção, simbolizada em Apocalipse pela antiga prática do selo (7:3-8; 9:4; em contraste com a marca/selo antagônico da besta em 13:16,17; 14:9,11; 16:2; 19:20; 20:4), *não* significa que a igreja seja poupada de toda tentação e tribulação, mas que é resguardada de ser derrotada por essas realidades inevitáveis. Ou seja, é e será vitoriosa.

É difícil afirmar se as testemunhas em Apocalipse são bem-sucedidas em chamar os demais para adorar a Deus e seguir o Cordeiro mediante seu testemunho. Há, porém, três indícios de evidência que sugerem sucesso. Primeiro, logo após a morte e ressurreição das duas testemunhas, há um terremoto que mata apenas um décimo da população, enquanto os demais glorificam a Deus

---

[25]Peterson, *Reversed thunder*, p. 112.

(11:13). Em segundo lugar, os mártires são as primícias da salvação (14:4), deixando implícito que haverá uma maior colheita de crentes (14:14-16). E, em terceiro lugar, a Nova Jerusalém é habitada por uma multidão de pessoas e nações (caps. 21 e 22, antecipados em 15:2-4).[26]

Uma comunidade martirológica multinacional

Esses dois estados da igreja — como um povo peregrino e perseguido agora, e como um vasto povo celestial e triunfante mais tarde — são graficamente apresentados em Apocalipse 7, um dos mais importantes textos sobre a igreja em todo o Novo Testamento. Sua função dramática e retórica como um interlúdio entre o sexto e o sétimo selos não reduz, mas aumenta sua relevância teológica.

Na primeira parte do capítulo (7:1-8), vemos a igreja sobre a terra, situada em meio à tribulação associada aos sete selos de juízo. Ela é descrita como as 144.000 pessoas seladas de todas as tribos de Israel (7:4), estabelecendo uma continuidade entre a igreja e o povo escolhido original. Esses 144.000 tiveram suas testas seladas, recebendo a marca da identidade como povo de Deus e da proteção de Deus sobre eles durante a tribulação (7:3 *versus* 13:16,17; veja os precedentes do Antigo Testamento em Êxodo 12:23; Ezequiel 9:4). Aqui, assim como mais adiante no capítulo 12, "os cristãos fiéis são preservados através, e não livres, da grande perseguição que está prestes a ser deflagrada sobre eles".[27]

Na segunda parte do capítulo (7:9-17), temos uma visão da igreja no céu, onde há uma multidão inumerável formada de pessoas de diversas nações, todos vestidos de branco (simbolizando vitória e ressurreição), festejando a salvação vitoriosa de Deus e do Cordeiro. Esses são aqueles que "vieram da grande tribulação" (7:14) e já experimentaram algumas das bênçãos da realidade escatológica retratada mais adiante em Apocalipse 21 e 22 (7:15-17).

Alguns intérpretes entendem que os 144.000 e/ou a multidão são apenas os mártires que morreram na tribulação, mas é mais provável que cada grupo represente a igreja como um todo. Em todo

---

[26]Ênfase semelhante é encontrada em Bauckham, *A teologia do Livro de Apocalipse*, p. 115-21.
[27]Boring, *Revelation*, p. 128.

caso, porém, as imagens comunicam duas dimensões cruciais da igreja: (1) seu caráter multicultural e internacional, e (2) a recompensa que ela recebe por seu testemunho fiel. Essa última é reforçada no capítulo 11.

A bela visão de "uma grande multidão que ninguém podia contar, de todas as nações, tribos, povos e línguas, de pé, diante do trono e do Cordeiro, com vestes brancas e segurando palmas" (Apocalipse 7:9) está — ou deveria estar — no cerne do autoconhecimento da igreja. *Eis o que Deus busca no mundo*. Enquanto concluía este livro, fiz minha sexta peregrinação a Taizé, uma comunidade ecumênica de oração e reconciliação na região central da França. Cantar e orar em diferentes idiomas com milhares de pessoas, jovens e idosos juntos, oriundos de diversas partes do mundo, para mim é sempre uma amostra do povo celestial e multicultural de Deus que encontramos em Apocalipse.

A visão de uma realidade celestial, e em última análise escatológica (veja "a cura das nações" em 22:2), é fundamental para a missão da igreja de evangelização global, sua obra de paz e justiça entre as nações e sua rejeição de todas as formas de nacionalismo. Lamentavelmente, os cristãos são muitas vezes atraídos por uma ou outra dessas marcas essenciais da igreja, em vez de serem atraídos por todas ao mesmo tempo. A fé cristã contemporânea, se fosse inspirada pela visão em Apocalipse 7, não ficaria mais dividida entre aqueles que querem converter os perdidos e aqueles que trabalham pela paz. Participar na *missio Dei* nunca combinou, e continua sem combinar, com um cristianismo estilo cafeteria, no qual a pessoa escolhe quais passagens e doutrinas lhe convêm.

Se os cristãos ao redor do mundo verdadeiramente vissem a si mesmos como parte dessa comunidade internacional, e adotassem integralmente essa membresia como sua principal fonte de identidade, missão e lealdade, é improvável que tantos cristãos conseguissem manter fidelidades nacionais profundas, ou desconfianças em relação a estrangeiros. Isso exigiria uma transformação radical em grande parte da igreja cristã, uma reconquista da sabedoria da igreja primitiva. Um texto do segundo século intitulado *Epístola a Diogneto* captura o espírito de Apocalipse 7 (e provavelmente de todo o Novo Testamento), oferecendo o que seria seguramente a atitude mais adequada para os cristãos tomarem em relação ao país no qual vierem a viver:

> [Os cristãos] habitam seus próprios países, mas apenas como estrangeiros. Em tudo participam como cidadãos, e tudo suportam como estrangeiros. Toda terra estrangeira é sua pátria; contudo, para eles, toda pátria é uma terra estrangeira (5:5,6).

Algumas formas de amor pelo lar e pelo país podem ser adequadas e benéficas, especialmente quando equilibradas pela valorização de outras culturas. Todavia, é difícil compreender como uma igreja que leva Apocalipse 7 (e 21 e 22) a sério poderia tolerar, quanto mais promover ou praticar, qualquer forma de nacionalismo como o que definimos aqui. Até mesmo o patriotismo, à luz da visão de Apocalipse 7, precisa ser mais crítico que entusiasta, ou até mesmo cauteloso[28]: em algum momento, a maior parte, senão todas as suas formas acabarão por entrar em conflito, ou ao menos deveriam, com o *éthos* de Apocalipse 7, quando, então, uma escolha deverá ser feita. Infelizmente, para muitos cristãos, essa escolha está praticamente predefinida por causa de sua posição, não apenas na sociedade, mas também — e algumas vezes mais especialmente — na igreja.

O que pode estar faltando não é apenas uma eclesiologia (teologia da igreja) global adequada, mas também um conhecimento e devoção aos heróis da igreja, especialmente seus mártires. A atual escassez de mártires na igreja ocidental pode ser bem-vinda, mas nossa amnésia em relação aos mártires do passado e nossa ignorância a respeito de mártires contemporâneos em outras partes do mundo são trágicas. Além de falhar na prática da comunhão dos santos, essa insuficiência também alimenta o desejo por heróis e mártires nacionais. Na história da igreja, sempre houve uma forte correspondência entre a ausência de heróis e mártires cristãos e a presença de um compromisso quase religioso com o estado-nação e seus heróis e mártires — em outras palavras, a religião civil.

---

[28] Veja Sittser, *A cautious patriotism*.

Isso não ocorre apenas porque a ausência de martírio significa que o estado não está perseguindo a igreja (e parece até protegê-la), mas também porque os cristãos sabem por instinto que coletivamente precisam ter algo maior pelo qual viver e morrer. Sem uma conexão próxima com os santos e mártires da igreja, os cristãos vão muitas vezes seguir a norma cultural e colocar seu estado-nação (ou tribo, ou raça), e não o evangelho, como seu motivo maior. Ainda que a presença dessa conexão com santos e mártires certamente não garanta a derrota do nacionalismo e da religião civil, sua ausência contribui grandemente para seu triunfo.

Guerreiros messiânicos

Com tudo isso em mente, podemos agora nos voltar rapidamente para a imagem de Apocalipse, na qual a igreja surge como participante na guerra messiânica (assunto que voltará a ser abordado no próximo capítulo). Ao contrário das cenas em certos livros e filmes sobre "o fim dos tempos", a guerra em Apocalipse não é literal, e a melhor prova disso é seu personagem paradoxal: os seguidores de Jesus compartilham de sua vitória por meio de um testemunho fiel e de uma morte sacrificial, não por meio de embates militares violentos.[29] "Se alguém há de ir para o cativeiro, para o cativeiro irá. Se alguém há de ser morto à espada, à espada haverá de ser morto. Aqui estão a perseverança e a fidelidade dos santos" (13:10). Em outras palavras, se Apocalipse narra o drama divino e convida a igreja a tomar parte neste drama, seu papel é o da testemunha fiel, ou de *pacifismo ativo*, ainda que diante de um império maligno. Esse papel pode nos deixar alarmados. Apocalipse, como vimos, é repleto de paradoxos e surpresas.

AS NAÇÕES E SEUS HABITANTES

Os fiéis, logicamente, não são os únicos seres humanos no cenário do conflito cósmico e político. A palavra "nações" aparece dezenove vezes em Apocalipse, e diversos grupos de pessoas são retratados, seja como colaboradores (reis da terra e negociantes — representando

---

[29]Bauckham, *Revelation*, p. 77.

aqueles que amam o poder político e econômico, respectivamente; 18:3), ou como vítimas ("vidas humanas", talvez escravos; 18:13) da Babilônia. Os juízos decretados por Deus parecem ser um chamado ao arrependimento, mas é difícil encontrar evidências de verdadeiro arrependimento em Apocalipse. A sentença final não parece boa para os reis da terra que se prostituíram (19:18-21) ou para o povo comum que enfrenta o juízo de Deus (20:12-15; 21:8) — incluindo até alguns que acreditavam estar entre os fiéis (2:5,16,23; 3:3,5,16).

Apesar dessa tensão dramática no livro, fica claro que o objetivo divino final é a salvação da humanidade e a cura das nações (21:22-27). Parece que até mesmo alguns dos antigos conspiradores da Babilônia serão remidos ("os reis da terra"; 21:24). Deus e o Cordeiro estarão com eles, reinando com justiça como o Senhor de todos (15:3,4).

RESUMO

Neste capítulo, esboçamos os principais atos do drama que se desenrola em Apocalipse e examinamos seus principais personagens, dando especial atenção à trindade profana e à igreja. Estamos agora preparados para examinar as visões de juízo e salvação, prestando maior atenção às questões teológicas, não apenas aos aspectos da exegese.

QUESTÕES PARA REFLEXÃO E DEBATE

1. De que modo ver Apocalipse como um drama com personagens melhora nossa leitura e entendimento do texto?
2. Como você explica o fascínio perene com o número 666 e o anticristo? Onde você percebe poderes associados à Babilônia e ao anticristo em ação atualmente?
3. Quais são algumas das formas específicas pelas quais a igreja pode testemunhar contra tais poderes em benefício do mundo?
4. Que formas práticas os cristãos, que não são pobres ou perseguidos, podem desenvolver para uma maior conexão com aqueles que o são?

CAPÍTULO 8 | # Visões do juízo de Deus

(APOCALIPSE 6—20)

Quando a maioria das pessoas usa a palavra "apocalipse", pensa em destruição total e completa: o resultado do juízo divino sobre um mundo que deu errado. "Há um impulso irresistível rumo ao juízo em Apocalipse", escreve um intérprete.[1] Isso é certamente verdadeiro, mas se lermos Apocalipse com atenção e responsabilidade — que nesse aspecto significa especificamente como uma literatura simbólica e narrativa — chegaremos a um entendimento mais sutil do texto apocalíptico e do juízo divino. As principais controvérsias deste capítulo, todas intimamente relacionadas entre si, são quatro[2]:

- As visões de juízo em Apocalipse, em última análise, não conflitam com a visão central e centralizadora de Deus e do Cordeiro nos capítulos 4 e 5.
- As visões em Apocalipse de juízo sobre o mal — especialmente o mal da idolatria e da opressão imperial — devem ser compreendidas como *símbolos*, não como *descrições*, da atividade divina.
- As visões de juízo em Apocalipse simbolizam o *penúltimo* ato de Deus na história humana, não seu ato *final* (derradeiro). Ou seja, o juízo é um meio para um fim; seu objetivo é a salvação

---

[1]Schnelle, *Theology of the New Testament*, p. 770.
[2]Veja tb. Boring, *Revelation*, p. 112-9.

escatológica, a criação de um novo céu e de uma nova terra, onde a humanidade descobrirá sua verdadeira *raison d'être* [razão de ser] e pessoas reconciliadas prosperarão unidas na presença de Deus e do Cordeiro.
- As longas e detalhadas visões de juízo em Apocalipse não se destinam primordialmente à "Babilônia", mas à igreja. João está projetando imagens de alta definição, com o volume no máximo, e bradando: "Babilônia está condenada! Nada é mais certo que isso". Como em toda retórica, a repetição tem o objetivo de enfatizar, e a mensagem comunica tanto uma promessa quanto uma advertência.

Antes de examinarmos brevemente os textos em Apocalipse que descrevem o juízo de Deus — o espaço não nos permite mais que isso — precisamos fazer uma observação e então considerar a primeira afirmação listada acima.

Primeiramente, a observação: ao menos algumas vezes, o juízo de Deus em Apocalipse assume a forma das próprias práticas imperiais, ou das consequências de tais práticas. Guerra, fome, pestes, morte, mercado financeiro injusto e rebelião são flagelos retratados do capítulo 6 ao 20, sendo todos males humanos e não eventos cósmicos.[3]

Em segundo lugar, a questão teológica levantada pela primeira afirmação: se tomarmos Apocalipse 4 e 5 como a visão central do livro, teremos um aparente conflito ao examinarmos o tópico do juízo divino. Vimos anteriormente (no final do cap. 6) que Apocalipse *não* possui duas cristologias e teologias contraditórias — uma de poder e uma de fraqueza — simbolizadas respectivamente pelo Leão e pelo Cordeiro. Em vez disso, Apocalipse apresenta Cristo como o Leão que reina *como* o Cordeiro, não *apesar de* ser o Cordeiro. Isso também significa que Apocalipse apresenta Deus como aquele que reina *por meio* do Cordeiro, não *a despeito do* Cordeiro. "Poder

---
[3]Richard (*Apocalypse*, p. 86) chega a afirmar que as piores pragas cósmicas das trombetas e dos cálices não são desastres "naturais", mas "consequências diretas da estrutura de dominação e opressão" e "as agonias da história que o próprio império causa e sofre [...] por sua própria idolatria e anarquia". Hoje, diz ele, temos "os resultados desastrosos da destruição ecológica, da corrida armamentista, do consumismo irracional, da lógica idólatra do mercado, e do uso irracional da tecnologia e dos recursos naturais".

do Cordeiro" é "poder de Deus", e "poder de Deus" é "poder do Cordeiro". Se essas afirmações não fossem verdadeiras, então Jesus não seria uma testemunha fiel em nenhum aspecto relevante. E, mais importante, a afirmação primordial do livro de que Cristo é digno de adoração divina seria incoerente, porque Cristo seria essencialmente diferente — e um ser distinto — de Deus.

Tudo isso significa que o juízo de Deus/Cristo em Apocalipse deve ser uma expressão da identidade divina que não entra em conflito com o poder do Cordeiro. O julgamento do mundo tem origem em sua incapacidade de crer e ser fiel a este Deus. Quando ele cria suas próprias divindades, sofre as consequências naturais de divinizar aquilo que não é divino. Nesse sentido, o juízo procede do trono de Deus e do Cordeiro (6:16-17), porque a rejeição do dom divino da vida traz consigo consequências intrinsicamente mortais. A ira desce do trono de Deus, portanto, não porque o poder imperial e o poder do Cordeiro coexistam em Deus, mas porque, quando os humanos rejeitam o poder do Cordeiro, eles o vivenciam como um desastre imperial — desejo enlouquecido, morte e destruição.

Voltaremos, e ampliaremos, esses pontos — e as demais afirmações básicas sobre o juízo divino em Apocalipse — após refletir sobre alguns aspectos das visões em si. Dedicaremos maior atenção a Apocalipse 17 e 18.

VISÕES DE JUÍZO EM APOCALIPSE

Como sugere o esboço do livro apresentado no capítulo 2, Apocalipse retrata o juízo de Deus em grupos de sete cenas: sete selos (6:1—8:1); sete anjos com trombetas (8:2—11:19); e sete anjos com taças (15:1—16:21, com a sétima taça ampliada e então festejada, como em um encerramento, em 17:1—19:10). Mas ainda não se trata do desfecho da história, pois Cristo aparece para executar juízo em seu cavalo branco, como a Palavra de Deus e como Rei dos Reis e Senhor dos Senhores, trazendo na cabeça muitas coroas e vestido com um manto tingido de sangue, para guerrear com a espada que sai de sua boca (19:11-21). No entanto, ainda não é o desenlace final, porque após 1.000 anos com Satanás aprisionado (20:1-6), ocorre enfim o *grand finale*: o juízo final, quando a trindade profana (o Diabo, a besta e o falso profeta), os impenitentes, a morte e o Hades encontram seu destino (20:7-15).

As visões de juízo ocupam aproximadamente metade do livro e, na ausência de melhor motivo, devem ser levadas a sério por essa razão. Além disso, o tema do juízo — tanto sobre a igreja quanto sobre o mundo — surge fora dessas visões com sete partes, é prenunciado na visão inicial de Cristo (1:16, que menciona a espada afiada de dois gumes que sai de sua boca), incluído em visões mais curtas, textos de hinos e em outros itens nos capítulos 6 a 20.[4]

Essas visões são simbólicas, não literais. Com relação à 19:1-9, por exemplo, Bruce Metzger diz que se trata de:

> Simbolismo no mais alto grau [...] Jamais veremos o "cavalo branco", ou a espada saindo da boca do conquistador, ou pássaros se fartando com a carne de guerreiros mortos (19:21). As descrições não são relatos de ocorrências reais, mas símbolos de ocorrências reais. A mensagem que João comunica por meio desse simbolismo é de que o mal será certamente derrotado. Aqui essa mensagem é apresentada em imagens apocalípticas de realismo quase repulsivo.[5]

Podemos até nos perguntar sobre qual seria a função de um simbolismo assim tão vívido. Examinadas individualmente ou em conjunto, essas visões de juízo criam uma experiência literária, retórica e emocional de choque e espanto. Seu principal propósito, contudo, não é inspirar medo, mas servir para despertar aqueles que estão adormecidos, não apenas na vida, mas também no império.

Sete selos, quatro cavaleiros

Os merecidamente famosos quatro cavaleiros de Apocalipse (6:1-8), os quatro primeiros dos sete selos no livro aberto pelo Cordeiro, parecem representar uma série de eventos que a história humana já

---

[4]Para juízo (ou ameaças de juízos) sobre as igrejas, veja 2:5, 16; 3:3, 18. Cf. 1Pedro 4:17: "Pois chegou a hora de começar o julgamento pela casa de Deus; e, se começa primeiro conosco, qual será o fim daqueles que não obedecem ao evangelho de Deus?"
[5]Metzger, *Breaking the code*, p. 92.

conhece bem: conquista, colapso da paz, morte na guerra, injustiça econômica, fome e doenças. "Esse primeiro maremoto de imagens violentas expressa a percepção apocalíptica de que o sofrimento do mundo é *permitido* por Deus, mas é mais fundamentalmente uma consequência do *pecado*".[6] É claro que estaríamos equivocados em não ver esses eventos também como punição divina, semelhante ao efeito de bola de neve desencadeado no mundo, conforme comenta Paulo em Romanos 1:18-32.[7] A questão "pecado humano ou punição divina?" pressupõe uma falsa dicotomia e requer uma escolha desnecessária; a resposta é evidentemente: "ambos". Contudo, é lógico que o pecado precede o juízo, e não se trata da vontade de Deus.

Desse modo, a guerra e suas consequências não justificam que os homens, principalmente os cristãos, peguem em armas. Ao comentar sobre o segundo cavalo, o cavalo vermelho, Eugene Peterson escreve:

> Durante um tempo, estampada em letras grandes nas manchetes, a guerra é percebida como um mal, e há orações pela paz. Todavia, isso não dura muito, pois logo ela é glamourizada como patriótica ou racionalizada como justa. Mas a guerra é um cavalo vermelho, sangrento e cruel, que torna a vida miserável e terrível [...] O ardil perene é glorificar a guerra até que a aceitemos como um meio adequado de alcançar objetivos. Mas ela é maligna. Cristo se opõe a ela. Cristo não se assenta no cavalo vermelho, jamais.[8]

Sete trombetas, sete cálices

Tanto Apocalipse 8:6—9:21 quanto 16:1-21 se valem de eventos históricos e de realidades culturais para descrever o juízo vindouro de Deus. As fontes mais óbvias são as pragas narradas no livro de Êxodo, mas outros relatos bíblicos de juízo (como os gafanhotos em Joel) também influenciam as imagens utilizadas. Além disso, o medo contínuo de desastres naturais na forma de destruição por terremotos, e de desastres causados pelo homem na forma de destruição por

---

[6]Howard-Brook e Gwyther, *Unveiling empire*, p. 142.
[7]Veja tb. Rowland, "The Book of Revelation", p. 530.
[8]Peterson, *Reversed thunder*, p. 77.

invasões (especialmente por parte dos Partas do oriente) alimentam essas visões. "O poeta apresenta uma sucessão de imagens improváveis e deixa que elas trabalhem em nossa imaginação, em metáforas que se retroalimentam."[9] Nas trombetas e nos cálices, conforme escreve Richard Bauckham:

> João tomou alguns dos piores medos e experiências de seus companheiros de guerra e desastres naturais, e os levou a proporções apocalípticas, moldando-os em termos biblicamente alusivos. O objetivo não é prever uma sequência de acontecimentos, mas, sim, evocar e explorar o significado do julgamento divino que está próximo em um mundo cheio de pecados.[10]

A diferença mais importante entre as trombetas e as taças é o escopo das últimas (p. ex., todas as criaturas marinhas morrem em 16.3, não apenas um terço, como em 8.9), indicando o caráter definitivo desse juízo. Dentre as sete taças, há a famosa sexta taça, com sua referência ao Armagedom (16:12-16). Apesar da grande quantidade de especulação acerca do momento e do local dessa batalha, Apocalipse a menciona apenas de passagem. O nome do local significa "monte de Megido", uma cidade onde diversas batalhas haviam ocorrido no Antigo Testamento. Trata-se de um local lógico para uma batalha simbólica de proporções cósmicas — e nada além disso.

Parúsia em um cavalo branco, juízo em um trono branco

O cavaleiro com múltiplas coroas[11] e múltiplos nomes (Fiel e Verdadeiro, Palavra de Deus, Rei dos reis e Senhor dos senhores), assentado vitorioso sobre um cavalo branco em 19:11-21, é obviamente Cristo. Com a aparência de um general romano, ele chega para fazer

---

[9]Peterson, *Reversed Thunder*, p. 98.
[10]Bauckham, *A teologia do Livro de Apocalipse*, p. 34.
[11]Essa passagem é referida no hino *Crown him with many crowns* [Coroai-o com muitas coroas].

guerra e dominar, para capturar e punir as duas bestas, e para dar um banquete no qual a refeição são os súditos da besta e alguns outros. É uma cena nojenta e perturbadora. Alguns acreditam tratar-se da verdadeira batalha do Armagedom, que é apenas mencionada no capítulo 16.[12] De qualquer forma, "ainda que exércitos tenham se preparado para uma batalha, tudo não passa de uma execução".[13] Não há batalha alguma.

Mesmo assim, Tim LaHaye e outros dispensacionalistas acreditam que essa cena descreve um Cristo guerreiro, que voltará poderoso, acompanhado de guerreiros literais, para travar uma guerra literal. Há, porém, dois detalhes que sugerem que a segunda vinda de Cristo não acontecerá assim. Em primeiro lugar, seus títulos mostram que ele governa sendo a Palavra de Deus e sendo Fiel e Verdadeiro; ou seja, por meio da sua palavra (19:15,21) e da sua morte fiel. O segundo detalhe reforça o primeiro: suas vestes estão tingidas de sangue (19:13) *ainda antes de confrontar seus inimigos*. O sangue, portanto, é dele.[14] A vitória de Cristo sobre seus inimigos, tal qual no resto de Apocalipse, ocorre por meio de sua morte. O simbolismo de guerra e banquete pode ser ilustrativo, mas nenhuma das duas imagens deve assumir preponderância; o predomínio pertence ao Cordeiro, implicitamente presente aqui, em ambos os detalhes.

O juízo final no trono branco de Deus (20:11-15) também sugere vitória; aliás, vitória suprema. Precedida pela derrota final da trindade profana (20:7-10), essa cena destaca não apenas o julgamento de todos os humanos, mas também a derrota da Morte e do Hades. Os derradeiros inimigos da humanidade foram esmagados.

Os interlúdios

Os intérpretes de Apocalipse frequentemente se referem às pausas na ação (ou seja, nas visões de juízo) como interlúdios. Os intérpretes divergem quanto a quais passagens devem ser denominadas

---

[12]Veja, p. ex., Witherington, *Revelation*, p. 241-5.
[13]Witherington, *Revelation*, p. 244.
[14]Há debates acerca dessa interpretação, mas eu a considero a mais convincente no contexto do livro como um todo, assim como muitos outros intérpretes.

interlúdios, mas os seguintes textos são bons candidatos: 7:1-17; 10:1—11:13; 14:1-20; 19:1-10; 20:1-6. Qualquer que seja sua função retórica específica, como dar à audiência uma trégua na intensidade das cenas de juízo, os interlúdios não são trechos supérfluos que só servem para marcar posição no texto. Como vimos no capítulo anterior, dois dos textos mais frequentemente identificados como interlúdios (caps. 7 e 14) são, na verdade, essenciais para a apresentação de Apocalipse à igreja. Aliás, uma das principais funções dos interlúdios é garantir aos fiéis que Deus executará seu juízo; que eles serão preservados em meio à tribulação ainda que sejam mortos; e que eles serão recompensados por sua fidelidade. Ademais, os interlúdios sempre trazem consigo a temática de juízo (veja 7:2,3; 11:5,6,13; 14:6-20; 19:2,3).

Um texto que deveria ser classificado como um interlúdio é 20:1-6: a famosa passagem sobre o milênio, o reinado de 1.000 anos de Cristo e seus santos mártires. É inacreditável para alguns intérpretes, entre os quais me incluo, que tanta tinta e teologia tenha sido dedicada a um parágrafo de Apocalipse, mas "a busca do milênio"[15] tem ocupado intérpretes desde o segundo século. Sistemas teológicos completos são construídos em torno das palavras "pré-milenarista", "pós-milenarista" e "amilenarista".[16] A exemplo de João, porém, não precisamos dizer muito a respeito do milênio.

A esperança de uma era messiânica provisória sobre a terra, antes do juízo final e de uma nova era permanente, era um conceito já conhecido na literatura apocalíptica judaica.[17] A principal função desse feliz interlúdio em Apocalipse é assegurar a igreja de que seus mártires serão vitoriosos e, com isso, reforçar o testemunho fiel da igreja. De fato, a cena cria (ou, melhor, reconhece) uma classe especial de testemunhas fiéis, as quais sofreram o destino final e, portanto, merecem — e receberão — reconhecimento especial da

---

[15] Título de um livro de Norman Cohn.
[16] Veja, p. ex., Clouse, *Meaning of the millennium* e "Christian hope thru history". Um resumo prático em formato de tabela pode ser encontrado em Reddish, *Revelation*, p. 391.
[17] Referências podem ser encontradas na maioria dos comentários.

parte de Deus como corregentes com Cristo ainda antes da Nova Jerusalém. Aqueles que foram condenados e oprimidos pela Babilônia agora governarão e julgarão.[18]

APOCALIPSE 17 E 18: EXPLICAÇÃO TEOLÓGICA SOBRE O IMPÉRIO ("BABILÔNIA") E SEU DESTINO

No capítulo anterior, examinamos a Babilônia prostituta como uma atriz no grande drama cósmico. Agora retornamos a esse personagem para refletir sobre o relato de seu julgamento em Apocalipse 17 e 18. Esses dois capítulos, melhor compreendidos como uma expansão da sétima taça de juízo do capítulo 16, são uma explicação teológica em duas partes sobre o império (principalmente o capítulo 17, escarnecendo dele como uma prostituta) e seu destino (mormente o capítulo 18, lançando insultos contra o império da meretriz em declínio e contra aqueles que lamentam sua queda). Tal destino é juízo divino e, com isso, extinção — inesperada e rápida (18:8,10,17,19). Grande parte do que encontramos nos capítulos 17 e 18 foi antecipado em capítulos anteriores, mas aqui encontramos detalhes mais vívidos sobre a queda da Babilônia (17:5; 18:2,10,21; cf. 14:8; 16:19), a "grande cidade" (16:19; 17:18; 18:10,16-21). Esses capítulos estão profundamente alicerçados nas críticas proféticas à Babilônia e Tiro originais (Isaías 23, 24 e 27; Jeremias 50 e 51; Ezequiel 26—28), por causa de sua idolatria, violência e prodigalidade. Aos ouvidos de judeus e cristãos do primeiro século, "Babilônia" teria o significado de Roma, como vimos no capítulo anterior.

Paradoxalmente, contudo, apesar de Apocalipse 17 trazer algumas das referências mais explícitas a Roma e ao imperador de Roma no livro (p. ex., as "sete colinas" nos v. 9-11; a grande extensão do império no v. 18), suas menções mais imediatas e específicas criam um espaço extraordinário tanto para identificarmos "Babilônia" como império de forma mais ampla, quanto para fundamentarmos

---

[18]Para uma visão similar, veja, p. ex., Blount, *Revelation*, p. 359-68, e Bauckham, *A teologia do Livro de Apocalipse*, p. 124-6.

uma crítica dessa identificação. Sete características do império vêm à tona nesse capítulo:[19]

1. O império é um sistema de dominação que tanto seduz os poderosos, parcialmente com a promessa de mais poder, quanto inebria as pessoas comuns com seu vinho sedutor, talvez a falsa promessa de segurança que supostamente viria com maior prosperidade e poder (17:2, "reis da terra [...] habitantes da terra").
2. Império é, por definição, tanto territorialmente grandioso quanto ideologicamente expansionista, criando um tipo de pseudoecumenismo de política e religião. Com blasfêmias, ele se autopromove, alardeia sua própria (suposta) grandeza, fazendo afirmações sobre si que só poderiam ser feitas a respeito de Deus (17:3-5).
3. O império se apresenta esteticamente agradável e repleto de benefícios para seus súditos, tanto nobres como humildes, mas essa aparência na verdade mascara inúmeras "abominações", as quais constituem a essência do caráter imperial (17:4). Dentre essas abominações, estão as práticas de usar, abusar e oprimir seres humanos indefesos, tratando-os como mercadorias. Exemplos contemporâneos incluem tráfico humano, exploração abusiva de mão de obra, abortos sem restrições — e inúmeros outros abusos de poder.
4. Apesar de reivindicar status de divindade — poderes de punição, missão, proteção etc. — sempre, em última análise, o império opõe-se a Deus e àqueles que representam o verdadeiro poder de Deus, que é manifestado na vida e morte de Jesus. O império acabará sempre por recorrer ao que for necessário, até à força letal, para silenciar o poderoso testemunho dos fiéis que se opõem ao império e estão ao lado de Deus (17:5,14).
5. O império cresce, em parte, porque os conquistados se conformam (17:13).

---

[19]Howard-Brook e Gwyther (*Unveiling empire*, p. 162-84) mostra que as imagens em Apocalipse 17 e 18 demonstram a infidelidade e sedução de Roma ("meretriz"), coação e violência ("assassina"), exploração econômica (vestes opulentas e acessórios), e arrogância imperial. Sua queda é caracterizada por imagens de desolação, nudez, ocupação por seres impuros, enfermidades, incêndios e fumaça, e ausência de cultura (p. 177-8).

6. Impérios muitas vezes acabam por morrer em virtude de ferimentos autoinfligidos; seus súditos se revoltam e destroem a mesma coisa que os torna fortes, de forma que essa reviravolta pode ser vista em um real sentido como juízo de Deus (17:16,17).
7. Impérios (no plural), ou seja, as realidades históricas específicas, são na verdade meras manifestações de curto prazo, ou encarnações, de algo muito mais poderoso e permanente que podemos chamar de Império.

Por qual motivo, poderíamos perguntar, a Babilônia, ou o império, é julgado? Em essência, por múltiplas formas de idolatria e injustiça: as duas principais acusações feitas contra a humanidade ao longo da Bíblia, dos profetas a Jesus, até Paulo, passando por Apocalipse. A Babilônia é culpada por pecados contra Deus, as pessoas e a terra. Ela se envolve em um tipo de corrupção coletiva que envolve obrigações pactuadas.

A Babilônia firma promessas, faz exigências e afirmações que somente Deus pode fazer. Ela sacraliza, e até diviniza, seu próprio poder, e então exige fidelidade absoluta a esse poder. A evolução desse caminho, como Apocalipse 18 deixa especialmente claro, é a busca da opulência e o descaso com os pobres, primeiro por parte da própria Babilônia, então por parte de seus protegidos, e por fim por parte de seus cidadãos comuns. Um resultado inevitável é o tratamento de determinados seres humanos como bens a serem comercializados (18:13), e a eliminação de outros, por se recusarem a prestar fidelidade absoluta. Outro é a violência e a guerra, a morte e a destruição, a fome e a inanição (cap. 6). O resultado final inevitável é a destruição da terra sem receio das consequências, quer transitórias ou eternas (11:18).

O capítulo 18 é uma lamentação solene que desenvolve algum desses pontos, especialmente a natureza das abominações do império e o escopo dos que participam dele. João chama as coisas pelo que elas são, assim como o líder britânico Cálgaco notoriamente o fez, chamando os romanos de "ladrões do mundo". "Saquear, assassinar, usurpar, essas coisas eles mentirosamente chamam de império. Eles criam uma desolação e chamam de 'paz'".²⁰ Apocalipse 18, porém, mostra, acima de tudo, que o império é julgado, condenado e que, apesar de séculos de crescimento em tamanho e poder, sua megalomania teopolítica (18:7) — especialmente manifestada em suas estruturas de cobiça e violência — será destruída em um instante.²¹ A certeza desse fim imediato e seguro constitui a ladainha do capítulo 18 (veja v. 10,17,19), que conclui em 19:1-10 com um grande coro de "Aleluia!". Esse desfecho prometido tem dado esperança aos crentes oprimidos durante séculos, como atesta um hino:

> **A Babilônia está caindo**
> Cidade pura, Babilônia está caindo para jamais se reerguer
> Oh, Babilônia está caindo, caindo, caindo
> Babilônia está caindo para jamais se reerguer.
>
> Se você lá chegar antes de mim
> Babilônia está caindo para jamais se reerguer
> Diga aos meus amigos que eu já estou chegando.

Vocações babilônicas e outras práticas econômicas

Seria um erro, porém, imaginar que o juízo sobre a Babilônia se aplica somente a "eles". O chamamento "saiam dela" (18:4) pressupõe nossa existência "dentro dela"; ou seja, dentro da Babilônia. Sinto-me bastante seguro, contudo, de que nem João nem Jesus teriam se oposto a que jamais tivéssemos entrado (metaforicamente falando), para que então nem tivéssemos de sair. Assim, a conclusão de "saiam dela" é "não entrem"; e a provável consequência de adentrar ou permanecer é compartilhar do juízo que virá sobre a Babilônia, juntamente com fornicadores, idólatras e demais enumerados em 21:8 e 22:15.

Supondo que muitos de nós, de algumas formas, efetivamente entramos na Babilônia, o que significaria sairmos dela? Um aspecto de

---

[20] Citado em Tacitus, *Agricola* 30.4–5.
[21] Sobre a importância do comércio e do consumismo idólatra em Apocalipse, veja espec. Kraybill, *Imperial cult and commerce*; Bauckham, *Climax*, p. 338-83; e DeSilva, *Seeing John's way*.

"sair dela" que é crucial em Apocalipse 18 é o econômico, que pode ser apreciado nos níveis individual, familiar e congregacional. A fidelidade econômica tem a ver, minimamente, com como ganhamos nosso dinheiro e com o que fazemos com ele após ganharmos. Gilbert Desrosiers sugere que as duas bestas do capítulo 13 podem ser interpretadas como o capitalismo e o consumismo, e David DeSilva nos lembra que "João compreendia que uma pessoa não pode ter parte nos lucros da dominação sem também compartilhar seus crimes".[22] Se os cristãos não devem se entregar ao sexo com as mesmas práticas dos "pagãos que desconhecem a Deus" (1 Tessalonicenses 4:5), também não devem se envolver no comércio como se fossem incrédulos.

Pelo menos desde a época de Tertuliano, no fim do segundo século, a igreja tem discutido quais vocações seriam inadequadas aos cristãos, até mesmo para os idólatras. Tertuliano suscitava questões sobre diversas ocupações, incluindo a de professor (por promover valores seculares e politeísmo, ou idolatria) e a de militar (por incentivar a idolatria e a violência). Tocado pela maravilhosa graça de Deus, John Newton (1725-1807) entendeu que precisava parar de comprar e vender escravos. Contudo, para além de ocupações claramente ilegais, como prostituição e tráfico de drogas, a igreja hoje em dia raramente desestimula carreiras profissionais contempladas pelos mais jovens ou empreendidas pelos adultos. Na minha própria denominação Metodista Unida, por exemplo, um vídeo sobre "vocação" para jovens fala sobre a carreira militar no mesmo tom que aborda vocações para obras sociais, medicina, a igreja e assim por diante.

Ainda que poucos cristãos atualmente questionem a conveniência de lecionar em escolas seculares como uma vocação; quiçá, no mínimo, os professores cristãos devessem questionar e "sair" de alguns dos valores e práticas adotados em muitas formas de educação seculares — e até cristãs. Não estou pensando aqui em tópicos isolados, como evolução, mas em questões mais amplas, como nacionalismo e consumismo, para mencionar apenas duas. Quanto ao militarismo, muitos cristãos nem conseguem imaginar por que uma carreira militar poderia ficar aquém de uma honrada vocação

---

[22]Desrosiers, *Introduction*, p. 93; DeSilva, *Seeing things John's way*, p. 47.

cristã, quanto menos desenvolver um debate sério a esse respeito. Mas esse é um tópico que precisa ser discutido, especialmente para aqueles que vivem dentro ou nas imediações da Babilônia. Há algo descabido quando um jovem cristão pode ir para um acampamento de verão um mês e cantar: "Bendito seja o nome do Senhor"; então ir para um campo de treinamento dos fuzileiros no mês seguinte e cantar: "Nós podemos matar". Mas isso acontece.

Seria fácil supor que a maioria das carreiras e as práticas cotidianas estão isentas de críticas, mas Apocalipse não nos permitirá tamanha ingenuidade. Se ela envolve a compra e venda de bens, Apocalipse a coloca em dúvida. Trata-se de um negócio que direta ou indiretamente promove os ricos e explora os pobres? Tal negócio prejudica a terra e outros seres humanos? Se esse for o caso, Apocalipse 18 fala sobre ele. As igrejas também precisam prestar atenção nas fontes e nos meios de auferir receitas, quer sejam técnicas locais de "arrecadação de fundos", como mercados de usados, leilões fechados ou desfiles de moda, ou iniciativas de maior monta, como investimentos.

Apocalipse 18 também questiona sobre como gastamos o dinheiro ganho. Como a economia julgada em Apocalipse 18, muitas economias atuais estão baseadas em concupiscência (material e sexual), dominação e exploração, e até mesmo tráfico humano (cf. Apocalipse 18:13). Nós podemos estar vivendo em uma economia assim, onde mais é sempre melhor e o sexo invariavelmente vende, e podemos inadvertidamente apoiar outras economias, onde o pobre é explorado ou até mesmo comercializado. Alternativamente, podemos fazer vista grossa à existência da injustiça econômica, quer próxima de nós ou distante.

Como indivíduos, famílias e igrejas, somos moldados no ocidente por valores consumistas, antideus e anti-humanos que se opõem à própria essência do evangelho. Nossa forma de gastar beneficia o último, o menor e o perdido? Ela promove a justiça e a cura das nações? Ela reflete nossas convicções sobre o reinado de Deus e do Cordeiro? Ou ela reflete valores e práticas da Babilônia, daqueles que não conhecem a Deus? Apocalipse 18 nos compele a meditar nesses assuntos e a fazer algo explicitamente, ou até radicalmente cristão a respeito deles.

Deve ser observado que o juízo é derramado sobre a cidade, mas não apenas sobre a cidade; os "reis da terra" (17:12,18; 18:3,9), as nações (18:2) e os comerciantes (18:3,11,15) com quem ela faz negócio lamentam; e a elite que coopera com ela e dela se beneficia também sofre juízo (6:15-17; veja também 17:1-6; 18:1-3,9-13). João, o vidente, tal qual todos os outros profetas bíblicos, responsabiliza as nações por injustiça.

INTERPRETANDO AS VISÕES DE JUÍZO CUIDADOSAMENTE — E TEOLOGICAMENTE

Já vimos um relato teológico do juízo sobre a Babilônia, que é descrito com clareza, mas sem detalhes sangrentos. Entretanto, a grande questão das cenas de juízo de Apocalipse, particularmente a respeito de sua violência e destruição, permanece. Essas cenas de juízo têm sido, evidentemente, a principal fonte de crítica contra o livro de Apocalipse. "Há excessiva destruição em Apocalipse. Ele deixa de ser agradável."[23]

Muitos leitores provavelmente compartilharão desse sentimento. Então, o que faremos com essas visões?

O estudioso do Novo Testamento Warren Carter descreve as visões de juízo em Apocalipse como uma "violência imaginária" e como "uma fantasia prolongada de vingança violenta".[24] Muitas pessoas concordariam com isso. Carter, porém, também aponta corretamente o fato de que Apocalipse recorre a tradições sobre o juízo extraídas da Bíblia hebraica e dos ensinamentos de Jesus, indicando diversas formas pelas quais Apocalipse modifica a violência. "Há muito mais acontecendo", escreve ele, "além da vingança peremptória de Deus".[25] Especificamente, segundo Carter, há sete importantes modificações à aparente violência vingativa do livro:[26]

1. Como mencionado acima, "o império provoca sua própria ruína", significando que ali está ocorrendo justiça, não apenas vingança.

---
[23]Lawrence, *Apocalypse*, p. 135.
[24]Carter, *Roman Empire*, p. 124.
[25]Ibidem.
[26]Carter, *Roman Empire*, p. 124-8.

2. Nas sete trombetas, a misericórdia "atenua a destruição", que é parcial e não total, com o objetivo de produzir arrependimento.
3. Na figura do cordeiro que foi morto — ele mesmo, vítima da violência imperial — ressurreto por Deus, vemos os meios de triunfo de Deus que são vivificantes, não violentos e contrários aos romanos.
4. A conquista final do Cordeiro não vem em forma de ação militar, mas por meio de palavras de "revelação, persuasão e juízo", daquele que não matou, mas morreu pelos outros.
5. O juízo divino advém somente quando as pessoas recusam o arrependimento.
6. A "pauta dominante parece ser a salvação, não a destruição por vingança".
7. O povo de Deus não é chamado para derrubar o império pela violência, mas a resistir vivendo uma vida fiel e não violenta.

Partindo parcialmente das importantes percepções de Carter sobre o papel do juízo divino dentro do mundo simbólico e narrativo de Apocalipse, podemos agora oferecer algumas perspectivas teológicas adicionais sobre o significado e a função do juízo divino em Apocalipse.

Segundo Apocalipse e o testemunho bíblico de forma geral, o julgamento do mundo, tal qual a salvação, é responsabilidade e privilégio exclusivo de Deus e do Cordeiro; trata-se de um de seus "poderes exclusivos", por assim dizer. Durante esta vida, esta *não* é uma missão do homem, quer dentro ou fora da igreja. O papel dos seres humanos na história — pelo menos daqueles que fazem parte do povo de Deus — é anunciar esse julgamento profeticamente, mas não executá-lo de modo algum.[27]

Paradoxalmente, porém, o juízo divino pode se manifestar na história por meio de agentes humanos seculares; ou seja, por meio de forças formadas por pessoas no mundo que não pertencem ao povo de Deus. Esse é certamente o testemunho das Escrituras hebraicas que moldam o livro de Apocalipse; vem à mente até a Babilônia original. A manifestação do juízo divino por meio de agentes humanos,

---

[27] Restringi essa análise sobre o papel humano (ou falta dele) no juízo ("Durante esta vida"; "na história"), porque há textos bíblicos que sugerem a participação dos "santos" de Deus no juízo escatológico.

especialmente pelas mãos de pessoas iníquas, resulta em parte do fato de que o mal é intrinsecamente autodestrutivo. Por isso, dada sua própria essência, ele invariavelmente convida outros a tomarem parte em sua própria destruição.

O juízo também pode ser manifesto, ou ao menos simbolizado, por eventos cósmicos, e essa é naturalmente a forma pela qual a literatura apocalíptica em geral, e Apocalipse em particular, descreve o juízo divino. Entretanto, tal qual os números apocalípticos, as cores, os outros símbolos e os sinais cósmicos devem ser entendidos menos como eventos literais, e mais como símbolos do sofrimento e do abatimento causados pela maldade humana. Não seria, portanto, inadequado ver a crise ecológica atual como forma de juízo divino, à medida que a cobiça humana, a injustiça e o mau uso dos recursos mundiais têm causado sofrimento e mal-estar cósmicos. Poderíamos chamar isso de juízo divino *indireto*.

Por outro lado, seria teologicamente irresponsável interpretar cada terremoto, tsunami ou epidemia como um ato de juízo divino, por ao menos dois motivos básicos. Primeiramente, fazer isso seria mais uma vez interpretar equivocadamente a linguagem apocalíptica simbólica de forma literal. Em segundo lugar, e ainda mais relevante, relacionar desastres específicos à intenção da ira divina equivale a afirmar que se possui um conhecimento íntimo da mente de Deus, o que seria um ato da mais absoluta arrogância, se não idolatria. Os seres humanos — talvez com exceção de uns poucos profetas e videntes bíblicos inspirados — não possuem acesso a informações sobre como Deus executa seu poder exclusivo de juízo.

Isso nos leva a um exame mais detalhado da linguagem simbólica nas visões de juízo em Apocalipse, o veículo da revelação em Apocalipse, por assim dizer. A linguagem e as imagens de morte e destruição simbolizam — com expressões compreensíveis, ainda que perturbadoras — o caráter *universal* e *cabal* da suprema erradicação do mal operada por Deus, *não os meios pelos quais Deus opera essa erradicação*. Sendo um ser onipotente, que trouxe a criação à existência por meio da sua palavra, Deus dificilmente precisaria recorrer à violência literal para colocar um fim ao mal.[28] Na verdade,

---

[28]Isso é verdadeiro, quer compreendamos o mal como a ausência do bem ou a presença de um poder maligno.

a noção de que uma destruição violenta literal precise ser executada por Deus ou por forças cósmicas ou humanas divinamente sancionadas, para efetivamente "livrar o mundo do mal", é — após séria reflexão — um disparate. Apocalipse, em vez disso, deveria ser compreendido como uma representação *simbólica* daquilo que Deus *efetivamente* realiza por meio de sua palavra divina, que não difere da palavra que trouxe a criação à existência. Trata-se de uma palavra de *nova* criação. A linguagem simbólica de Apocalipse lança mão de realidades familiares aos seres humanos para comunicar o caráter universal e final da ação escatológica de Deus em relação ao mal. O que, afinal, seria mais abrangente e permanente na experiência humana que a destruição total?

Uma imagem moderna de destruição total e universal poderia ser a cena de Hiroshima. Se um escritor contemporâneo, contudo, usasse a nuvem em forma de cogumelo como símbolo de juízo divino, seriamos realmente forçados a crer que Deus literalmente levaria os seres humanos a uma guerra nuclear para executar juízo divino e erradicar o mal? Dificilmente. A cena corresponde ao *efeito* do juízo divino sobre o mal, não ao *meio* de juízo.

Essa verdade, de que a linguagem de juízo em Apocalipse simboliza Deus efetivamente fazendo com que o mal deixe de existir pela força de sua palavra, é talvez mais nitidamente representada na visão do surgimento de Jesus vitorioso como a Palavra de Deus sobre o cavalo branco, com uma espada em sua boca (19:11-16,21).[29] Isso significa a eficaz palavra do juízo de Deus — a ira de Deus e do Cordeiro — que não precisa de espada literal e que espada literal alguma poderia jamais realizar. Além disso, esse Jesus chega vestido com um manto tingido de sangue (19:13) — seu próprio sangue — porque a batalha já havia sido travada e vencida com sua morte. Ele executa juízo por meio de sua palavra, para que os efeitos de sua morte salvadora possam ser plenamente concretizados na obra renovadora de Deus.

Por fim, no livro de Apocalipse, o juízo divino não é um fim em si mesmo. Trata-se do "Plano B" de Deus para quando a humanidade persiste no mal, em vez de se arrepender. Ele então se torna um

---

[29]Essa cena repete uma imagem semelhante que aparece duas vezes nos capítulos iniciais de Apocalipse (1:16; 2:26).

meio — um meio necessário, certamente, mas ainda assim apenas um meio — para o cumprimento do plano de Deus de curar as nações e criar um espaço para que todas as pessoas prosperem em harmonia entre si e perante Deus. Esse espaço é o novo céu e a nova terra, cuja principal diferença da história humana como a conhecemos é que o mal não pode ser encontrado. Aliás, Deus não permitirá que o mal esteja presente ali; na verdade, Deus o terá erradicado permanentemente ao tornar novas todas as coisas. Desse modo, os malfeitores podem se arrepender e participar da renovação de todas as coisas, ou serem excluídos daquele espaço. A decisão pertence a eles, e somente a eles. Bruce Metzger faz um comentário sensato sobre 14:1-20:

> Essa imagem de ira e inferno significa, tão somente, a terrível verdade de que os sofrimentos daqueles que persistem em rejeitar o amor de Deus em Cristo são autoimpostos e autoperpetuados. A inevitável consequência é que, se eternamente persistirem nessa rejeição, Deus jamais desrespeitará sua personalidade. Se há alguma alma que de fato resistirá eternamente a Deus, nós não podemos afirmar.[30]

Outra forma de dizer, que o juízo de Deus é mais um meio que um fim, é reconhecer que seu juízo não é fundamentalmente sobre o *poder* de Deus, mas sobre a *persistência* de Deus. Ou poderíamos dizer que se trata da *missão* de Deus, a *missio Dei*. Nada seria capaz de frustrar os propósitos de Deus de libertar, salvar e redimir o mundo.[31] O juízo, ou o que poderíamos chamar de exclusão divina,[32] serve a um propósito, executando a missão de Deus e do Cordeiro como um meio lamentável, mas necessário — em vista da realidade do livre-arbítrio — para uma finalidade suprema.

A conclusão do juízo como um meio, não como um fim, é que o juízo de Deus também serve para levar as pessoas ao arrependimento.

---

[30]Metzger, *Breaking the code*, p. 79.
[31]Cf. Reddish (*Revelation*, p. 318): "As várias pragas em Apocalipse são a forma pictórica de João afirmar que Deus não abandonou a criação, nem ignorou a dor, o sofrimento e o mal que fincaram raízes nessa criação".
[32]Em seu excelente livro *Exclusion and embrace*, Miroslav Volf fala sobre a necessidade de exclusão após terem sido tentados todos os meios para trazer alguém para o abrigo reconciliador da comunidade. O mesmo pode ser dito sobre Deus.

Juízo também envolve misericórdia. Deus preferiria que os agentes do mal e os infiéis se arrependessem. Essa é a mensagem explícita às igrejas (2:5,16,21,22; 3:3,19) e o chamamento implícito nas visões de juízo — apesar de seu sucesso ainda não ser evidente (9:20,21; 16:9,11).

Há quem discorde e argumente que Apocalipse descreve claramente Deus e o Cordeiro em uma missão para julgar os malfeitores e, por fim, extirpar todo o mal — e fazê-lo, ao menos em parte, por meio de agentes humanos, atualmente no curso da história, assim como em algum momento futuro de juízo final. Uma causa assim leva algumas pessoas a tentar "livrar o mundo do mal". Essa é uma interpretação frequente, como, por exemplo, em *The battle hymn of the Republic* [O hino de batalha da República], parcialmente baseado em Apocalipse 14:14-20 e 19:11-20: "Meus olhos viram a glória da vinda do Senhor / Ele [agora, já] está pisoteando a colheita onde as vinhas da ira estão armazenadas / Ele disparou o relâmpago fatídico da sua terrível espada veloz".

Uma importantíssima observação sobre Apocalipse se contrapõe a esse tipo de interpretação. Em apocalipse, há pelo menos cinco ocasiões em que são feitas preparações para algum tipo de "batalha final", sendo a última a batalha de Cristo no cavalo branco, marcado por seu próprio sangue (não pelo sangue de inimigos!). Nessa batalha, porém, a exemplo do que ocorre em todas as outras, *não há nenhuma luta real*! Como já observado acima, somos informados sobre o destino dos inimigos de Deus, mas trata-se mais de um resumo da batalha ou um relatório de baixas (p. ex., Apocalipse 19:20,21). Repetindo: Apocalipse não traz nenhum relato real de uma batalha final. Por quê? Porque as imagens de batalha têm o objetivo de sugerir a *promessa* e a *realidade* de que Deus derrota o mal, mas não compreendem os *meios* para essa derrota. Não há batalha ou guerra literal do Cordeiro à qual aqueles presentes na segunda vinda possam se unir (como imagina a série *Deixados para trás*), não há uma campanha militar pré-parúsia realizada por soldados humanos, cristãos ou não, em nome de Deus. "Na batalha cataclísmica de Apocalipse 19, qual o papel dos exércitos celestiais? *Nenhum* [...] Todas as ações pertencem a Cristo",[33] e sua única arma é a "espada" da sua palavra.

---

[33] Koester, *Revelation and the end of all things*, p. 177 (grifo na citação).

Lendo Apocalipse *com* responsabilidade

Ler Apocalipse de outra forma — por exemplo, buscando justificativas para guerras travadas por superpotências contra pessoas e sistemas considerados malignos — não é apenas tomar uma decisão teológica que pode ofender a sensibilidade de cristãos pacifistas, mas é ser também totalmente incapaz de compreender o simbolismo e o enredo do livro. Sim, o Cordeiro que foi morto peleja por Deus e agirá em nome de Deus para livrar o mundo do mal, mas ele o faz munido apenas de seu próprio sangue e com uma espada que sai de sua boca (19:15); não com uma espada em sua mão, encharcada no sangue de seus inimigos.

A integridade e o testemunho da igreja dependem, em parte, de perceber essa verdade. A guerra do Cordeiro não é a que os humanos têm lutado há séculos.

OS CLAMORES POR JUSTIÇA E A CELEBRAÇÃO DO JUÍZO DIVINO

Antes de concluir esse capítulo, precisamos abordar uma questão final. Para muitas pessoas, dois aspectos bastante perturbadores e intimamente relacionados de Apocalipse são os clamores por juízo divino e justiça, e a celebração realizada quando eles finalmente ocorrem. Vemos essas dimensões do livro em textos como os seguintes:

> Quando ele abriu o quinto selo, vi debaixo do altar as almas daqueles que haviam sido mortos por causa da palavra de Deus e do testemunho que deram. Eles clamavam em alta voz: "Até quando, ó Soberano santo e verdadeiro, esperarás para julgar os habitantes da terra e vingar o nosso sangue?" Então, cada um deles recebeu uma veste branca, e foi-lhes dito que esperassem um pouco mais, até que se completasse o número dos seus conservos e irmãos, que deveriam ser mortos como eles (Apocalipse 6:9-11).

> "Celebre o que se deu com ela [Babilônia destruída], ó céus! Celebrem, ó santos, apóstolos e profetas! Deus a julgou, retribuindo-lhe o que ela fez a vocês" [...] Depois disso ouvi no céu algo semelhante à voz de uma grande multidão, que exclamava: "Aleluia! A salvação, a glória e o poder pertencem ao nosso Deus, pois verdadeiros

e justos são os seus juízos. Ele condenou a grande prostituta que corrompia a terra com a sua prostituição. Ele cobrou dela o sangue dos seus servos". E mais uma vez a multidão exclamou: "Aleluia! A fumaça que dela vem, sobe para todo o sempre". Os vinte e quatro anciãos e os quatro seres viventes prostraram-se e adoraram a Deus, que estava assentado no trono, e exclamaram: "Amém, Aleluia!" (Apocalipse 18:20; 19:1-4).

O sentimento "Até quando?" não é apenas uma reação humana normal diante da injustiça — "um problema com uma longa história"[34] — ele possui precedentes bíblicos, especialmente em Salmos (veja, por exemplo: 13:1,2; 74:9,10; 94:3; 119:84). Apesar disso, pode parecer vingativo. Ademais, o "Aleluia" (19:1), aparentemente provocado por vozes angelicais, parece transmitir certa soberba. Será que esse questionamento radical ou essa aparente arrogância podem ser a marca de uma igreja fiel e semelhante a Cristo? Para responder isso, são necessárias três observações.

Em primeiro lugar, sentimentos como esses registrados aqui não deveriam ser vistos como meras expressões de emoções humanas normais, mas também como alternativas catárticas, centradas em Deus, a sentimentos mais básicos de "tomar a justiça nas próprias mãos". O clamor por juízo aqui é "dentro do devido contexto, um ato de adoração".[35] Ao expressar, em adoração, primeiro sua revolta e então sua gratidão, os santos confirmam a postura ética e teológica básica de Apocalipse: de que o papel da igreja é pedir em oração e testificar da justiça de Deus, não pegar em armas contra a injustiça. Isso *não* é o mesmo que ficar inerte, muito menos apático. Na verdade, foi a ação que levou os sujeitos dos textos até onde eles estão: ao céu por meio do martírio.

Em segundo lugar, não são na verdade clamores, ou comemorações, pela vingança. A vingança é um sentimento egoísta: "Eu vou à desforra". Esses textos, contudo, são, em última análise, focados em Deus e no próximo, principalmente em um mundo que foi

---

[34]Peterson, *Reversed thunder*, p. 136.
[35]Ibidem, p. 144.

grandemente prejudicado pela injustiça de criminosos imperiais. As linhas que sucedem o convite dos anjos ao júbilo no capítulo 18 são especialmente relevantes:

> Então um anjo poderoso levantou uma pedra do tamanho de uma grande pedra de moinho, lançou-a ao mar e disse: "Com igual violência será lançada por terra a grande cidade da Babilônia, para nunca mais ser encontrada [...] Seus mercadores eram os grandes do mundo. *Todas as nações foram seduzidas por suas feitiçarias*. Nela foi encontrado sangue de profetas e de santos, e de *todos os que foram assassinados na terra*" (Apocalipse 18:21-24, grifo na citação).

Aqui vemos que a acusação dos anjos contra a Babilônia é devida, não apenas por ela ter matado profetas e santos, mas por ter enganado "todas as nações" e ter "assassinado" muitos que *não* eram profetas ou santos. Em outras palavras, o assassinato do povo de Deus é apenas uma pequena parte de um conjunto internacional mais amplo de injustiças perpetradas pela Babilônia. Aliás, é provável que tenha sido o testemunho desses profetas e santos, *sobre* a justiça de Deus e *contra* as injustiças mais generalizadas da Babilônia, que os tenha levado à morte. Isso então quer dizer que, tal manifestação de anseio e de celebração pelo juízo divino sobre os assassinos do povo de Deus, está essencialmente fundamentada em uma preocupação com os maus tratos sofridos pela humanidade, e em um profundo desejo de ver a concretização da vontade de Deus para a terra: "a cura das nações" (Apocalipse 22:2). Não se trata de vingança.

No entanto, diz respeito à justiça e a integridade de Deus. Em 6:10, os mártires chamam Deus de "santo e verdadeiro". Se Deus é verdadeiro no sentido bíblico da palavra, agirá adequadamente executando a justiça que a santidade de Deus exige. Um estado permanente de injustiça significaria que Deus não é nem verdadeiro nem justo e, no mundo narrativo das Escrituras como um todo, isso simplesmente não pode ocorrer.

Em terceiro lugar, é muito importante que aqueles que têm pouca ou nenhuma experiência direta com a injustiça evitem criticar aqueles que clamam pedindo, e então celebram, a justiça de Deus.

O pastor sul-africano, teólogo e ativista antiapartheid, Allan Boesak, escreveu uma comovente interpretação de Apocalipse a partir de sua perspectiva, onde "Até quando?" era um clamor comum:

> Poucos são os locais onde a polícia e o exército não têm assassinado arbitrariamente nossos filhos, amontoando atrocidade sobre atrocidade para preservar o apartheid e os privilégios dos brancos. E conforme a população vai de funeral a funeral, sepultando mais uma vitima dos serviços de segurança ou mais alguém assassinado pelos esquadrões da morte protegidos pelo governo, o clamor continua a subir até o céu: "Até quando, Senhor?".[36]

O que alguns de nós precisam fazer não é questionar o clamor dos oprimidos, mas sentir mais de perto a realidade da injustiça, principalmente quando ela é perpetrada pelas Babilônias da nossa época. Como J. Nelson Kraybill escreve ao comentar o clamor forte e desesperado por justiça em Apocalipse:

> Talvez o que falte à igreja cristã ocidental atualmente seja mais fúria, não menos. Provavelmente precisemos de Apocalipse para nos sacudir de nosso marasmo, para abrir nossos olhos e enxergarmos a idolatria e a injustiça que permeiam a globalização e o império atualmente. Algo bestial está em ação, por exemplo, em um mundo no qual pessoas morrem de fome ou de doenças evitáveis, enquanto nações gastam bilhões em armas e lazer.[37]

VITÓRIA FINAL

É tentador ler as visões de juízo e destruição (simbólica) como atos de um Deus furioso e/ou impulsos de um povo furioso, e muitos não têm sido capazes de resistir a essa tentação. No fim das contas, porém, como já argumentamos, o Deus retratado em Apocalipse não é furioso e incontrolável, mas inexoravelmente justo. A fidelidade de Deus para com a criação, toda a humanidade e para com a

---

[36] Boesak, *Comfort and protest*, p. 69-70.
[37] Kraybill, *Apocalypse and allegiance*, p. 137.

igreja leva a uma guerra divina contra o mal, o império e suas mentiras, representadas pela trindade profana e denominada "Babilônia". Os três membros desse triunvirato profano encontram juntos seu destino final, juntamente com aqueles que, em última análise, recusam a misericórdia de Deus, bem como a própria Morte e o Hades (20:10,14,15). Em outras palavras, Deus vence: "Está feito!" (16:17; 21:6). A nova criação inaugurada com a morte e ressurreição do Cordeiro pode agora ser concluída. "Está feito", também significa "Vamos começar! Eis que faço novas todas as coisas!" A igreja celebra a vitória pela qual ansiava, somente porque o juízo sobre a Babilônia significa a salvação do mundo.

QUESTÕES PARA REFLEXÃO E DEBATE

1. Quais novas perspectivas sobre juízo divino e Apocalipse você obteve lendo este capítulo? Há partes do capítulo com as quais você discorda?

2. Quais dúvidas ou preocupações você ainda possui acerca do juízo de Deus e/ou as cenas de juízo em Apocalipse?

3. Como as igrejas cristãs poderiam começar a abordar e tratar a questão das vocações "babilônicas" e outras práticas econômicas? E o problema da apatia diante da injustiça?

4. Se Deus não lidasse com o mal, ele seria justo? Deus seria Deus?

CAPÍTULO 9

Visão final, esperança concretizada:
novo céu, nova terra, nova cidade

(APOCALIPSE 21 E 22)

Seria difícil imaginar uma conclusão mais adequada para Apocalipse — aliás, para o Novo Testamento como um todo e para toda a Bíblia — que Apocalipse 21 e 22. O papel de conclusão tríplice desempenhado por esses dois capítulos é exclusividade deste livro bíblico.

Os dois últimos capítulos de Apocalipse guardam grande semelhança com seu primeiro capítulo. O prólogo (1:1-6) e o epílogo (22:6-21) criam delimitações textuais apocalípticas, proféticas, epistolares, litúrgicas e teopolíticas. Semelhantemente, a visão inicial do Cristo majestoso presente entre as sete igrejas urbanas (1:9-20) é um prenúncio da presença de Deus e do Cordeiro na nova cidade (21:1—22:5). Aquele que prometeu vir, de fato veio,[1] e as promessas feitas às igrejas nos capítulos 2 e 3 e aos mártires no

---

[1] Isto é, na sequência narrativa das visões, embora no curso da história real sua vinda ainda esteja no futuro; daí a oração: "Ora vem, Senhor Jesus" (22:20).

capítulo 7 — promessas extraídas dos capítulos 21 e 22 — foram, de fato, cumpridas na nova Jerusalém. O caminho do Cordeiro (como daqueles que o seguem) foi vindicado, o caminho da besta (como daqueles que a seguem) foi condenado. Além disso, o triunvirato profano, formado por Satanás, a besta que vem do mar e a besta que vem da terra, foi derrotado, juntamente com a idolatria e o mal que causaram à raça humana alegando divindade. A prostituta da Babilônia — o império supostamente eterno, *Roma aeterna*, o *Imperium aeternum* — já não existe e foi substituída pela noiva do Cordeiro, a nova Jerusalém, que efetivamente perdurará para todo o sempre.

Como o clímax do Novo Testamento, Apocalipse 21 e 22 nos mostra que a encarnação de Deus em Jesus, o judeu de Nazaré, agora se repetirá para sempre como Deus e o Cordeiro habitando com a humanidade para sempre. O reinado de Deus inaugurado com a vinda, vida, morte e ressurreição de Jesus — narrado ao longo do Novo Testamento — chegou à sua plenitude, simbolizada no trono de Deus e do Cordeiro.

Gênesis e Apocalipse são as duas extremidades da Bíblia, encerrando o cânon como o alfa e o ômega. A narrativa grandiosa que teve início com a criação, agora termina com a nova criação, conforme prometido pelos profetas ao longo do caminho. O jardim original, que havia se tornado fonte de maldição e morte por causa da desobediência humana, agora é um jardim urbano; lugar onde milênios de civilização humana alcançam sua plenitude e as nações finalmente vivem em paz, onde bênçãos e vida substituem a maldição e a morte originais. "Aleluia!" é a única reação adequada.

ALGUNS DESTAQUES DA VISÃO FINAL

A deslumbrante visão final de Apocalipse (21:1—22:5), repleta de imagens e alusões bíblicas, impressiona o leitor com sua magnificência, beleza e escopo; para não mencionar a vívida sensação de pujança humana diante de Deus, de cura e vida verdadeiras.[2] Ela se baseia

---

[2] "Vida" é mencionada na visão em 21:6, 27; 22:1, 2 e então no epílogo em 22:14,17,19. Para referências bíblicas, veja a tabela em Howard-Brook e Gwyther, *Unveiling empire*, p. 186.

em alguns dos mais importantes textos sobre esperança da tradição judaica, muitos encontrados na parte final do livro de Isaías (espec. os caps. 54, 60, 65 e 66), mas também em textos sobre o Templo e seus sacerdotes, incluindo a esperança de um novo Templo anunciada em Ezequiel 40—48.

A promessa da nova criação é mais notoriamente encontrada em Isaías 65 e 66 (cf. Isaías 43:18,19):

> Criarei novos céus e nova terra, e as coisas passadas não serão lembradas. Jamais virão à mente! Alegrem-se, porém, e regozijem-se para sempre no que vou criar, porque vou criar Jerusalém para regozijo, e seu povo para alegria. Por Jerusalém me regozijarei e em meu povo terei prazer; nunca mais se ouvirão nela voz de pranto e choro de tristeza (Isaías 65:17-19; cf. 54:11-14).
>
> Assim como os novos céus e a nova terra que vou criar serão duradouros diante de mim, declara o Senhor, assim serão duradouros os descendentes de vocês e o seu nome. De uma lua nova a outra e de um sábado a outro, toda a humanidade virá e se inclinará diante de mim, diz o Senhor (Isaías 66:22,23).

Em Apocalipse, a nova Jerusalém é identificada com a noiva do Cordeiro, o povo de Deus, os fiéis que foram vitoriosos (21:1-10; 22:3,4). Em vez de um templo físico, Deus e o Cordeiro *são* o templo (21:22).

Há um nítido contraste entre esta cidade e a cidade idólatra e opressora da Babilônia, retratada nos capítulos 17 e 18, a cidade corrompida e julgada.[3] A nova Jerusalém é "a alternativa de Deus ao império de Roma"[4] — e às encarnações posteriores da Babilônia. Uma forma de Apocalipse retratar a Nova Jerusalém como a alternativa de Deus à Babilônia é pelo seu tamanho: 12.000 estádios (1.500 milhas) de comprimento, largura e altura, significando que

---

[3] Para uma tabela de comparação didática, veja Prévost, *How to read the Apocalypse*, p. 110.
[4] Carter, *Roman Empire*, p. 63.

a cidade "cobre uma área aproximadamente equivalente a toda a massa de terra do império romano"; ela é "grande o suficiente para abarcar [...] o mundo como João o conhecia".[5] Ela é descrita como um quadrado provavelmente porque o ideal primitivo de perfeição, mormente para uma cidade, era um quadrado; aliás, Babilônia era lembrada como um quadrado (Heródoto, *History*, p. 1.178). Apocalipse, porém, adiciona mais uma dimensão e descreve a cidade como um cubo, porque o Santo dos Santos era um cubo (1Reis 6.20), e os filhos vitoriosos de Deus são uma comunidade de sacerdotes reais (Apocalipse 1:6; 5:10; 20:6).

O tamanho da nova Jerusalém também indica a plenitude de seus habitantes. A visão final de Apocalipse é uma série de imagens no livro que servem como uma "contrapartida" das cenas de juízo, "expressões universalistas que estão entre as mais belas páginas da Bíblia".[6] Desde visões de uma assembleia multinacional (5:9; 7:9), até a promessa de todas as nações se reunindo em adoração (15:4), Apocalipse avança rumo à visão de uma humanidade remida (21:24,26; 22:2). A atual comunidade de crentes representa as primícias da salvação de Deus (14:4), não a colheita completa.[7]

O que é particularmente curioso nessa visão urbana final não é apenas o tamanho ou quem está presente, mas também quem está ausente da cidade:

- não há mar, símbolo do caos e do mal (21:1);
- não há morte (21:4; cf. Apocalipse 20:14; 1Coríntios 15:26; Isaías 65:25);
- não há lágrimas, lamento ou choro (21:4; cf. Isaías 25:8; 35:10; 65:19);
- não há coisas/pessoas malignas, impuras ou malditas (21:8,27; 22:3);

---

[5]Kraybill, *Apocalypse and allegiance*, p. 177, 212.
[6]Prévost, *How to read the Apocalypse*, p. 63.
[7]Isso não torna João um universalista, como 21:8, 27; 22:3 deixa claro. Mas a principal função retórica desses textos é suscitar arrependimento, não restringir a salvação. Até mesmo 1:7 ("todos os povos da terra se lamentarão" na parúsia) não pode, portanto, significar que qualquer pessoa esteja permanentemente excluída, a não ser que o deseje.

- não há templo, pois "o Senhor Deus todo-poderoso e o Cordeiro são o seu templo" (21:22);
- não há sol, lua ou outros corpos celestes, porém não há noite (21:23,25; 22:5; cf. Isaías 60:19,20); e
- não há portas fechadas (21:25; cf. Isaías 60:11).

Tais omissões estão de acordo com as visões proféticas e, ao mesmo tempo, como vimos, possuem significado teológico.

A IMPORTÂNCIA TEOLÓGICA DA VISÃO FINAL

À luz desses destaques, podemos agora oferecer a seguinte síntese dos comentários interpretativos acerca de Apocalipse 21:1—22:5.[8]

1. Para enfatizar o que foi dito no início do capítulo: essa visão — ou, mais exatamente, essa realidade vindoura — é o clímax do livro de Apocalipse, do Novo Testamento, de toda a Bíblia, de toda a história de Deus, e também da história da humanidade. Como tal, ela é estética, literária e teologicamente satisfatória.
2. A visão de um "novo céu e nova terra" não significa a destruição e substituição do mundo material, mas sua transformação, especialmente a transformação da existência humana dentro deste mundo material.[9] A cultura da besta foi substituída pela cultura do Cordeiro; uma cultura de morte por uma cultura de vida; uma cultura de insegurança e medo por uma cultura de paz e confiança. O novo céu, a nova terra e a nova cidade não são, portanto, algum tipo de névoa etérea, mas bastante reais. Essa realidade escatológica não é uma fuga da materialidade da existência, mas a *concretização* plena da existência material. Em Apocalipse 21 e 22, "somos imersos em materialidade do início ao fim".[10] O paraíso, a criação original descrita em Gênesis, foi restaurado, não abandonado ou destruído.

---

[8]Veja tb. Reddish, *Revelation*, p. 412-7.
[9]Veja Bauckham, *A teologia do Livro de Apocalipse*, p. 62-7, e a maioria dos comentaristas.
[10]Peterson, *Reversed thunder*, p. 170.

Eugene Peterson reclama que "novo céu e nova terra" costuma ser reduzido a "céu" e então, completamente mal interpretado: "A frequência com que a visão do céu de São João é inflada por invencionices para criar uma fantasia antibíblica é um dos mistérios do mundo".[11] N. T. Wright concorda, acertadamente chamando Apocalipse 21 e 22 de "o casamento entre céu e terra [...] a rejeição suprema de todo tipo de gnosticismo, de todas as cosmovisões que [...] [separam] o físico do espiritual [...] Trata-se da resposta final à oração do Pai Nosso [Venha o teu Reino]".[12]

3. O paraíso restaurado ou reconquistado não pode ignorar os milênios transcorridos sob a civilização humana. Assim, esse "paraíso" não é apenas um jardim, mas um jardim urbano ou, melhor ainda, uma *cidade-jardim*. Isso nos diz que não é a civilização/cultura/cidade que é intrinsecamente má, mas a distorção da cidade/cultura/civilização causada por pessoas e poderes malignos. Como diz Richard Bauckham:

> No princípio, Deus plantou um jardim para abrigar a humanidade (Gênesis 2:8). No final, ele lhes dará uma cidade. Na Nova Jerusalém, as bênçãos celestiais serão renovadas, mas ela é mais do que o paraíso reconquistado. Como cidade, ela atende ao desejo humano de construir na natureza um lugar terreno de cultura e comunidade humanas.[13]

A Nova Jerusalém é a antítese da Babilônia. A Babilônia é a grande prostituta, a besta; ela é infestada de demônios; ébria e homicida. É uma cultura de morte. Jerusalém é a noiva do Cordeiro, plena da presença de Deus; ela oferece cura e lá não há dor, lágrimas e morte. É uma cultura de vida.

4. Nessa realidade escatológica, a separação entre o céu e a terra — entre a realidade/habitação de Deus e a nossa — é permanentemente

---

[11]Ibidem, p. 171.
[12]Wright, *Surprised by hope*, p. 104.
[13]Bauckham, *A teologia do Livro de Apocalipse*, p. 154.

Visão final, esperança concretizada: novo céu, nova terra, nova cidade

removida. A vida escatológica é sinalizada pela *presença perceptível e perpétua* de Deus — um estado de encarnação permanente, por assim dizer. Essa é, na verdade, a mais importante característica da Nova Jerusalém: a presença divina em toda sua plenitude e glória (21:3,22; cf. Ezequiel 37:26,27).

5. A correspondência necessária à presença divina plena é a ausência de tudo o que é antideus. A série de negações ("não isso, não aquilo") usada para descrever a realidade escatológica em Apocalipse 21 e 22 não implica algo necessariamente negativo ou desagradável, muito menos algo incompleto. Pelo contrário, essa série de negações significa a *remoção de tudo o que impede a humanidade de prosperar como comunidade diante de Deus*, e a *presença de tudo o que permite e promove essa prosperidade*. Nessa realidade, as pessoas terão tudo de que necessitam, o que é concretamente expresso como luz e água.

    Bernd Wannenwetsch descreveu essa realidade escatológica como uma "teologia política negativa", marcada pela "presença da ausência". Arrogância cultural, religião civil, ganância e guerra já não existem; a cidade é devidamente dessacralizada e secularizada porque toda honra é dada a Deus e ao Cordeiro, que corretamente recebem a glória que os homens instintivamente (mas, inadequadamente) oferecem a suas cidades, países e culturas — frequentemente em templos dedicados a essas deidades. A ausência desses templos é a consequência necessária da onipresença de Deus e do Cordeiro. Prenunciando aquele dia, a igreja dá testemunho da adoração a Deus, inclusiva e sem relação com a pátria, no presente.[14]

6. A leitura de partes de Apocalipse 21 e 22 em funerais é perfeitamente compreensível e adequada. Ainda assim, não devemos permitir que essa apropriação da visão culminante da Bíblia limite a interpretação que temos dela. Sim, ela promete a cada indivíduo a esperança de livramento das lágrimas e da morte; sim, ela implica em uma reunião com "todos que já partiram na

---

[14]Veja Wannenwetsch, "Representing the absent in the city" (as citações foram extraídas da p. 172).

esperança da ressurreição". Mas ela é muito mais que isso. A realidade escatológica de Deus é, em última análise, sobre *reconciliação entre pessoas* — a "cura das nações" (Apocalipse 22:2) — e não apenas salvação individual. Essa reconciliação coletiva ocorre quando pessoas de todas as tribos, línguas e nações centralizam sua vida em Deus e no Cordeiro. Apocalipse, assim como o resto da Bíblia, é sobre a criação de um povo, um povo que vive em harmonia com Deus, entre si, e com toda a criação.

7. Essa realidade escatológica *não é uma fantasia, mas uma esperança segura*; garantida pelo Deus fiel e verdadeiro e pela morte, ressurreição e exaltação do Cordeiro que foi morto, a testemunha fiel e verdadeira. Ela certamente *nos inspira a quatro coisas*, pela graça de Deus:

   a. *adoração*: dar honra e louvor a Deus e ao Cordeiro, pela salvação presente e futura oferecida a nós e a todo o mundo;
   b. *missão*: encarnar os valores e práticas da realidade escatológica agora, permanecendo fiel e verdadeiro, ainda que, se necessário, até à morte;
   c. *profecia*: apontar e se manifestar contra valores e práticas que estejam em discordância com aqueles da nova criação vindoura de Deus, quer tais coisas ocorram entre o povo de Deus ou no mundo de forma geral e
   d. *esperança*: reconhecer que essa nova criação não pode ser alcançada por esforço humano, ou mesmo oração, pois só pode ser antevista neste momento por meio da graça; ela virá em plenitude somente no momento definido por Deus e após a derrota final de todos os poderes que se unem contra Deus e a humanidade: o mal, o império e sua cultura de morte, e a própria morte.

Por esse motivo, a igreja adoradora, missional, profética e esperançosa é inspirada por Apocalipse a orar, juntamente com João: "Vem, Senhor Jesus!" É a esperança da vinda do Senhor e da nova criação, cultivada em oração, que possibilita a fidelidade e a resistência da igreja. Esse espírito é capturado de forma eloquente na letra do hino *How can I keep from singing* [Como posso deixar de cantar?]:[15]

> Minha vida flui em uma canção sem fim:
> Acima do lamento da terra,
> Eu ouço o doce hino, porém distante
> Que saúda uma nova criação.
>
> *Refrão*
> Tempestade alguma pode abalar minha calma interior,
> Enquanto eu estiver agarrado a esse refúgio;
> Já que Cristo é o Senhor dos céus e da terra,
> Como posso deixar de cantar?
>
> Em meio a todo tumulto e confusão
> Ouço a música tocando;
> Ela ecoa em minha alma —
> Como posso deixar de cantar?

8. Por fim, se ainda havia alguma dúvida de que Apocalipse efetivamente realiza uma reconfiguração cristológica de Deus, especialmente proeminente nos capítulos de 4 a 5, a conclusão de Apocalipse confirma essa interpretação. Aqui, o templo da cidade é "o Senhor Deus todo-poderoso e o Cordeiro" (21:22), "a glória de Deus a ilumina, e o Cordeiro é a sua candeia" (21:23); e o trono de Deus que temos visto desde o primeiro capítulo (1:4) é explicitamente "o trono de Deus e do Cordeiro" (22:1,3; cf. 7:17). Isso pode ser ainda mais reforçado pelo epílogo, se compreendermos que o primeiro dos três "Eis que venho em breve" (22:7,12,20) é dito pelo Senhor Deus (veja 22:6-9 à luz de 1:8). O Alfa e o Ômega do prólogo é claramente Deus (1:8), mas quando o leitor chega ao epílogo, o Alfa e o Ômega se tornou, ou passou a incluir, o Senhor Jesus (22:13).

---

[15]Há na verdade diversas versões deste hino, que foi originariamente escrito em 1868 pelo ministro batista Robert Wadsworth Lowry, mas complementado e alterado desde então. Inclui apenas duas estrofes originais, mais o refrão.

O livro de Apocalipse termina com um epílogo (22:6-21): uma série de frases curtas que resumem diversos aspectos do livro. Ouvimos palavras de afirmação, bênção e esperança. Também ouvimos palavras de advertência. O tom dominante nesses versículos finais, contudo, é de convite e promessa. O convite é um convite duplo, e a promessa é também uma promessa dupla. A igreja convida Jesus a vir (22:20), e ele promete fazê-lo (22:7,12,20). Além disso, a igreja, no Espírito, convida outros a virem e, aos que respondem positivamente, é prometido o dom da vida (22:17). Essa é a mensagem de Apocalipse: *o Cordeiro amoroso, libertador e doador da vida, que é Senhor, convida todo e qualquer um a fazer parte de sua comunidade de discípulos, sua noiva fiel, e assim adentrar a nova criação de Deus. Apocalipse é, essencialmente, um livro de evangelização, uma palavra de boas-novas, um convite para seguir o Cordeiro rumo à nova criação.* A moderna canção de adoração *Todos os que têm sede,* mencionada no capítulo 1, ecoa essa mensagem: *Todos os que têm sede,* todos os que estão fracos / Venham à fonte / Mergulhem seu coração no riacho da vida".

Esse não é um convite para uma espiritualidade privada superficial, mas para um discipulado público profundamente arraigado de fidelidade, esperança e amor, em meio a um mundo por vezes hostil que segue outros senhores e deuses. Os riscos dessa empreitada são elevados, mas a recompensa é ainda maior.

VISÃO FINAL E TESTEMUNHO PRESENTE: APOCALIPSE E A MISSÃO DA IGREJA

Antes de concluir este capítulo, devemos falar sobre uma última crítica ao livro de Apocalipse: de que ele promove uma esperança "ilusória" que deixa as pessoas "tão alienadas que não realizam bem algum na terra". Apocalipse realmente promove uma apatia ética?

Lamentavelmente, temos visto em muitos ramos da igreja cristã uma tendência forte e persistente de ver a escatologia como um meio de escapar *para fora* deste mundo rumo ao futuro, e com isso fugir das responsabilidades presentes *para com* este mundo. Essa escatologia escapista e não ética tem se deparado em alguns círculos com um movimento na direção oposta, com o efeito de que a escatologia acaba reduzida ao esforço humano. A atividade humana de alguma forma traria a Utopia, o reino de Deus, justiça para todos, sensatez ecológica, ou qualquer que venha a ser a mais recente preocupação cultural.

Essas duas tendências opostas podem ser verificadas especialmente em como os cristãos leem Apocalipse. Muitas leituras "tradicionais", bem como perspectivas dispensacionalistas mais modernas (a série *Deixados para trás*, por exemplo), tendem a ver a descrição apresentada por Apocalipse de novo céu e nova terra como uma realidade futura distante, sem sérias consequências para como vivemos atualmente, exceto que devíamos estar preparados para responder "por que Deus deveria me deixar entrar no céu". Reagindo a esse tipo de abordagem, porém, alguns cristãos têm argumentado que a escatologia é agora, pois Deus espera que coloquemos um fim no morticínio e na injustiça do império, para criar um novo mundo de vida e justiça mediante esforços próprios. Levada ao extremo, essa reação pode eliminar a dimensão escatológica de Apocalipse e da esperança cristã de forma geral. Pode-se ver isso em diversas intensidades, em determinadas interpretações liberais e ecológicas de Apocalipse.

Tais leituras de Apocalipse são certamente compreensíveis, mormente como reações contra a irresponsabilidade de outras abordagens. No fim das contas, porém, essa abordagem que traz a perspectiva escatológica para o presente não é teologicamente coerente. Aliás, é um tipo de pelagianismo coletivo — a crença na salvação pelo esforço humano. Ou seja, ela equivocadamente supõe que o esforço humano pode produzir o reino de Deus e, dessa forma, deixa de levar suficientemente a sério o poder do pecado individual e coletivo. Esse tipo de abordagem também demonstra desconhecimento de séculos de tentativas fracassadas de instituir com mãos humanas aquilo que somente Deus pode instaurar.

Haveria então um meio-termo entre as interpretações escapistas de Apocalipse, voltadas para o futuro, e as interpretações ilusórias de suas promessas como algo plenamente concretizável neste mundo, em uma utopia criada por mãos humanas? A resposta é "Sim" e ela se concentra na palavra "testemunha", tão importante em Apocalipse. Igrejas e indivíduos cristãos são chamados a dar testemunho da presente realidade transcendente de Deus e de seu reino, assim como sobre a futura renovação escatológica de Deus e seu governo vitorioso final, no qual haverá vida, paz e justiça verdadeiras para todos. Adela Yarbro Collins coloca isso da seguinte forma:

> O destino do mundo e até da igreja está além do controle humano. As pessoas, contudo, podem discernir os contornos desse destino e se aliar a ele. Elas podem evitar trabalhar contra isso. E podem incorporar seus valores e testificar perante o mundo.[16]

Cristãos dão esse testemunho tanto por palavras quanto por atos, proclamando e demonstrando formas alternativas de vida que representem o reinado, atual e futuro, de Deus e do Cordeiro, revelado em Apocalipse. Apocalipse é, em outras palavras, um texto *missional*. (Voltaremos a isso no próximo capítulo.)

Como comunidades de testemunho e adoração incivil, os cristãos procuram praticar formas de paz, justiça, reconciliação, evangelização e cuidado com a terra, que estão implícitas na visão do novo céu e nova terra que nos é dada em Apocalipse 21 e 22. Em adoração visionária e sincera, fomos incluídos no plano do próprio Deus para a recriação do mundo, e ansiamos por compartilhar essa visão testemunhando por meio de ações concretas. Por exemplo, um Deus que planeja a cura das nações e que "apaixonadamente deseja que as nações parem de aprender a guerra, jamais poderá se sentir à vontade em um mundo no qual o sustento é obtido por meio de guerras e destruição [...]".[17] Nem nós.

Isso é feito, não com o sonho falso e delirante de que tais ações possam um dia levar todas as nações à fé em Cristo, derrotar todo pecado institucional, pôr fim ao império e renovar todas as coisas. Na verdade, é porque os cristãos possuem a real esperança de que *Deus* verdadeiramente fará essas coisas, e por terem experimentado

---

[16]Collins, *Apocalypse*, p. 150.
[17]Boesak, *Comfort and protest*, p. 130.

os primeiros sinais desse futuro, com uma transformação completa em sua própria vida e comunidades, que eles tentam, pelo poder do Espírito, viver como uma comunidade alternativa, moldada tanto pela realidade da nova criação, quanto pela promessa de *plenitude* dessa nova criação no futuro provido por Deus. Tal testemunho escatológico foge da irresponsabilidade escapista de algumas interpretações de Apocalipse, sem postular um erro teológico que não seria menos equivocado.

Para resumir: as visões de João nos capítulos 21 e 22 são "vislumbres prolépticos"[18] do futuro de Deus que nos convocam a testificar concretamente sobre elas agora.[19] Esse futuro não é principalmente sobre "ir para o céu quando morrermos", embora os mártires e outros santos já estejam de fato com Deus no plano celestial. Em última instância, contudo, a conclusão de Apocalipse não fala sobre ir para o céu, quer após a morte ou em um arrebatamento. Na verdade, a esperança de Apocalipse não é sobre arrebatamento ou ir para o céu, mas sobre o que Barbara Rossing chama de "arrebatamento reverso": a descida de Deus até nós![20] Isso não é negar a existência do céu no presente, mas posicionar a ênfase escatológica (futura), onde Apocalipse a coloca: no céu e na terra sendo transformados em uma realidade única e integrada: o novo-céu-e-nova-terra.[21]

APOCALIPSE 21 E 22 COMO ROTEIRO PARA A MISSÃO CRISTÃ

O Apocalipse não leva à apatia sobre o presente ou o futuro do mundo. Ele, mais exatamente, compele seus leitores a formarem uma comunidade missional que testifica da vinda de Deus e da plenitude do reino de Deus entre a humanidade.

---

[18] Devo essa intensa e precisa expressão à minha aluna da Duke, Katherine Smith.
[19] Tais vislumbres podem ser encontrados em outros textos, como em 7:9-17.
[20] Rossing, *The rapture exposed*, p. 141-58.
[21] Ou seja, o "casamento entre o céu e a terra" (Wright, *Surprised by hope*, p. 104-6). Mesmo a realidade atual, denominada céu, não é essencialmente uma fuga deste mundo ou das responsabilidades. Para o fiel que falece, o céu é um lugar de atividade de louvor e oração. Para aqueles que ainda vivem na terra, "não é outra vida, mas a profundeza transcendente de nossa história que nos faz viver esta vida de forma diferente" (González, *Out of Every Tribe and Nation*, p. 75).

Lendo Apocalipse *com* responsabilidade

O que significaria se Apocalipse fosse utilizado como um livro de missão cristã, até mesmo como *chave* para uma hermenêutica missional? Se Apocalipse revela o objetivo do divino, da narrativa bíblica e, portanto, o objetivo da existência humana (salvação), então o que vemos em sua conclusão — ou seja, em Apocalipse 21:1—22:5 (e textos correlatos) — nos dá tanto uma imagem do *télos* quanto os contornos da missão cristã: dar testemunho no presente sobre o futuro, o *télos*. Apocalipse 7, um dos mais relevantes, porém subestimados, textos do Novo Testamento, brevemente descreve:

> uma grande multidão que ninguém podia contar, de todas as nações, tribos, povos e línguas, em pé, diante do trono e do Cordeiro, com vestes brancas e segurando palmas. E clamavam em alta voz: "A salvação pertence ao nosso Deus, que se assenta no trono, e ao Cordeiro!" (Apocalipse 7:9,10).

Essa liturgia multinacional perpétua encarna a salvação universal proporcionada em Cristo: a reconciliação dos povos da terra entre si e com seu criador e redentor. Os dois aspectos de sua reconciliação são testemunhados por sua alta voz e pelo louvor comum a todos.

Já mencionamos em Apocalipse 21:1—22:5 imagens e promessas adicionais dessa salvação: a presença de Deus, a ausência de sofrimento e mal, o exuberante jardim urbano com belos muros e ruas, e árvores que produzem perpetuamente frutos e folhas para a cura das nações.

O que significa testemunhar antecipadamente, agora, sobre essa salvação? Essa é a primeira e urgente questão missional que devemos enfrentar. A resposta, por questão de necessidade, será tanto "vertical" como "horizontal". Ou seja, envolverá tanto o relacionamento entre o homem e Deus, como o relacionamento entre os homens. E isso significará testificar sobre o caráter físico e a beleza da nova criação, que já começou (cf. 2Coríntios 5:17).

Parte do tempo que passei escrevendo este livro foi no lado oriental da República de Camarões, na periferia da capital provincial de Bertoua. Fui até lá para dar palestras em um seminário repleto de estudantes brilhantes e dedicados que aprendiam hebraico e grego — e todo o resto — sem a ajuda de livros. Em Camarões, a maior parte do povo é pobre e sofre muito, frequentemente por falta das necessidades mais básicas, mas às vezes por causa de pressões e perseguições espirituais de todos os tipos. Os cristãos de lá certamente não são a elite arrogante de Laodiceia, mas bem mais parecidos com os pobres e desvalidos, embora fiéis, crentes de Esmirna e Filadélfia.

Bertoua, a cidade principal em uma região com florestas densas e vibrantes, não é uma Jerusalém celestial (ou mesmo terrena). Lá não há estradas pavimentadas com ouro; aliás, há somente três ou quatro ruas com algum tipo de pavimentação. As cerca de 250 mil pessoas que chamam essa cidade de lar não veem pedras preciosas com cores brilhantes. As únicas coisas que brilham são os telhados de zinco que cobrem uma maioria de casas modestas, feitas de tijolos de barro vermelho escuro, lama e palha, madeira, ou (por vezes) concreto mal pintado. Além da madeira, há diamantes e talvez ouro, a ser minerados em Camarões, mas não se vê evidência da riqueza natural do país em nenhuma de suas cidades ou seus vilarejos com telhados de palha. A região rural é magnífica, com vegetação exuberante e diversas fontes de água natural, mas na cidade é difícil conseguir água. Algumas pessoas possuem água encanada em suas casas, mas algumas precisam caminhar até um dos poços cavados pela Kiwanis International ou por alguma outra organização humanitária.

Por isso, a imagem de uma cidade agradável, de um jardim urbano para todos, como o descrito em Apocalipse 21:22—22:5, tem um poderoso apelo e promessa, quando considerados a partir desse ponto de vista. A esperança de uma bela cidade aqui na terra não é um ópio para o pobre, ou uma redução irresponsável do evangelho a um ingresso para o céu, pela classe média. Em vez disso, trata-se da esperança legítima de libertação da pobreza e da opressão, para uma plenitude de vida como Deus queria que fosse. Em Camarões, por exemplo, a crise econômica mundial de 2008 — o colapso temporário da dominação e da estabilidade do império com semelhanças notáveis com Apocalipse 18 — tornou a vida na cidade sitiada ainda pior. Talvez somente os pobres, os subdesenvolvidos, os oprimidos possam *realmente* apreciar essa cidade de esperança. Ela tem sido fonte de verdadeira esperança para muitos cristãos em circunstâncias difíceis ao longo dos últimos 2.000 anos, em especial aqueles que entoavam hinos de esperança — tanto por essa vida quanto pela próxima — após terem sido raptados de lugares não muito distantes de Camarões:

> **Em breve seremos livres**
> Caminharemos pelas ruas de ouro (3x)
> Onde o prazer será eterno.
> Meu irmão, quanto tempo (3x)
> Até que acabe nosso sofrimento aqui?
> Em breve seremos livres (3x)
> Quando Jesus me libertar.
> Lutaremos pela liberdade (3x)
> Quando o Senhor vier nos levar para casa.

Aqueles que vivem em melhores circunstâncias que essas irmãs e irmãos não ousem criticá-los por ter tal esperança. Aliás, todos os que creem podem ter tal esperança, pois não é uma esperança apenas pessoal, mas pela família de nações e por todo o cosmo.

Ao mesmo tempo, tal esperança não alivia nossas responsabilidades perante os outros e pelos outros agora. Em Bertoua há um lugar chamado Maranatha Spiritual Center, um local para retiros e orientação espiritual.[22] Por causa de seu nome, seria possível pensar que a organização se mantém alienada do sofrimento cotidiano, com seus frequentadores apenas orando e despertando a esperança na segunda vinda. A realidade, entretanto, é exatamente o contrário. As pessoas associadas ao Maranatha Spiritual Center também se envolvem intensamente em cuidar das necessidades físicas diárias das pessoas e em trabalhar com outros organismos — funcionários do governo, profissionais de saúde e assim por diante — visando o desenvolvimento da população de Camarões, para que possam ter uma vida com Deus e comunitária que seja menos contraditória com sua realidade escatológica.

---

[22]*Maranatha* é aramaico para "Vem, Senhor!" (veja 1Coríntios 16:22).

Dessa forma, a esperança na vinda do Senhor não dá aos crentes, nem o dever nem o direito, de ficar sem fazer nada, exceto esperar passivamente. A esperança, quando apartada da fé, não passa de autoajuda otimista e cega: a heresia do pelagianismo. Mas a esperança separada do amor é narcisismo: o erro do antinomianismo (o abandono da responsabilidade ética). É efetivamente uma rejeição da fé cristã.

A oração de esperança que diz Maranata ("Vem, Senhor Jesus!") de Apocalipse 22:20 deve, portanto, ser lida como uma forma resumida do Pai Nosso e sua voz de comando à comunidade cristã. Orar pela vinda do reino, pela vinda do Senhor, é comprometer-se, juntamente com a comunidade, a incorporar os valores e práticas daquele reino — *agora* — a despeito das circunstâncias em que nos encontremos. Os hinos (relativamente desconhecidos) do século 20 *For the healing of the nations* [Pela cura das nações], de Fred Kaan, e O *Lord you gave your servant John* [Ó Senhor, deste a teu servo João] tentam capturar esse relacionamento dinâmico entre visão e missão, sem pressupor que possamos efetuar o reino de Deus por conta própria. O hino de Kaan, de 1965, começa: "Pela cura das nações, Senhor, oramos", e inclui a linha: "Todo o que aniquila a vida abundante, que seja da terra banido". Patterson escreveu em 1988: "Tu deste a teu servo João uma visão do mundo porvir / Uma cidade radiante repleta de luz [...] Nossas cidades trajam mortalhas de dor [...] Vem, Senhor, torna real a justa visão de João / Vem habitar entre nós, tornar novas todas as coisas / Tentamos em vão salvar nosso mundo / A menos que nossa ajuda venha de ti".

O roteiro apresentado em Apocalipse 21 e 22 não pode, contudo, ser reduzido a uma visão de justiça social, separada de Deus e da salvação de indivíduos. Apocalipse não permitiria esse erro comum, mais do que permitiria uma escatologia escapista. A visão final é, para sermos mais exatos, profundamente pastoral, espiritual, evangélica e litúrgica, assim como social. A cura das nações requer que as pessoas adorem a Deus e ao Cordeiro em união. Esperança pela salvação do mundo também significa a salvação de cada indivíduo; Deus enxuga as lágrimas de todos os seres humanos, um por vez. Como vimos no capítulo 1, examinando a origem do hino para corais

"Vem depressa, Senhor Jesus", a esperança da vinda de Jesus conforta aqueles que enfrentam dores e perdas pessoais, assim como conforta aqueles que são politicamente oprimidos.

A igreja missional — a igreja *integralmente* missional — constitui um antegozo do futuro que vemos descrito em Apocalipse 21 e 22: uma concretização proléptica e parcial, possibilitada pelo Espírito, e em testemunho, da nova criação de Deus para cada pessoa e para todos. "O céu", escreve Eugene Peterson, "não é uma passagem púrpura costurada no fim de Apocalipse para florear a retórica, mas uma imersão nas realidades do governo de Deus em nossa vida, que tem o efeito de reavivar nossa obediência, fortificar-nos para o longo prazo e estimular um testemunho corajoso".[23]

Isso nada mais é que outra forma de testemunho fiel, ou de resistência fiel, pois resistir ao império e a seus efeitos no mundo é viver segundo o império (reino, reinado) de Deus, e vice-versa. Isso só ocorre pelo poder do Espírito e apenas mediante a compreensão de que somente Deus pode estabelecer o reino em sua plenitude. Ademais, a igreja em missão deve estar sempre preparada para se tornar uma igreja sitiada, como João alertou suas igrejas. Missão e sofrimento, de fato, quase sempre andarão de mãos dadas. Como a atividade missional da igreja é sempre um prenúncio do fim e como a igreja universal vive sempre sob a ameaça de perseguição, a igreja que testemunha e sofre é, portanto, sempre a igreja esperançosa que jamais cessa de orar: "Vem, Senhor Jesus!"

QUESTÕES PARA REFLEXÃO E DEBATE

1. De que formas Apocalipse 21 e 22 conclui o livro de Apocalipse, o Novo Testamento e toda a Bíblia cristã?
2. Em sua experiência com a igreja, ela tem pendido mais para a apatia escapista ou para o pelagianismo coletivo? Como a igreja pode manter um equilíbrio missional adequado sem cometer nenhum desses erros?

---

[23] Peterson, *Reversed thunder*, p. 173.

3. Como os capítulos finais de Apocalipse podem ajudar a moldar a missão de sua comunidade cristã em particular?

4. Em que sentido Apocalipse é um livro direcionado aos oprimidos e a respeito dos oprimidos? Como leitores que não estão entre os oprimidos podem, ainda assim, ler e prestar atenção a Apocalipse?

CAPÍTULO 10 | # Seguindo o Cordeiro:
a espiritualidade de Apocalipse

Ao longo deste livro, dissemos que, embora Apocalipse seja muitas coisas, não é uma previsão detalhada de eventos do fim do mundo. É, no entanto, um texto espiritual. Algumas pessoas podem ter problemas para relacionar Apocalipse à espiritualidade. A palavra espiritualidade em um contexto cristão, porém, significa simplesmente a experiência vivida da fé cristã,[1] ou seja, viver por Deus e pelo reino de Deus, viver em Cristo, uma vida capacitada pelo Espírito. Nesse capítulo final, faremos uma síntese de tudo o que foi abordado até agora, com foco na fé cristã como experiência vivida, que é tanto pressuposta como defendida por Apocalipse. Que tipo de igreja e que tipo de cristão o Espírito que fala em Apocalipse deseja formar?

A MENSAGEM DE APOCALIPSE: UM BREVE RESUMO

Como podemos resumir o que dissemos sobre o livro de Apocalipse e sua mensagem? Chamamos Apocalipse de um texto teopoético,

---

[1] Veja McGinn e Meyendorff, editores, *Christian spirituality: origins to the twelfth century*, p. xv.

teopolítico e profético-pastoral. Trata-se, acima de tudo, de um documento formador de comunidades, que tem o objetivo de tornar comunidades de crentes em Jesus como o Cordeiro de Deus em comunidades mais fiéis e missionais de testemunho e adoração incivil.[2] A principal agenda de João, o Vidente, é aumentar a fidelidade da aliança na igreja universal — naquela época e agora. Para usar expressões do próprio livro de Apocalipse, o objetivo de seu autor é formar comunidades *vitoriosas*, comunidades capazes de conquistar e que conquistarão. E, por "conquistar", Apocalipse quer dizer permanecer fiel, ainda que às custas da própria vida, a fim de experimentar a vida eterna e gloriosa com Deus, o Cordeiro e todos os remidos no novo céu e na nova terra de Deus. Se isso soa como o que alguns cristãos (especialmente certos protestantes) denominam "obras de justiça", está na hora de pararmos de nos preocupar com essas questões e começarmos a perceber a seriedade do chamado à fidelidade à aliança nas Escrituras, incluindo Apocalipse. Apocalipse enxerga morte em toda parte, principalmente nos flagelos das culturas imperiais (quer antigas ou modernas), que prometem vida, mas entregam o oposto. O Novo Testamento oferece resgate dessa cultura de morte em todas as suas formas, mas sua oferta de salvação é uma oferta de libertação da morte *para uma nova forma de vida*. Ou seja, a salvação no Novo Testamento está relacionada tanto com a fidelidade (lealdade) quanto com a fé (consentimento e confiança).[3]

Não se trata, contudo, de "obras de justiça", pois não conquistamos nossa salvação — o Cordeiro fez isso por nós com sua morte. A questão, mais precisamente, é no que exatamente a salvação consiste; e o livro de Apocalipse, bem como o restante do Novo Testamento, deixa claro que a salvação consiste em uma aliança de relacionamento fiel com Deus e com outros, possibilitada pela morte de Cristo, pela ação do Espírito e pelo incentivo de outras testemunhas fiéis, vivas e mortas.

Em outras palavras, segundo Apocalipse, fomos redimidos *de* uma cultura de morte *pela* morte do Cordeiro, *por* sua fidelidade até a

---

[2]Como em outras partes deste livro, com "incivil" quero dizer "religião não civil".
[3]Para uma análise completa sobre a salvação no Novo Testamento e na Bíblia como um todo, veja Middleton; Gorman, "Salvation".

morte — sendo tudo isso, paradoxalmente, a própria vida. E também é a própria vitória. Trata-se de vencer a tentação até que ela desista ou ceda, mesmo diante de tudo o que a cultura de morte pode fazer.

A ESPIRITUALIDADE DE APOCALIPSE

Que tipo de espiritualidade emerge quando lemos Apocalipse como um texto teopoético, teopolítico e profético-pastoral, voltado para o reino de Deus e para o Cordeiro que foi morto, por meio do qual o Espírito ainda fala às igrejas — e não como um roteiro sobre o fim da história? Uma espiritualidade *teopolítica, litúrgica e missional*, uma espiritualidade de *testemunho e adoração incivis*. Por sua própria natureza, não é uma espiritualidade privada ou meramente íntima; em vez disso, ela é materializada no mundo — "realizada". Leitores fiéis são intérpretes fiéis do drama e da canção teopolítica que é Apocalipse. "Curiosamente", escreve Richard Hays, "Apocalipse inicia com uma bênção sobre aqueles que o "realizam" [1:3] [...] Para que essa obra tenha pleno efeito, ela deve ser lida em voz alta; eis o tipo de texto de que falamos, semelhante ao roteiro de uma peça — uma peça na qual o próprio leitor se posiciona como ator".[4]

Essa espiritualidade performática ou narrativa possui os seguintes elementos principais:

- adoração;
- discernimento, visão e imaginação;
- fidelidade e resistência profética (à idolatria e à injustiça);
- autocrítica;
- guerra cruciforme, corajosa e não violenta;
- testemunho e missão comunitários incorporados, incluindo evangelização; e
- esperança.

Não se trata, em outras palavras, de uma espiritualidade para os fracos.

---

[4]Hays, *Moral vision*, p. 184.

Adoração

Apocalipse nos convoca a adorar a Deus, o criador e redentor, o Alfa e o Ômega, aquele que reina. Ele nos convoca a adorar Jesus, o redentor, o Cordeiro que foi morto, o Alfa e o Ômega, que é Senhor. O reinado de Deus não se situa apenas no futuro ou no passado, mas no presente. A convocação à adoração é, portanto, inseparável do comprometimento. Deus, em Cristo, assim como oferece tudo, exige tudo. Quando uma comunidade adora publicamente este Deus, abandonando as reivindicações enganosas e idólatras de entidades políticas, ideologias culturais e tudo o mais que, em última análise, exija crença e fidelidade, duas coisas acontecem. Primeiramente, a comunidade — como um todo e como indivíduos — será tomada, como o próprio João (1:10), pelo Espírito de Deus, e se tornará um espaço sagrado no qual sua vida e imaginação poderão ser cada vez mais convertidas à imagem do Cordeiro. Em segundo lugar, as outras pessoas perceberão. Elas presenciarão o testemunho fiel que a comunidade dá acerca da Testemunha Fiel. Alguns serão atraídos, outros ficarão indiferentes, desconfiados ou até mesmo hostis.

Não é por acaso que Apocalipse, como um livro de adoração, esteja repleto de canções, ou que tantos cristãos, ao longo dos séculos, tenham composto hinos e canções baseados em Apocalipse. Aqueles que seguem o Cordeiro são um povo cantante. Nosso louvor é jubiloso, mas também sério, porque cantar algo como "Digno é o Cordeiro" é "um ato político, e o poder político do ato é maior porque ele é cantado, visto que outros podem se juntar ao coro e fixá-lo na memória auditiva".[5]

Uma vez que a espiritualidade litúrgica de Apocalipse diz respeito a comprometimento e vida, e não apenas a rituais e canções, quem adora a Deus e ao Cordeiro deve evitar, voluntária e conscientemente, envolver-se em qualquer coisa que se aproxime da idolatria, especialmente do sincretismo nacionalista que permeia tantas igrejas (igrejas que poderão discordar, ironicamente, em muitos outros assuntos). Segundo Apocalipse, na adoração da igreja, devemos honrar profetas

---

[5] Hays, *Moral vision*, p. 184.

e mártires, não veteranos e guerreiros mortos; testemunhas fiéis, não patriotas leais; àquele que foi morto para garantir nossa verdadeira liberdade, não àqueles que mataram e foram mortos para preservar (assim é alegado) nossa liberdade. O *fato de uma verdade tão óbvia parecer tão estranha, tão radical, apenas demonstra o quão confortável a igreja acabou ficando em seu conluio com a besta.*

Em algumas igrejas, o que deveria ser impensável se tornou normal, até mesmo esperado. Em algumas, deixar de celebrar um feriado nacional, principalmente algum que homenageie guerreiros, é um pecado maior do que pular a Quinta-Feira Santa e o Pentecostes. Tais feriados se tornaram versões civis-religiosas da Sexta-Feira Santa, uma vez que as mortes dos que não voltaram da guerra são tratadas como sacrifícios comparáveis ao de Cristo: "Ninguém tem maior amor do que aquele que dá a sua vida pelos seus amigos" (João 15:13) é inadequadamente transformado, de uma declaração sobre discipulado junto a Cristo, em um mantra militarizado sobre o serviço ao país.

Em Apocalipse, a fidelidade é retratada de forma *positiva* por seguir o Cordeiro (14:4), e ser marcado com o selo de Deus de propriedade e proteção (7:3). Ela também é retratada de forma *negativa* pela recusa em seguir a besta ou receber a marca da besta (13:16,17; 14:9,11; 16:2; 20:4). Juntas, essas duas imagens da fidelidade demonstram que não podemos seguir os dois caminhos: a besta e o Cordeiro, o poder imperial e o poder do Cordeiro, a religião civil misturada à adoração a Deus e ao Cordeiro. Essa é uma propositura na qual é preciso escolher *uma ou outra opção com consequências extremamente sérias.* Aqui, não é permitido haver síntese ou sincretismo. O chamado "incivil" de Apocalipse é para que renunciemos à adoração idólatra dos poderes seculares e adoremos somente a Deus.

A maioria de nós não gosta de premissas em que temos de escolher um ou outro caminho quando se trata de "religião". Em especial, não gostamos de ter de escolher entre "religião civil" e "discipulado cristão". É mais fácil seguir os dois caminhos. O que torna a adesão dupla especialmente atraente é que ela parece tão correta, tão nobre, tão piedosa. Por que ela é tão sedutora? Porque, segundo Apocalipse, essa é a obra demoníaca, enganosa e intencional dos mecanismos de propaganda dos poderes imperiais idólatras (19:20; 20:3). Compromisso ou devoção nacionalista, especialmente quando revestido de trajes religiosos, pode não parecer idolatria, mas Apocalipse nos faz encarar o problema de frente (13:4,8,12,15; 14:9,11; 16:2; 19:20).

Para a maioria dos leitores deste livro, sua Babilônia não será um regime totalitário empenhado em opressão e perseguição manifestas, ou que ameace fazê-lo. Mas esse é precisamente o ponto. Apocalipse oferece uma visão da igreja em um império *comum*. Nós ficamos aquém da visão de Apocalipse para a igreja em muitos aspectos. Na adoração, ouvimos o Espírito falando por meio de canções, das Escrituras, de sermões e das pessoas. Uma parte essencial da adoração, como vemos nas mensagens às igrejas, é o arrependimento. Certamente, essa palavra é um aspecto fundamental do que o Espírito nos diz, pois também nos reunimos no presente para adorar.

Fui recentemente inspirado pela maneira como um pastor recém-ordenado que conheço, ao se preparar para liderar seu primeiro culto de adoração — no domingo, 4 de julho — reuniu-se com a liderança laica da igreja no dia anterior para discutir seus planos para um culto que, normalmente, incluiria hinos patrióticos e até o juramento à bandeira americana. Ele lhes disse gentilmente: "Esse é um dia no qual expressamos orgulho por nosso país, mas não durante a adoração. Na adoração devemos nos concentrar em Jesus e isso é especialmente importante para mim em meu primeiro domingo. Poderíamos fazer isso e remover os elementos patrióticos da adoração?" "Até mesmo as artes em vermelho, branco e azul que projetamos na tela com as letras dos hinos?", perguntou um líder leigo. "Sim, até elas, se não for tarde demais." "Você é o pastor", respondeu o líder leigo. "Faremos assim." E assim fizeram.

Discernimento, visão e imaginação

A adoração nos oferece uma visão alternativa de Deus e da realidade, que desvenda e desafia o império. Precisamos da sabedoria e da orientação do Espírito para executarmos corretamente essa visão. É crucial que a igreja não se retire da vida no mundo, mas somente daquilo que é contrário ao Cordeiro. Como ela pode reconhecer aquilo de que deve se afastar, e aquilo em que deve participar, sem o dom de discernimento do Espírito? Como ela pode saber o que lhe espera nessa vida alternativa, sem a visão que o Espírito dá àqueles que escutam o que o Espírito está dizendo às igrejas?

É importante reafirmar que Apocalipse não prega a rejeição total da cultura e do envolvimento com o mundo; prega, mais exatamente, o discernimento. Em outras palavras, uma coisa é viver em um império ou superpotência, viver à sombra da besta, tentando evitar toda participação nos males da idolatria, ao mesmo tempo em que dá testemunho de outro império, o reino de Deus, e assim trabalha pelo bem do mundo como sal e luz. Outra coisa totalmente diferente é endossar incondicionalmente esse império — ou qualquer cultura — ou sacralizá-lo. Ainda assim, isso é o que muitos cristãos e igrejas têm feito; eles têm batizado seu país e/ou cultura no nome do deus trino e uno dos poderes político, econômico e militar, imaginando equivocadamente tratar-se do poder de Deus.

O evangelho eterno do Cordeiro que foi morto revela o caráter imperfeito desse batismo incauto. Entretanto, como a religião civil se apropria maciçamente dos símbolos e textos da fé cristã, é quase impossível para muitos cristãos e igrejas reconhecer o problema diante de nós. O sincretismo é um mecanismo poderoso e sutil. Ele faz sentido. Mas, a "estratégia moral de Apocalipse [...] é destruir o bom senso como um guia para a vida".[6]

Assim, a visão necessária ao discernimento não torna a fé cristã antirromana, antiamericana, ou contracultural em um sentido geral e abrangente. Em vez disso, ela nos chama a confiar no Espírito de discernimento para distinguir o que é bom (e o neutro) do que é mau, a fim de que possamos permanecer *na* Babilônia, mas sem *pertencer* a ela. Nós aprendemos onde podemos dizer "sim", e onde devemos dizer "não". Assim, a missão da igreja pode prosseguir com fé e fidelidade.

Fidelidade e resistência profética

O fruto negativo da visão que discerne é a capacidade de dizer "não". A igreja cristã é facilmente seduzida pela idolatria e imoralidade

---

[6]Meeks, *The moral world of the first Christians*, p. 145.

do império, porque essas afirmações e práticas são frequentemente imbuídas de significado e autoridade religiosos. No contexto da "religião civil", a igreja é chamada a "sair dela", a se retirar. Para cristãos "convencionais" e afins que estão acostumados a fazer parte do *status quo*, isso será muito difícil, e muitos se oporão até mesmo à ideia de resistência.

Apocalipse, contudo, conclama todos os cristãos a se recusarem a participar em atos que expressem lealdade e devoção a deuses de poder e força, de caráter militar, político, social ou econômico. Em meio ao império, a igreja é chamada à resistência por palavras e atos, em uma consequência inevitável da fidelidade a Deus. É um chamado que requer o discernimento espiritual profético concedido pelo Espírito de Deus em verdadeira adoração. Isso significa falar a verdade diante do poder. E, como sabemos a partir do que lemos em Apocalipse, é uma vocação que pode resultar em diversos tipos e níveis de sofrimento.

Autocrítica

Uma espiritualidade apocalíptica, como a que vemos no livro de Apocalipse, carrega consigo diversos perigos inerentes, sendo a arrogância o principal deles. Falar em identificar idolatria e império, em resistência e em falar a verdade diante do poder, pode facilmente levar um indivíduo ou uma igreja a uma posição de autoconfiança que necessite de correção — e uma correção por vezes radical. Ainda assim, o texto apocalíptico, com suas categorias que exigem uma ou outra opção, não parece se prestar facilmente à autocrítica.

Não obstante, uma autocrítica é necessária.[7] Os videntes apocalípticos não veem, muito menos vivem, de forma impecável. Mesmo João aparentemente cometeu um erro grave em duas ocasiões, ao tentar adorar um anjo (19:9,10; 22:8,9). E nós não somos João, muito menos um dos anjos reveladores ou uma das criaturas cheias de olhos perante o trono de Deus. O chamado ao arrependimento em Apocalipse é dirigido à igreja, tanto quanto é dirigido ao mundo;

---

[7] Veja Charry, "'A sharp two-edged sword'", p. 351-3, 357-60.

cinco das sete igrejas receberam críticas de Jesus. "Não há motivos para acomodação — tão somente vigilância (3:3), e o esforço constante para manter as próprias vestes limpas (22:4)."[8]

Guerra cruciforme, corajosa e não violenta

A resistência (perspicaz, criativa e autocrítica) exigida dos cristãos pode ser comparada a uma guerra em que se busca a vitória. Mas como essa vitória pertence ao Cordeiro que foi morto e venceu, a resistência cristã ao império assume a forma do padrão cruciforme de Jesus Cristo, seus apóstolos e santos: fiel, verdadeira, corajosa, justa e não violenta. Apocalipse descreve em visões mais profundas e tridimensionais o que Efésios 6 fala de forma mais resumida, mas ainda assim com imagens poderosas:

> Pois a nossa luta não é contra inimigos de carne e sangue, mas contra os poderes e autoridades, contra os dominadores deste mundo de trevas, contra as forças espirituais do mal nas regiões celestiais. Por isso, vistam toda a armadura de Deus [veja v. 14-17], para que possam resistir no dia mau e permanecer inabaláveis, depois de terem feito tudo (Efésios 6:12,13).

Aqui é importante destacar como Apocalipse expressa uma espiritualidade e uma ética de não violência, como vimos nos capítulos anteriores. Há três pontos estreitamente relacionados que devem ser colocados.

Primeiramente, em sua morte fiel e sofredora, Jesus já havia demonstrado como Deus lida com o mal e como o povo de Deus deve lidar com o mal. Sua morte desferiu o golpe final no mal e na própria morte, não em uma exibição de força violenta, mas no ato paradoxal e subversivo de não confrontar o mal em seus próprios termos. Sua morte liberta do mal, da morte e da violência todos os que o abraçam, e à sua morte, como a revelação apocalíptica de Deus no mundo.

---

[8] Rowland, "The Book of Revelation", p. 523.

Em segundo lugar, Apocalipse sabe que a verdadeira existência espiritual é uma guerra, mas define a vitória na batalha cósmica pela fidelidade. Nem o Cordeiro nem seus seguidores pelejam de qualquer outra forma que não seja a fidelidade, a ponto de por ela sofrerem e morrerem.

Em terceiro lugar, como a derrota do mal já foi em princípio alcançada pela morte do Cordeiro, em um discurso-ato não violento de resistência fiel, sua queda derradeira será finalmente obtida da mesma forma. Esse é o *modus operandi* do Cordeiro: ele vem montado no cavalo branco da vitória, envergando seu próprio sangue, lembrando-nos de que ele derrotará os poderes do mal *como o Cordeiro*, não com uma espada em sua mão, mas com uma espada em sua boca. Assim como foi o discurso-ato não violento de resistência fiel ao mal encarnado — a cruz — que iniciou o processo de destruição do mal, também a Palavra de Deus, o evangelho eterno, eliminará a morte e desfará o mal quando o mesmo Cristo retornar. Mais uma vez, a palavra do Senhor não voltará para Deus vazia (Isaías 55:11); ela cumprirá sua missão, mas do modo de Deus, do modo do Cordeiro.

Esse *modus operandi*, de ação e fala fiel e não violenta, fundamentado na vida e no testemunho do Cordeiro, é o modo de agir oferecido e, em última análise, requerido, dos seguidores do Cordeiro. O falso culto da religião civil acarreta a nacionalização (ou tribalismo), e até a militarização, da adoração. No verdadeiro culto a Deus e ao Cordeiro, porém, a adoração é universal e pacífica. Sua guerra é empreendida com palavras, não com armas. Até mesmo o clamor por justiça é uma expressão desse tipo de guerra, uma afirmação verbal da fidelidade de Deus com um consequente compromisso incivil de não violência. *Essa combinação de clamor por justiça e compromisso com a não violência pode ser a mais importante característica da teologia e da espiritualidade litúrgica de Apocalipse.*

Richard Hays reitera essas conclusões:

> Uma obra que coloca o Cordeiro que foi morto no centro de seu louvor e adoração, dificilmente poderia ser usada para validar violência e coerção. O juízo derradeiro de Deus sobre os ímpios será,

sem a menor dúvida, inexorável [...] mas esses eventos [de juízo em Apocalipse] estão nas mãos de Deus; eles não constituem um programa para ações militares humanas. Como um paradigma para a ação da comunidade fiel, Jesus é a testemunha fiel que conquista por meio do sofrimento [...] Aqueles que leem as imagens de batalhas em Apocalipse com um viés literal deixam escapar a forma em que a lógica simbólica da obra no seu todo desmancha o simbolismo de violência.[9]

Testemunho e missão comunitários incorporados

Apocalipse não é, em princípio, um livro para ser dissecado, mas um livro para ser vivido; eis a natureza da literatura de resistência. A resistência cristã, tal qual a guerra, não é passiva, mas ativa. Ela consiste na formação de comunidades e indivíduos que se comprometem exclusivamente com Deus: a viver um amor não violento em relação a amigos e inimigos; a deixar a vingança para Deus, mas dar testemunho sobre a salvação e o juízo vindouro de Deus; a criar, pelo Espírito de Deus, mini culturas de vida como alternativas à cultura de morte do império; e a convidar todos os que desejarem ter uma vida com Deus a se arrependerem e adorarem a Deus e ao Cordeiro. A vontade de Deus é que todos sigam o Cordeiro e participem, agora e no futuro, na vida do "Deus conosco" para sempre. Uma comunidade que leve a sério a espiritualidade de Apocalipse será, portanto, despudoradamente evangelizadora; ou seja, proclamará em palavras e atos "o evangelho eterno" (14:6) e convidará outros para a comunhão dos santos. Apocalipse nos oferece uma espiritualidade missional.

O conceito de espiritualidade *missional* pode parecer inicialmente estranho, especialmente à luz do chamado que vemos em Apocalipse: "Saiam dela [Babilônia], vocês, povo meu" (18:4). Isso parece restringir qualquer diálogo sobre missões, mesmo antes de começar. Entretanto, como vimos em nosso estudo de Apocalipse 21 e 22, "saiam dela" não é um chamado para a fuga, assim como a

---

[9]Hays, *Moral vision*, p. 175.

espiritualidade de Apocalipse não é escapista. Esse recuo não é bem um êxodo físico, mas teopolítico; uma fuga da religião civil e da idolatria da adoração ao poder, como argumentamos ao longo do livro. É um distanciamento criativo e autoimposto de certos valores e práticas.[10] Esse é o pré-requisito necessário para que possamos levar uma vida de fidelidade na própria Babilônia, de onde escapamos. Ou seja, a igreja não pode ser igreja *na* Babilônia até que se torne uma igreja *fora* da Babilônia.

Apocalipse tanto diz "sim" quanto "não" para o mundo. Uma igreja que esteja ao mesmo tempo dentro e fora da Babilônia não conseguirá ficar parada. Perceber a idolatria nos leva a evangelizar. Perceber a injustiça nos leva a agir. "Ninguém pode adentrar criativamente o mundo narrado neste livro e permanecer satisfeito em relação a como as coisas são em um mundo injusto."[11] Ambos são necessários, e ambos estão fundamentados na visão final e esperançosa de Apocalipse.

Em outras palavras, uma espiritualidade de adoração incivil e resistência não significa que a igreja não tenha interesse na "prosperidade da cidade" (Jeremias 29:7). É o exato oposto. Sua atividade missional no interesse da prosperidade da cidade, contudo, não é moldada pelos valores e pelos planos da cidade, mas pelo evangelho. A igreja fiel expressa seu compromisso com a cidade — para com os "habitantes da terra" — somente nas formas que sejam fiéis ao evangelho e à identidade dos cristãos como seguidores do Cordeiro. Isso significa que a igreja, acima de tudo, servirá; e que seu serviço seguirá o exemplo do Cordeiro, será cruciforme. Ela não sacralizará nem buscará poder secular, seja econômico, político ou militar. Ela, em outras palavras, repudiará a cristandade em favor de Cristo.

---

[10]Isso não descarta uma mudança geográfica e pode envolver isso para algumas pessoas. Tenho em mente o trabalho de John Perkins, que pratica e defende a realocação, reconciliação e redistribuição de cristãos, e o compromisso com o novo monasticismo, que ocupa lugares "abandonados pelo império".

[11]Hays, *Moral vision*, p. 183. Ele continua: "isso significa que Apocalipse só pode ser lido corretamente por aqueles que lutam ativamente contra a injustiça. Se Apocalipse é um texto de resistência, sua relevância só é clara para aqueles que estão empenhados em resistir". Veja tb. Schüssler Fiorenza, *Revelation: vision of a just world*, p. 139.

Esperança

Deus, o criador, e Cristo, o redentor, levam muito a sério o mal e a injustiça e, em breve, ambos julgarão a humanidade e renovarão o cosmo. Esperamos e ansiamos pelo momento em que as lágrimas de todos serão enxugadas e pela cura das nações. Antevemos os dias em que as nações adorarão a Deus e ao Cordeiro. Damos testemunho, com palavras e atos, sobre um futuro que é garantido. Sabemos, porém, que somente Deus pode trazer essa derradeira realidade futura à terra, por isso oramos constantemente: "Vem, Senhor Jesus!"

A beleza da esperança em Apocalipse é que ela é tanto pessoal quanto global, até cósmica. Ela pode nos confortar em momentos de perda pessoal, como na morte de um ente querido; e em momentos de perda global, como em casos de desastres naturais ou em tempos de graves flagelos, como guerras ou genocídios. No fim das contas — no final da Bíblia — o livro de Apocalipse é um livro de esperança.

CONCLUSÃO

Apocalipse naturalmente não é o único livro da Bíblia e sua espiritualidade não pode ser examinada isoladamente, assim como a espiritualidade de nenhum outro livro ou autor pode substituir o testemunho bíblico como um todo. Apocalipse deve dialogar com o restante do cânon. Mas sem prestar atenção em sua voz profético-apocalíptica, podemos não ser provocados a fazer as perguntas difíceis que nenhum outro livro bíblico propõe de forma tão incisiva, e podemos deixar de perceber coisas que nenhum outro livro revela com tamanha clareza. Ademais, olhar para Deus e para a vida pelos olhos de Apocalipse nos ajudará a recuperar a mensagem dos profetas, de Jesus e de Paulo, como nossos antolhos culturais — quaisquer que eles sejam — não permitem, uma vez que nos impedem de enxergar ou até mesmo ocultam de nós a mensagem.

QUESTÕES PARA REFLEXÃO E DEBATE

1. Quando definimos a espiritualidade de Apocalipse como "uma espiritualidade teopolítica, litúrgica e missional, uma espiritualidade de testemunho e adoração incivis", o que isso significa para você? Você pode citar algumas formas específicas pelas quais sua comunidade cristã pode incorporar a questão do discipulado cristão *versus* religião civil, e ao mesmo tempo reafirmar os aspectos positivos da cultura na qual está inserida?

2. Você está convencido de que uma vida de não violência é central para o livro de Apocalipse? Para o discipulado cristão? Por que, ou por que não?

3. Em que aspectos Apocalipse é um livro repleto de esperança?

4. De que maneira a interpretação de Apocalipse oferecida neste livro poderia influenciar as práticas de evangelização da igreja?

POSFÁCIO

Lendo Apocalipse com responsabilidade (reprise)

Ler Apocalipse com responsabilidade, conforme o que argumentamos, não é lê-lo como um roteiro para o futuro, mas como um roteiro para a igreja. Precisamos ser claros sobre o que isso significa da forma mais incisiva possível: *acabamos de virar a abordagem adotada por muitos, se não pela maioria, dos leitores de Apocalipse de pernas para o ar.* (Não que esse livro seja o primeiro, ou o único, a fazê-lo, como as diversas citações e notas comprovam.) Ademais, argumentamos que Apocalipse desequilibra o jogo apocalíptico, por assim dizer, que muitos dão como certo. Nutro a convicção e a esperança de que a abordagem oferecida neste livro é tanto mais fiel às palavras de João quanto mais salutar para a igreja — e para o mundo.

Então, como realizamos esse roteiro incivil, teopoético, teopolítico, não violento, missional e profético "na prática"? Ao longo do livro, tentei apresentar ao menos algumas ideias e exemplos. Apocalipse mesmo nos oferece, creio eu, três pares de palavras altamente relevantes — e uma quarta palavra isolada, somando (logicamente) um total de sete.

O primeiro par de palavras seria *olhar* e *ouvir*. Trata-se de um livro de visões e sons, que nos convida a lançar nosso olhar sobre o

Cordeiro que foi morto. Ele nos chama a ver nele tanto o caminho para Deus quanto o caminho de Deus. Meditamos no caráter expiatório de sua morte, mas também no testemunho fiel de sua morte. Abrimos nossos ouvidos, pessoal e coletivamente, para o Espírito que constantemente fala à igreja.

O segundo par de palavras seria *adorar* e *testemunhar*. Este é um livro de hinos e liturgias. Então oferecemos nosso louvor a Deus e ao Cordeiro, noite e dia. Empenhamos nossa lealdade ao único que é digno dela. Permitimos que nosso louvor, e a visão de Deus e do Cordeiro que o inspira, contagie e influencie tudo o que pensamos, dizemos e fazemos. E também falamos às outras pessoas sobre o único que é digno de sua adoração e fidelidade. Nosso testemunho consiste em ação, não apenas em palavras.

O terceiro par de palavras seria *sair* e *resistir*. Este é um livro de desafio profético e de expectativas desconfortáveis, porque a maioria de nós gosta daquilo que o império alega oferecer: segurança, propósito, controle da história, honra sagrada, dever e bênçãos; e nos dispomos a, em troca, oferecer nossa mente, coração e corpo. Com nossa visão corrigida pelo Cordeiro e nosso foco nele, procuramos em seguida desvencilhar nossa mente, coração e corpo de tudo o que promete vida, mas entrega morte. Precisamos resistir à sedução da normalidade e da religião civil e confrontar o mundo de novas maneiras e em novos termos. Nós não aceitamos ou participamos da sacralização do poder secular: político, militar, econômico ou em qualquer outra forma. Em vez de colocar adesivos do arrebatamento em nossos carros — "Em caso de arrebatamento, este veículo ficará desgovernado" — anunciamos, com palavras e atos (e talvez até alguns adesivos de para-choque) que seguimos o Cordeiro.

A última palavra, então, seria simplesmente *seguir*. Seguimos o Cordeiro. *Vicit Agnus noster, eum sequamur* — "Nosso Cordeiro venceu; sigamo-lo" — disseram os morávios e John Howard Yoder. Procuramos segui-lo para fora do império, rumo à nova criação; mas também, paradoxalmente, para dentro do império: penetrando os cantos escuros do império, naqueles lugares onde a visão de Deus e do Cordeiro é mais necessária; onde a morte precisa ser substituída pela vida; onde podemos testificar com palavras e atos sobre a

Lendo Apocalipse com responsabilidade (reprise)

vinda da nova criação; onde haverá água da vida para todos e a dor e as lágrimas chegarão ao fim, e haverá cura para todas as pessoas e nações. Nós o seguimos rumo a um novo céu e uma nova terra que foram libertados dos efeitos do nosso pecado, e até do próprio pecado; cheios de vida com a presença perpétua do Deus vivo, em quem podemos nos perder e encontrar em eterno assombro, temor e louvor. Viver fielmente à luz dessa visão não é um desafio pequeno.

Apocalipse encerra o cânon; completa a história de Deus. Talvez não fosse demasiadamente ousado afirmar que, se a igreja de Jesus Cristo fosse fiel à sua vocação no século 21, o livro de Apocalipse — em especial sua visão do Cordeiro que foi morto, venceu e está por vir — deveria se tornar mais central em nossa adoração, nossa espiritualidade, nossas práticas. Talvez, de uma forma profunda, o último livro da Bíblia devesse se tornar o primeiro livro da igreja.

Digno é o Cordeiro! Amém. Vem, Senhor Jesus!

BIBLIOGRAFIA

ABRAMS, M. H., org. *The Norton anthology of English literature*. 3. ed. (New York: Norton, 1974). vol. 2.

AUNE, David. "The influence of Roman Imperial Court Ceremonial on the Apocalypse of John". *Biblical Research* 18 (1983): 5-26.

_____. *Revelation*. Word Biblical Commentary 52 A-C. (Waco: Word, 1997-1998). 3 vols.

_____. "Revelation". In: James L. Mays, et al., orgs. *The HarperCollins Bible commentary*. Ed. rev. (San Francisco: HarperSanFrancisco, 2000). p. 1187-202.

BARR, David R. "John's ironic Empire". *Interpretation* 63 (2009): 20-30.

BAUCKHAM, Richard. *The climax of prophecy: studies on the Book of Revelation*. (London: T. & T. Clark, 1993).

_____. *Jesus and the God of Israel: God crucified and other studies on the New Testament's Christology of divine identity* (Grand Rapids: Eerdmans, 2008).

_____. *The theology of the Book of Revelation*. New Testament Theology (Cambridge: Cambridge University Press, 1993).

BEALE, G. K. *The Book of Revelation*. New International Greek Testament Commentary (Grand Rapids: Eerdmans, 1999).

_____. *John's use of the Old Testament in Revelation*. Journal for the Study of the New Testament Supplement Series 166 (Sheffield, Reino Unido: Sheffield Academic, 1998).

BEASLEY-MURRAY, George R. *The Book of Revelation*. New Century Bible (Grand Rapids: Eerdmans, 1974).

BLOUNT, Brian K. *Revelation: a commentary*. New Testament Library. (Louisville: Westminster John Knox, 2009).

BOESAK, Allan A. *Comfort and protest: the Apocalypse from a South African perspective* (Philadelphia: Westminster, 1987).

BONHOEFFER, Dietrich. *Discipleship*. Trad. para o inglês Barbara Green; Reinhard Krauss. Dietrich Bonhoeffer Works 4 (Minneapolis: Fortress, 2001).

_____. *Discipulado*. Trad. Ilson Kayser (São Leopoldo: Sinodal, 2016).

BORING, M. Eugene. *Revelation*. Interpretation (Louisville: John Knox, 1989).

BOXALL, Ian. *The Revelation of Saint John*. Black's New Testament Commentaries. (Peabody: Hendrickson, 2006).

Boyd, Gregory A. *The myth of a Christian nation: how the quest for political power is destroying the Church* (Grand Rapids: Zondervan, 2005).

Boyer, Paul S. *When time shall be no more: prophecy belief in modern American Culture* (Cambridge: Belknap, 1992).

Carey, Greg. "The Book of Revelation as counter-imperial script". In: Richard A. Horsley, org. *In the shadow of Empire: reclaiming the Bible as a history of faithful resistance.* (Louisville: Westminster John Knox, 2008). p. 157-76.

Carter, Warren. *Matthew and Empire: initial explorations* (Harrisburg: Trinity, 2001).

_____. *The Roman Empire and the New Testament: an essential guide* (Nashville: Abingdon, 2006).

Charry, Ellen T. "'A sharp two-edged sword': pastoral implications of apocalyptic". In: William P. Brown, org. *Character and Scripture: moral formation, community, and biblical interpretation.* (Grand Rapids: Eerdmans, 2002). p. 344-60.

Chesterton, G. K. *Orthodoxy.* Ed. centenária (Nashville: Sam Torode Book Arts, 2009 [1908]).

_____. *Ortodoxia.* Trad. Almiro Pisetta (São Paulo: Mundo Cristão, 2008).

Clouse, Robert G. "Christian hope thru history". http://www.presence.tv/cms/christianhope_clouse.shtml. Acesso em: 3 de março de 2004.

_____, org. *The meaning of the millennium: four views* (Downers Grove: InterVarsity, 1977).

Clouse, Robert G.; Hosack, Robert N.; Pierard, Richard V. *The new millennium guide: a once and future guide* (Grand Rapids: Baker, 1999).

Cohn, Norman. *The pursuit of the millenium: revolutionary millenarians and mystical anarchists of the Middle Ages.* Ed. rev. e ampl. (Oxford: Oxford University Press, 1970).

Collins, Adela Yarbro. *The Apocalypse.* New Testament Message (Collegeville: Liturgical, 1990 [1979]).

_____. "Introduction: towards the morphology of a genre". *Semeia* 14 (1979): 1-20.

Crossan, John Dominic. *God and Empire: Jesus against Rome, then and now* (San Francisco: HarperSanFrancisco, 2007).

Daniels, T. Scott. *Seven deadly spirits: the message of Revelation's letters for today's church* (Grand Rapids: Baker Academic, 2009).

Davis, Ellen F. *Scripture, culture, and agriculture: an agrarian reading of the Bible* (Cambridge: Cambridge University Press, 2009).

DeSilva, David A. *Seeing things John's way: the rhetoric of the Book of Revelation* (Louisville: Westminster John Knox, 2009).

Desrosiers, Gilbert. *An introduction to Revelation: a pathway to interpretation* (London: Continuum, 2000).

EWING, Ward. *Power of the Lamb: Revelation's theology of liberation for you* (Eugene: Wipf & Stock, 2006 [1990]).

FRIESEN, Steven J. *Imperial cults and the Apocalypse of John: reading Revelation in the ruins* (New York: Oxford University Press, 2001).

GONZÁLEZ, Justo L. *Out of every tribe and nation: Christian theology at the ethnic roundtable* (Nashville: Abingdon, 1992).

GORMAN, Michael J. *Elements of biblical exegesis: a basic guide for students and ministers*. Ed. rev. e exp. (Peabody: Hendrickson, 2009).

_____. *Reading Paul*. Cascade Companions (Eugene: Cascade Books, 2008).

_____. "A 'seamless garment' approach to biblical interpretation?". *Journal of Theological Interpretation* 1 (2007): 117-28.

HARINK, Douglas. *Paul among the postliberals: Pauline theology beyond Christendom and modernity* (Grand Rapids: Brazos, 2003).

HAYS, Richard B. *The conversion of the imagination: Paul as interpreter of Israel's Scripture* (Grand Rapids: Eerdmans, 2005).

_____. *The moral vision of the New Testament: a contemporary introduction to New Testament ethics; cross, community, new creation* (San Francisco: Harper SanFrancisco, 1996).

HILL, Craig C. *In God's time: the Bible and the future* (Grand Rapids: Eerdmans, 2002).

_____. *O tempo de Deus: a Bíblia e o futuro*. Trad. Carlos Caldas; Jarbas Aragão (Viçosa: Ultimato, 2004).

HORSLEY, Richard. *Revolt of the scribes: resistance and apocalyptic origins* (Minneapolis: Fortress, 2010).

HOWARD-BROOK, Wes; GWYTHER, Anthony. *Unveiling Empire: reading Revelation then and now*. Bible and Liberation Series (Maryknoll: Orbis, 1999).

_____. *Desmascarando o imperialismo: interpretação de Apocalipse ontem e hoje*. (São Paulo: Loyola: Paulus, 2003).

HUGHES, Richard T. *Myths America lives by* (Urbana: University of Illinois Press, 2003).

JEWETT, Robert. *Mission and menace: four centuries of American religious zeal* (Minneapolis: Fortress, 2008).

JEWETT, Robert; LAWRENCE, John Shelton. *Captain America and the crusade against evil: the dilemma of zealous nationalism* (Grand Rapids: Eerdmans, 2003).

JOHNS, Loren L. *The Lamb Christology of the Apocalypse of John: an investigation into its origins and rhetorical force*. Wissenschaftliche Untersuchungen zum NeuenTestament, 2/167 (Tübingen: Mohr Siebeck, 2003).

JOHNSON, Luke Timothy. *The writings of the New Testament: an interpretation*. 3. ed. (Minneapolis: Fortress, 2010).

KOESTER, Craig R. "On the verge of the millennium: a history of the interpretation of Revelation". *Word & World* 15 (1995); 128-36.

_____. *Revelation and the end of all things* (Grand Rapids: Eerdmans, 2001).
_____. "Revelation's visionary challenge to ordinary Empire". *Interpretation* 63 (2009): 5-18.
KOVACS, Judith; ROWLAND, Christopher. *Revelation: the Apocalypse of Jesus Christ*. Blackwell Bible Commentaries (Malden: Blackwell, 2004).
KRAYBILL, J. Nelson. *Apocalypse and allegiance: worship, politics, and devotion in the Book of Revelation* (Grand Rapids: Brazos, 2010).
_____. "Apocalypse now". *Christianity Today* 43/12 (Oct. 25, 1999): 30-40.
_____. *Imperial cult and commerce in John's Apocalypse*. Journal for the Study of the New Testament Supplement Series, 132 (Sheffield: Sheffield Academic, 1996).
_____. *Culto e comércio imperiais em Apocalipse de João*. Trad. Barbara Theoto Lambert (São Paulo: Paulinas, 2004).
KRODEL, Gerhard A. *Revelation*. Augsburg Commentary on the New Testament (Minneapolis: Augsburg, 1989).
LAHAYE, Tim. *Revelation unveiled* (Grand Rapids: Zondervan, 1999).
LAWRENCE, D. H. *Apocalypse and the writings on Revelation* (New York: Penguin, 1980 [1931]).
LINDSEY, Hal. *There's a new world coming: an in-depth analysis of the Book of Revelation* (Irvine: Harvest House, 1984 [1973]).
LUTHER, Martin. "Preface to the Revelation of St. John [I]". In: BACHMANN, E. Theodore. *Luther's works: Word and sacrament* (Philadelphia: Fortress, 1960). vol. 35. p. 398-9.
_____. "Preface to the Revelation of St. John [II]". In: BACHMANN, E. Theodore. *Luther's works: Word and sacrament* (Philadelphia: Fortress, 1960). vol. 35. p. 399-411.
MAIER, Harry O. *Apocalypse recalled: the Book of Revelation after Christendom* (Minneapolis: Fortress, 2002).
MANGINA, Joseph L. *Revelation*. Brazos Theological Commentary on the Bible (Grand Rapids: Brazos, 2010).
MATERA, Frank J. *New Testament theology: exploring diversity and unity* (Louisville: Westminster John Knox, 2007).
MCGINN, Bernard. *Antichrist: two thousand years of the human fascination with evil* (San Francisco: HarperSanFrancisco, 1994).
MCGINN, Bernard; MEYENDORFF, John (com LECLERCQ, Jean), orgs. *Christian spirituality: origins to the twelfth century*. World Spirituality 15 (New York: Crossroad, 1985).
MEEKS, Wayne A. *The moral world of the first Christians*. Library of Early Christianity 6 (Philadelphia: Westminster, 1986).
METZGER, Bruce M. *Breaking the code: understanding the Book of Revelation* (Nashville: Abingdon, 1993).

MIDDLETON, J. RICHARD; GORMAN, Michael J. "Salvation". In: SAKENFELD, Katharine Doob et al., orgs. *New interpreter's dictionary of the Bible* (Nashville: Abingdon, 2009). 5:45-61.

MÜLLER-FAHRENHOLZ, Geiko. *America's battle for God: a European Christian looks at civil religion* (Grand Rapids: Eerdmans, 2007).

MURPHY, Francesca Aran. "Revelation, Book of". In: VANHOOZER, Kevin J. et al., orgs. *Dictionary for theological interpretation of the Bible* (Grand Rapids: Baker Academic, 2005). p. 680-87.

OKOYE, James Chukwuma. "Power and worship: Revelation in African perspective". In: RHOADS, David M., org. *From every nation: the Book of Revelation in intercultural perspective* (Minneapolis: Fortress, 2005). p. 110-26.

OLSON, Carl E. *Will Catholics be "left behind": a Catholic critique of the rapture and today's prophecy preachers* (San Francisco: Ignatius, 2003).

PETERSON, Eugene H. *Reversed thunder: the Revelation of John and the praying imagination* (San Francisco: HarperSanFrancisco, 1991 [1988]).

_____. *Trovão inverso: o livro de Apocalipse e a oração imaginativa*. Trad. Cláudia Ziller Faria (Rio de Janeiro: Habacuc, 2005).

PIPPIN, Tina. *Death and desire: the rhetoric of gender in the Apocalypse of John*. Literary Currents in Biblical Interpretation (Louisville: Westminster John Knox, 1992).

PRÉVOST, Jean-Pierre. *How to read the Apocalypse*. Trad. para o inglês John Bowden; Margaret Lydamore (New York: Crossroad, 1993).

PRICE, S. R. F. *Rituals and power: the Roman imperial cult in Asia Minor* (Cambridge: Cambridge University Press, 1984).

REDDISH, Mitchell G. *Revelation*. Smith & Helwys Bible Commentary (Macon: Smith & Helwys, 2001).

RESSEGUIE, James L. *The Revelation of John: a narrative commentary* (Grand Rapids: Baker Academic, 2009).

RICHARD, Pablo. *Apocalypse: a people's commentary on the Book of Revelation* (Maryknoll: Orbis, 1995).

_____. "Reading the Apocalypse: resistance, hope, and liberation in Central America". In: RHOADS, David M., org. *From every nation: the Book of Revelation in intercultural perspective* (Minneapolis: Fortress, 2005). p. 146-64.

ROSSING, Barbara R. *The rapture exposed: the message of hope in the Book of Revelation* (Boulder: Westview, 2004).

ROWE, C. Kavin. *World upside down: reading Acts in the Graeco-Roman age* (New York: Oxford University Press, 2009).

ROWLAND, Christopher C. "The Book of Revelation: introduction, commentary, and reflections". In: KECK, Leander E. et al., orgs. *The new interpreter's Bible* (Nashville: Abingdon, 1998). 12:501-736.

Russell, D. S. *The method and message of Jewish apocalyptic 200 BC-AD 100* (Philadelphia: Westminster, 1964).

Sanders, Jack T. *Ethics in the New Testament: change and development* (Philadelphia: Fortress, 1975).

Schnelle, Udo. *Theology of the New Testament*. Trad. para o inglês M. Eugene Boring (Grand Rapids: Baker Academic, 2009).

Schüssler Fiorenza, Elisabeth. *Revelation: vision of a just world*. Proclamation Commentaries (Minneapolis: Fortress, 1991).

Scofield, C. I., org. *The Scofield reference Bible* (Oxford: Oxford University Press, 1917 [1909]).

Sittser, Gerald Lawson. *A cautious patriotism: the American churches and the Second World War* (Chapel Hill: University of North Carolina Press, 1997).

Standaert, Michael. *Skipping towards Armageddon: the politics and propaganda of the Left behind novels and the LaHaye Empire* (Brooklyn: Soft Skull, 2006).

Stark, Rodney. *The rise of Christianity: how the obscure, marginal Jesus Movement became the dominant religious force in the Western World in a few centuries* (San Francisco: HarperSanFrancisco, 1997).

_____. *O crescimento do cristianismo: um sociólogo reconsidera a história*. Trad. Jonas Pereira dos Santos (São Paulo: Paulinas, 2006).

Stott, John. R. W. *What Christ thinks of the church: an exposition of Revelation 1—3* (Grand Rapids: Baker, 2003 [1958]).

_____. *O que Cristo pensa da igreja*. Trad. Rubens Castilho (Campinas: United Press, 1999).

Sweet, J. P. M. *Revelation*. Westminster Pelican Commentaries (Philadelphia: Westminster, 1979).

Talbert, Charles H. *The Apocalypse: a reading of the Revelation of John* (Louisville: Westminster John Knox, 1994).

Thompson, Leonard L. *The Book of Revelation: apocalypse and empire* (New York: Oxford University Press, 1990).

Tuck, William Powell. *The Left behind fantasy: the theology behind the Left behind tales* (Eugene: Resource Publications, 2010).

Tuveson, Ernest Lee. *Redeemer nation: the idea of America's millennial role* (Chicago: University of Chicago Press, 1968).

Wainwright, Arthur W. *Mysterious Apocalypse: interpreting the Book of Revelation* (Nashville: Abingdon, 1993).

Wall, Robert W. *Revelation*. New International Biblical Commentary (Peabody: Hendrickson, 1991).

Walvoord, John F. *The Revelation of Jesus Christ* (Chicago: Moody, 1966).

Wannenwetsch, Bernd. "Representing the absent in the city: *prolegomena* to a negative political theology according to Revelation 21". In: Jones, L. Gregory et al. *God, truth, and witness: engaging Stanley Hauerwas* (Grand Rapids: Brazos, 2005). p. 167-92.

Wesley, John. *Explanatory notes on the New Testament* (Grand Rapids: Baker, 1986 [1755]). Online: http://www.ccel.org/ccel/wesley/notes.titlepage.html.

Wilson, Mark. *Charts on the Book of Revelation: literary, historical, and theological perspectives* (Grand Rapids: Kregel, 2007).

Wilson-Hartgrove, Jonathan. *To Baghdad and beyond: how I got born again in Babylon* (Eugene: Cascade, 2005).

Wink, Walter. *Engaging the powers: discernment and resistance in a world of domination* (Minneapolis: Fortress, 1992).

Witherington III, Ben. *Revelation*. New Cambridge Bible Commentary (Cambridge: Cambridge University Press, 2003).

Wright, N. T. "Farewell to the rapture". *Bible Review* 17:4 (2001) 8, 52. Também disponível em http://www.ntwrightpage.com/Wright_BR_Farewell_Rapture.htm.

_____. *Following Jesus: biblical reflections on discipleship* (Grand Rapids: Eerdmans,1994).

_____. *The New Testament and the people of God* (Minneapolis: Fortress, 1992).

_____. *Surprised by hope: rethinking heaven, the resurrection, and the mission of the church* (New York: HarperCollins, 2008).

_____. *Surpreendido pela esperança*. Trad. Jorge Camargo (Viçosa: Ultimato, 2009).

Volf, Miroslav. *Exclusion and embrace: a theological exploration of identity, otherness, and reconciliation* (Nashville: Abingdon, 1996).

Yoder, John Howard. *The politics of Jesus:* vicit Agnus noster. 2. ed. (Grand Rapids: Eerdmans, 1994).

_____. *A política de Jesus*. Trad. Luis Marcos Sander; Geraldo Korndorfer (São Leopoldo: Sinodal, 1988).

ÍNDICE DE PASSAGENS BÍBLICAS

Antigo Testamento

Gênesis
2:8   *204*
2:9   *118*
3:22   *118*

Êxodo
3   *135, 139*
3:2   *139*
3:2,3   *139*
12   *141*
12:23   *169*
19—24
19   *135*
19:6   *142*
19:16   *139*
29:38-42   *142*

Números
28   *142*
31:8   *121*

1 Reis
16:31   *121*
18—21   *121*
22:19   *139*
22:19-33   *138*

1 Crônicas
24:1-19   *140*

Salmos
2   *166*
2:8,9   *119*
13:1,2   *195*
74:9,10   *195*

94:3   *195*
96—98   *59*
119:84   *195*

Isaías
6   *44*
6:1   *139*
6:1-4   *137*
6:4   *139*
21:9   *152*
23 e 24   *182*
24—27   *34*
25:8   *202*
27   *182*
35:10   *202*
43:18,19   *201*
44:6   *154*
44:9-11   *81*
53:7   *141*
54   *201*
54:11-14   *201*
55:11   *227*
60   *201*
60:11   *203*
60:19,20   *203*
65   *201*
65:17-19   *201*
65:19   *202*
65:25   *202*
65 e 66   *201*
66   *201*
66:22,23   *201*

Jeremias
11:19   *141*
29:7   *229*

50 e 51   *182*
51   *152*

Ezequiel
1   *6, 135*
1:4   *139*
1:5-25   *139*
1:13,14   *139*
1:18   *139*
1:22   *139*
1:26-28   *139*
1:26   *139*
2:9—3:3   *44*
3:3   *167*
9:4   *169*
10   *135*
10:15-22   *139*
26—28   *182*
37   *42*
37:26,27   *205*
38 e 39   *34*
40—48   *201*

Daniel
7—12   *34*
7   *113, 134, 135, 157*
7:2,3   *139*
7:3-7   *139*
7:9   *112-3, 139*
7:9, 10   *139*
7:9-14   *113*
7:10   *137-9*
7:13,14   *112, 142*
9:25-27   *93*

Zacarias
9—14   *34*

Índice de passagens bíblicas

Novo Testamento

Mateus
5:14   *73*
7:15   *131*
7:21   *131*
24   *34*
24:3   *86*
24:4   *124*
24:27   *86*
24:36   *13*
28:20   *131*

Marcos
13   *34*
13:32   *13*

Lucas
12:39   *124*
21   *34*

João
8:12   *73*
9:5   *73*
13—17   *122*
15:13   *75, 222*
20:26-29   *144*

Atos
10   *42*

Romanos
1:16   *142*
1:18-32   *178*
10:9   *54*

1Coríntios
1:18-25   *149*
1:23,24   *142*
6:18   *45*
10:14   *45*
15   *47*
15:23   *86*
15:26   *202*
16:22   *214*

2Coríntios
5:17   *212*

12:9   *135*

Gálatas
2:19,20   *144*

Efésios
6   *226*
6:12,13   *226*
6:14-17   *226*

Filipenses
2:6-11   *143*
2:9-11   *138*
2:10   *143*

1Tessalonicenses
2:19   *86*
3:13   *86*
4 e 5   *47*
4:5   *186*
4:13-18   *47*
4:15   *86*
5:1-11   *47*
5:2   *124*
5:23   *86*

1Pedro
4:17   *177*
5:13   *64*

1João
2:18   *13*
2:22   *13*
4:3   *13*

2João
1:7   *13*

Apocalipse
1—3   *83, 110-132, 152*
1   *44, 48, 133, 150*
1:1   *16, 34, 52, 61, 110*
1:1,2   *48, 110*
1:1-6   *199*
1:1-8   *21, 83, 84, 113*

1:2   *52*
1:3   *43, 48, 62, 111, 113, 220*
1:4   *39, 47, 52, 112, 119, 154, 156, 157, 207*
1:4,5   *24, 39*
1:4-6   *112*
1:4-8   *48*
1:4b,5   *153*
1:5   *81, 112, 113, 120, 141, 147, 156, 166, 167*
1:5,6   *143*
1:5b,6   *48, 58*
1:6   *112, 119, 142, 202*
1:7   *48, 59, 112, 156, 202*
1:8   *48, 100, 112, 118, 154, 207*
1:9   *44, 49, 167*
1:9-11   *110*
1:9-20   *44, 83, 84, 113, 199*
1:10   *156, 157, 221*
1:10,11   *139*
1:11   *48*
1:12   *38*
11:12,13   *113*
1:13   *38, 113, 117, 118, 156*
1:14   *38, 112, 113, 143*
1:14,15   *119*
1:16   *39, 118, 142, 177, 191*
1:17   *112, 113, 143, 156*
1:19   *61, 111*
1:20   *38, 113*
2 e 3   *44, 48, 83, 84, 113, 114, 115, 128, 130, 132, 166, 199*
2   *48, 166*
2:1   *38, 39, 117*
2:1-7   *115, 118, 121, 129*
2:2   *121*
2:5   *173, 177, 193*
2:6   *120*
2:7   *49, 157*

2:8-11   *115, 118, 123,*
    129
2:9   *121, 158*
2:10   *167*
2:11   *49, 157*
2:12-17   *115, 118, 123,*
    129
2:13   *54, 66, 121, 123,*
    127, 158, 167
2:14   *121*
2:14,15   *120*
2:16   *173, 193*
2:17   *157*
2:18-29   *115, 119, 124,*
    129
2:19   *124*
2:20   *121, 124*
2:20-22   *121*
2:20-25   *121*
2:21,22   *193*
2:23   *173*
2:24   *121, 124*
2:26   *191*
2:29   *157*
3   *48, 166*
3:1   *39, 125, 156*
3:1-6   *115, 119, 124, 129*
3:2   *125*
3:3   *124, 173, 177, 193,*
    226
3:4   *125*
3:4,5   *38, 166*
3:5   *173*
3:6   *157*
3:7-13   *115, 119, 125,*
    129
3:9   *121, 158*
3:10   *126*
3:13   *157*
3:14   *167*
3:14-22   *115, 120, 126,*
    129
3:15,16   *126*
3:16   *63, 113, 173*
3:17   *126*
3:18   *38, 137, 177*
3:19   *193*
3:20   *113, 127*
3:21   *143*

4 e 5   *44, 83, 84, 112,*
    133-149, 150, 174,
    175
4   *23, 48, 112, 139, 143,*
    145, 149, 148, 149,
    150, 156
4:1   *36, 44, 85, 93, 139*
4:1—22:5   *84*
4:2   *139, 156, 157*
4:4   *38, 39, 166, 167*
4:5   *39, 156, 157*
4:6-8   *39*
4:8   *24, 139, 140, 154*
4:8b   *58*
4:10   *39, 167*
4:11   *57, 138, 140*
5   *23, 112, 120, 140-145,*
    146, 147, 148, 149,
    150
5:1   *39, 140*
5:2,3   *63*
5:5   *39, 141, 142, 171*
5:6   *21, 39, 140, 141, 142,*
    143, 144, 156, 157,
    171
5:6-14   *21*
5:7,8   *63*
5:8   *38, 39, 63*
5:8-10   *143*
5:9   *57, 143, 146, 166,*
    202
5:9,10   *58, 142*
5:10   *142, 202*
5:11   *40*
5:12   *57, 146*
5:12-14   *24*
5:13   *143*
5:13b   *58*
5:14   *39, 146*
6—18   *44*
6—19   *93*
6—20   *83, 174-199*
6   *101, 140, 184*
6:1   *39*
6:1-8   *39, 177*
6:1—8:1   *83, 176*
6:1—11:19   *84*
6:2   *38*
6:4   *38*

6:5   *38*
6:6,7   *39*
6:8   *38*
6:9-11   *167, 194*
6:10   *166, 196*
6:11   *38, 166*
6:12   *38*
6:15-17   *188*
7   *62, 77, 143, 146, 147,*
    160, 169, 170, 171
7:1,2   *39*
7:1-8   *169*
7:1-17   *83, 181*
7:2-17   *21*
7:3   *169, 222*
7:3-8   *168*
7:4   *40, 169*
7:5-8   *40*
7:9   *38, 143, 166, 170,*
    202
7:9,10   *212*
7:9-17   *146, 169, 211*
7:10   *59, 144*
7:11   *39*
7:12   *58*
7:13   *14, 166*
7:13-17   *167*
7:14   *39, 166, 169*
7:15-17   *169*
7:17   *23, 144 ,156, 207*
8:1   *39, 63*
8:2   *39*
8:2—11:19   *83, 176*
8:3   *38*
8:3,4   *63*
8:6   *39*
8:6—9:21   *178*
8:7-12   *39*
8:9   *14*
8:11   *63*
8:13   *39*
9   *93*
9:4   *168*
9:7   *38*
9:13   *38*
9:15   *39*
9:17   *38*
9:18   *39*
9:20   *38*

Índice de passagens bíblicas

9:20,21 *154, 193*
10:1—11:13 *83, 181*
10:3,4 *39*
10:8-11 *44, 167*
10:9,10 *63*
10:11 *43*
10:13 *142*
11 *170*
11:1-13 *167*
11:2 *168*
11:2,3 *39*
11:5,6 *181*
11:9 *39*
11:11 *39*
11:13 *40, 169, 181*
11:15 *23, 59*
11:16 *39*
11:17,18 *58*
11:18 *184*
12 e 13 *39, 121, 158, 161*
12 *121, 141, 151, 158, 161, 165, 166, 169*
12:1 *39*
12:1-4 *166*
12:1—13:18 *83, 84*
12:3 *38, 39, 158*
12:3,4 *158*
12:4 *39*
12:5 *166*
12:6 *39*
12:9 *158*
12:10 *167*
12:10-12 *59*
12:11 *167*
12:13-17 *158*
12:14 *39*
12:17 *167*
13 *39, 41, 69, 70, 121, 152, 158, 176, 161, 182, 183, 186, 210*
13:1 *39, 158, 159*
13:2 *159*
13:3 *162*
13:3,4 *159*
13:4 *159, 223*
13:5 *39, 159*
13:7-9 *159*
13:8 *223*
13:10 *172*

13:11 *159*
13:12 *159, 223*
13:13-15 *159*
13:15 *223*
13:16,17 *159, 168, 169, 222*
13:18 *39, 161*
14 *106, 146, 181*
14:1 *39, 40*
14:1-20 *83, 84, 181, 192*
14:3 *39, 40*
14:4 *169, 202, 222*
14:6 *228*
14:6-20 *181*
14:6—19:10 *84*
14:8 *182*
14:9 *168, 222, 223*
14:11 *168, 222, 223*
14:13 *62, 157*
14:14 *38*
14:14-16 *169*
14:14-20 *193*
15:1 *39*
15:1—16:21 *83, 176*
15:2-4 *169*
15:3,4 *173*
15:3b,4 *58*
15:4 *202*
15:6 *38*
15:6-8 *39*
15:7 *38, 39*
16 *180, 182*
16:1 *39*
16:1-21 *178*
16:2 *168, 222, 223*
16:5b-7 *59*
16:6 *167*
16:7 *154*
16:9 *154, 193*
16:11 *154, 193*
16:12-16 *179*
16:13 *39*
16:15 *62*
16:17 *198*
16:19 *39, 182*
17 e 18 *152, 158, 164, 176, 182, 183, 201*
17 *182*
17:1 *39, 164*

17:1-6 *188*
17:1—19:10 *83, 176*
17:2 *183*
17:2,3 *164*
17:2-6 *164*
17:3 *38, 39, 156, 157, 159*
17:3,4 *38*
17:3-5 *183*
17:4 *38, 183*
17:5 *164, 182, 183*
17:6 *167*
17:7 *39*
17:9 *39, 64, 158*
17:9,10 *164*
17:12 *158, 188*
17:12-17 *164*
17:13 *183*
17:14 *23, 167, 183*
17:15 *164*
17:16,17 *184*
17:18 *164, 182, 188*
18 *70, 152, 158, 176, 182, 183, 184, 185, 186, 187, 196, 201, 213*
18:1-3 *188*
18:2 *152, 182, 188*
18:3 *173, 188*
18:4 *45, 127, 131, 185, 228*
18:7 *185*
18:8 *182*
18:9 *188*
18:9-13 *188*
18:10 *13, 182*
18:11 *188*
18:12 *38*
18:13 *173, 184, 187*
18:15 *188*
18:16 *38*
18:16-21 *182*
18:17 *13, 182*
18:19 *13, 182*
18:20 *195*
18:21 *182*
18:21-24 *196*
18:22,23 *63*
18:24 *167*

19 e 20 44
19—22 165
19 147, 193
19:1 195
19:1-4 195
19:1-9 177
19:1-10 181, 185
19:2,3 181
19:4 39
19:6 23
19:9 62
19:9,10 225
19:10 43, 157
19:11 38, 167
19:11-16 191
19:11-20 193
19:11-21 142, 176, 179
19:11—22:5 83, 84
19:12 23, 147
19:13 142, 180, 191
19:14 38, 166
19:15 142, 180, 194
19:16 23
19:18-21 173
19:20 168, 223
19:20,21 193
19:21 142, 177, 180, 191
20:1-6 89, 176, 181
20:2-7 40
20:3 223
20:4 168, 222
20:6 62, 118, 202
20:7-10 180
20:7-15 177
20:8 39
20:10 198
20:11 38
20:11-15 180
20:12 140
20:12-15 173
20:14 118, 152, 202
20:14,15 198
21 e 22 44, 83, 96, 128, 143, 153, 165, 169, 171, 199-217, 228
21:1 202
21:1-6 21
21:1-10 201
21:1—22:5 83, 199, 200, 203, 210
21:2 119
21:3 205
21:4 202
21:5 154
21:5-8 106
21:6 100, 154, 199, 200
21:7 119
21:8 118, 173, 185, 202
21:9 39
21:10 119, 159, 157
21:10—22:5 21
21:12 39
21:12-14 167
21:14 39
21:15 38
21:18 38
21:21 38, 39
21:22 119, 201, 203, 205, 207
21:22,23 144
21:22-27 173
21:22—22:5 213
21:23 203, 207
21:24 143, 173, 202
21:25 203
21:26 202
21:27 119, 202
22 24
22:1 23, 143, 200, 207
22:2 39, 118, 143, 170, 196, 202, 206
22:3 143, 154, 202, 207
22:3,4 201
22:4 118, 226
22:5 24, 203
22:6 43, 49
22:6-9 207
22:6-20 48
22:6-21 83, 84, 106, 199, 208
22:7 24, 43, 62, 207, 208
22:8 49
22:8,9 225
22:9 43
22:10 43
22:12 24, 156, 207, 208
22:12-21 21
22:13 100, 156, 207
22:14 63, 118, 166, 200
22:15 185
22:16 119
22:17 25, 157, 200, 208
22:18 43
22:19 43, 118, 200
22:20 24, 25, 156, 199, 207, 208, 215
22:20b 59
22:21 59

OUTRAS FONTES ANTIGAS

Apocalipse de Pedro

1Enoque
14:8—16:4 138
39:1—40:10 138
71:1-17 138

Epístola a Diogneto
4Esdras 34

Heródoto, Histórias
1.178 202

O *pastor*, de Hermas 35

Tácito, *Agricultura*
30.4,5 185

ÍNDICE REMISSIVO

Símbolos

666 19, 39, 159, 164, 173

A

abordagem interpretativa
 preditiva 11, 14, 29, 30, 46, 86, 89, 90, 91, 92, 95, 100, 107, 108, 109, 113, 158, 178, 208, 209, 233
 preterista 93, 95, 96
 profético-pastoral 86, 96, 106, 112, 113, 218, 220
 teopoética 27, 33, 56, 57, 86, 94, 95, 106, 220, 233
 teopolítica 27, 31, 33, 40, 46, 56, 82, 84, 87, 95, 106, 220, 233
adaptação cultural 46, 54, 81, 121, 122, 123, 124, 127, 129, 132
adoração 16, 23, 27, 28, 30, 32, 33, 41, 47, 48, 53, 56, 57, 60, 63, 64, 66, 67, 71, 77, 80, 81, 103, 104, 105, 106, 107, 108, 109, 127, 134, 135, 137, 140, 144, 146, 147, 148, 149, 151, 152, 153, 156, 157, 159, 168, 176, 195, 202, 205, 206, 208, 210, 219, 220, 221, 222, 223, 225, 227, 231, 234, 235
 e testemunho incivil 16, 28, 32, 82, 108, 127, 211, 223, 227, 231
Agostinho 94

Alemanha nazista 160
analogia 17, 32, 90, 96, 98, 99, 107, 158
anticatolicismo 101, 114, 160
anticristo 13, 14, 15, 17, 19, 27, 31, 108, 159, 162, 164, 173
antinomianismo 215
Antipas 54, 55, 118, 123, 127, 167
Apocalipse 33, 43, 51, 52, 110, 157, 174, 177
Armagedom 98, 179
arrebatamento 14, 15, 17, 19, 30, 45, 85, 93, 99, 100, 115, 126, 211, 234
arrependimento 14, 30, 82, 122, 123, 131, 154, 168, 173, 189, 192, 202, 223, 225, 228
arte 10, 22, 25, 26, 28, 165
Aune, David 10, 11, 41, 84, 94, 116, 126, 134, 138, 237
autocrítica 220, 226

B

Babilônia 22, 38, 44, 51, 56, 64, 68, 69, 70, 82, 83, 96, 106, 107, 134, 151, 152, 158, 165, 173, 175, 182, 187, 188, 189, 197, 200, 201, 204, 223, 224, 228
Bauckham, Richard 10, 55, 67, 80, 102, 112, 141, 144, 153, 155, 163, 179, 204
Beale, G. K. 37, 45, 102, 142, 237
bênçãos 37, 48, 59, 62, 111

Berrigan, Daniel 95
Berry, Wendell 42
bestas 25, 38, 40, 42, 69, 82, 98, 121, 152, 153, 155, 168, 177, 180, 186, 200, 203. *Veja tb.* anticristo
Bíblia de estudo Scofield 43, 93, 114
Blake, William 10, 25
Boesak, Allan 10, 30, 95, 197
Bonhoeffer, Dietrich 128, 237
Boring, Eugene 22, 84, 89, 141, 160, 169, 174, 237, 242
Boxall, Ian 10, 11, 126, 134, 237
Boyd, Gregory A. 73, 76, 82, 238
Brown, Brenton (e Glenn Robertson) 25

C

calvinismo 75
Calvino, João 21, 81, 90
Camping, Harold 13
cânon 22, 27, 35, 61, 90, 200, 230, 235
caricaturas políticas 40, 42, 52, 107
carta, Apocalipse como 33, 49, 52, 110
carta às sete igrejas 110
Carter, Warren 66, 189
Chesterton, G. K. 88, 238
cidades de Apocalipse 12, 21, 48, 65, 133, 151, 159
Collins, Adela Yarbro 210
Collins, John 34
comunidade de Taizé 170
conflito 158, 172
consumismo 107, 129, 175, 187
coragem 81, 105, 131, 168, 216, 220, 228
Cordeiro 16, 19, 22, 23, 28, 31, 32, 39, 40, 55, 57, 58, 59, 61, 62, 67, 68, 80, 82, 83, 86, 105, 108, 127, 149, 150, 156, 159, 160, 164, 168, 169, 173, 177, 180, 187, 189, 194, 198, 200, 201, 203, 206, 207, 210, 212, 215, 230, 235
cores 107, 128, 175, 187
correspondência em interpretação 60, 90, 96, 99
cristandade 229
cristofania 149
cristologia 16, 31, 36, 75, 81, 104, 107, 113, 149, 156
Crossan, John Dominic 20
cruciformidade 104, 105, 109, 113, 220, 227, 229
culto imperial 40, 49, 56, 69, 82, 121, 123, 127, 159
cultura 46, 52, 72, 75, 82, 103, 105, 125, 130, 132, 151, 152, 170, 183, 204, 219, 224, 228, 231

D

Daniels, T. Scott 129
Darby, J. N. D. 93
data da segunda vinda 13, 17
data de Apocalipse 51
Davis, Ellen 43
DeSilva, David 154, 238
discernimento 104, 108, 210, 220, 223
discipulado 15, 30, 31, 60, 62, 100, 101, 105, 108, 111, 113, 128, 208, 222, 231
dispensacionalismo 43, 93, 95, 100, 108, 116, 133, 180, 209
Domiciano 46, 51, 65, 159, 163
drama, Apocalipse como 62, 142, 182, 220
  e conflitos 60, 142, 150
  e enredo 142, 153
  e personagens 60, 142, 173
dualismo apocalíptico 37, 75

Dürer, Albrecht 10, 25, 26, 165
Dylan, Bob 134

E

eclesiologia 61, 77, 80, 96, 104, 108, 133, 156, 171, 172, 182, 188, 193, 195, 197, 198, 216, 220, 225, 229, 235
economia
   injustiça 55, 68, 80, 120, 128, 129, 158, 178, 183
   lealdade 188, 198
   poder 68, 80, 123, 124, 128, 129, 158, 173
Ellul, Jacques 95
Epístola a Diogneto 170
erros comuns de interpretação 102
escapismo 13, 43, 93, 100, 102, 109, 208, 215
escatologia 13, 22, 29, 43, 93, 102, 208, 209, 211, 215
Escritura 13, 53, 63, 196, 219, 223
esperança 12, 16, 23, 30, 31, 32, 35, 36, 41, 42, 55, 63, 66, 81, 86, 97, 100, 103, 108, 113, 168, 181, 185, 220, 230, 233
Espírito de Deus 16, 20, 25, 39, 49, 61, 62, 104, 105, 112, 115, 117, 129, 130, 136, 150, 152, 153, 156, 157, 208, 211, 216, 218, 219, 221, 223, 224, 225, 228, 234
espirituais 186, 213
espiritualidade de Apocalipse 101, 130, 208, 231, 235
estratégia interpretativa cruciforme 109
estrutura de Apocalipse 86, 111, 141, 176
ética, Apocalipse e 46, 145
evangelização 216, 220, 230
excepcionalismo americano 76

F

fidelidade 30, 32, 47, 55, 63, 65, 71, 74, 77, 96, 103, 104, 107, 108, 111, 131, 142, 151, 152, 154, 161, 164, 166, 170, 172, 181, 184, 186, 197, 206, 208, 219, 223, 224, 227, 229, 234
Fiorenza, Elisabeth Schüssler 10, 30, 95, 229, 242
Friesen, Steven J. 56
função canônica de Apocalipse 23, 28, 61, 200, 230, 235
funerais e Apocalipse 206

G

Gorman, Michael J. 15, 145, 219

H

Handel, G. F. 10, 23, 25, 146, 147
Harink, Douglas 36
Hays, Richard B. 10, 20, 27, 57, 95, 141, 220, 221, 227, 228, 229, 239
Hill, Craig 101, 102, 239, 242
hinos
   com texto de Apocalipse 10, 25, 41, 62, 130, 148, 179, 193, 207
   da religião civil 78, 193, 234
   em Apocalipse 58, 60, 84, 149, 150, 177
Horsley, Richard 35, 239
Howard-Brook, Wes (e Anthony Gwyer) 10, 30, 35, 56, 64, 65, 67, 69, 70, 95, 106, 178, 183, 200, 34, 239, 243

I

idolatria 17, 45, 56, 79, 80, 82, 104, 107, 119, 121, 127, 130, 151, 154, 156, 165, 175, 176, 185,

186, 190, 197, 200, 221, 223,
224, 225, 229
igrejas ortodoxas 21, 89
imaginação 23, 28, 41, 43, 50, 81, 97,
103, 109, 125, 179, 185, 186, 188,
193, 199, 220, 224
império 35, 38, 55, 73, 96, 101, 104,
113, 115, 160, 172, 175, 177,
185, 188, 197, 206, 209, 210,
216, 223
  contemporâneo 55, 73, 197, 223
  crítica ao/alternativa ao 86, 223,
229, 234
  Romano 32, 42, 46, 55, 73, 96, 122,
134, 160, 202
injustiça 36, 55, 56, 95, 105, 154,
178, 184, 187, 188, 190, 198, 209,
220, 229, 230
interlúdios 85, 182
interpretação missional 15
interpretações africanas de Apocalipse
27, 30, 41, 95, 197
interpretações concretizadoras 90
interpretações decodificadoras 61, 95
intertextualidade 45
ira 38, 58, 144, 176, 190
Ireneu 51, 92

J

João, autor de Apocalipse 51, 89, 110,
166
Joaquim de Fiore 25, 92
Johnson, Andy 9, 70
juízo 17, 19, 22, 31, 35, 38, 39, 47,
62, 85, 90, 105, 108, 121, 141,
142, 143, 149, 150, 152, 155,
165, 169, 173, 198, 202, 227,
228
  final 44, 142, 143, 176, 180
Justino Mártir 92

K

Kaan, Fred 215
King Jr., Martin Luther 30, 76, 78,
80, 95
Koester, Craig 10, 11, 15, 23, 29, 56,
68, 85, 100, 193, 239
Koresh, David 22
Kovacs, Judith 15
Kraybill, J. Nelson 9, 30, 66, 69, 71,
185, 197, 202, 240
Krodel, Gerhard 96, 240

L

LaHaye, Tim (e Jerry Jenkins) 30, 43,
91, 93, 101, 114, 180
Larkin, Clarence 114
Lawrence, D. H. 20, 188
lecionários, Apocalipse nos 21, 89
Lindsey, Hal 13, 44, 91, 93, 98, 114,
129
literatura de resistência 35, 47, 229
Lutero, Martinho 20

M

Maier, Harry 108, 130, 240
mal 31, 32, 36, 37, 40, 45, 61, 70, 75,
94, 96, 104, 105, 150, 154, 156,
157, 160, 161, 166, 174, 177, 190,
191, 193, 194, 198, 200, 202, 206,
212, 226, 230
Manz, Paul 10, 24
martírio/mártires 31, 36, 38, 78, 105,
118, 123, 127, 146, 167, 169, 172,
181, 195, 196, 199, 211, 222
Means, Alexander 147
Metzger, Bruce M. 9, 12, 27, 31, 45,
128, 165, 177, 192
milênio 89, 90, 92, 98, 100, 181
militarismo 75, 79, 101, 107, 142,
161, 188, 222, 227, 234
Minear, Paul 95

Índice remissivo

missão
    da igreja 15, 60, 61, 86, 105, 115, 116, 131, 157, 168, 171, 189, 206, 219, 220, 224, 233
    nacional/imperial 76, 77, 183
missio Dei (missão de Deus) 15, 55, 60, 61, 169, 192, 210
montanistas 21, 89
Murphy, Frances Aran 105
música 15, 23, 24, 28, 57, 76, 78, 95, 149, 208

N

nacionalismo 71, 76, 107, 142, 170, 186, 222
não violência 20, 67, 75, 105, 155, 189, 220, 231, 233
Nero 50, 54, 159, 162, 163
Newton, John 186
nicolaítas 118, 120, 121, 127
Nicolau de Lira 92
Nietzsche, Friedrich 20
nova canção 60
nova criação 16, 28, 32, 56, 83, 104, 106, 131, 153, 154, 176, 191, 198, 199, 200, 220, 230, 234
Nova Jerusalém 21, 38, 62, 83, 119, 144, 153, 165, 169, 182, 199
novo monasticismo 229
números 140, 159, 190

O

Okoye, James Chukwuma 41
Oriente Médio 27, 93, 101, 134, 138
Orígenes 94
ortodoxia 89, 122, 129, 131
ortopraxia 122, 129, 131

P

Paine, Thomas 20
Patmos 44, 49, 88, 156, 167
patriotismo 54, 74, 77, 171, 178, 222
Patterson, Joy 215
Paulo, apóstolo 12, 21, 45, 47, 48, 54, 135, 142, 145, 149, 178, 184, 230
pelagianismo 209, 215, 216
perseguição 36, 46, 49, 55, 61, 86, 108, 123, 125, 130, 152, 159, 167, 169, 172, 173, 213, 216, 223
personagens. *Veja* drama, Apocalipse como
Peterson, Eugene 10, 11, 17, 33, 43, 50, 63, 95, 117, 128, 130, 134, 161, 168, 178, 204, 216
Pippin, Tina 20
poder 41, 149, 183
    divino 31, 104, 141, 144, 145, 149, 152
    do Cordeiro 30, 31, 67, 107, 142, 145, 176, 222
    econômico 69, 72, 80, 123, 173, 224, 229, 234
    militar 55, 74, 80, 224, 225, 229, 234
    secular 16, 72, 80, 149, 161, 166, 222, 229, 234
poderes 37, 41, 56, 57, 71, 72, 80, 96, 107, 160, 164, 166, 173, 183, 189, 204, 206, 222, 223, 224, 226, 227
política e Apocalipse 27, 30, 31, 33, 40, 42, 46, 57, 82, 84, 93, 95, 101, 106, 121, 123, 127, 140, 156, 164, 183, 185, 199, 205, 222, 225, 231
Prévost, Jean-Pierre 162, 201
profecia 18, 21, 33, 35, 39, 41, 42, 44, 45, 46, 50, 52, 55, 58, 59, 62, 67, 81, 83, 94, 95, 99, 100, 103, 110, 111, 117, 121, 133, 138, 146, 151, 158, 164, 167, 168, 169, 177, 184, 188, 189, 190, 194, 196, 200, 206, 221, 224
propaganda 164, 223

Q

quatro cavaleiros 19, 177

R

ramo davidiano. *Veja* Koresh, David
Reddish, Mitchell 10, 11, 15, 37, 57, 80, 84, 85, 102, 126, 138, 158, 181, 192, 203, 241
reinado
    de Deus/do Cordeiro 16, 23, 44, 61, 67, 86, 103, 108, 113, 135, 137, 139, 140, 142, 144, 151, 173, 175, 181, 187, 200, 209, 210, 211, 215, 218, 220, 224
    dos santos 40, 58, 62, 68, 139
religião civil 16, 32, 86, 96, 109, 129, 160, 171, 205, 219, 234
    americana 82
resistência 16, 20, 35, 46, 56, 57, 60, 86, 104, 107, 108, 126, 206, 216, 220, 224, 225, 226, 227, 228
Resseguie, James L. 60
Richard, Pablo 10, 67, 68, 95, 241
Rossing, Barbara 30, 68, 99, 107, 211, 241
roteiro, Apocalipse como 14, 15, 29, 81, 99, 220, 233
Rowe, C. Kavin 65
Rowland, Christopher 10, 15, 27, 91, 109

S

salvação 34, 35, 44, 46, 58, 65, 73, 83, 84, 103, 105, 141, 143, 145, 149, 150, 152, 153, 154, 169, 173, 174, 189, 194, 198, 202, 206, 209, 212, 215, 219, 229
Sanders 21
Sanders, Jack 20
Santíssima Trindade 146, 150, 153, 157

Satanás 36, 40, 66, 118, 119, 121, 123, 151, 153, 157, 158, 159, 166, 167, 176, 200
Schnelle, Udo 43, 46, 47, 55, 57, 60, 85, 105, 148, 174, 242
segunda vinda de Cristo 13, 17, 19, 22, 44, 85, 99, 100, 180, 193, 206, 214, 216, 235
selos, sete 39, 58, 83, 84, 136, 140, 169, 176, 177
sentidos 63
série *Deixados para trás* 12, 14, 17, 30, 43, 85, 93, 102, 106, 193, 209
Shaw, George Bernard 20
simbolismo
    em Apocalipse 15, 23, 37, 40, 41, 42, 71, 90, 97, 100, 121, 128, 134, 140, 142, 143, 145, 148, 157, 158, 161, 164, 166, 168, 169, 174, 175, 177, 179, 180, 189, 191, 192, 194, 197, 200, 228
    na religião civil americana 77, 224
sincretismo 72, 79, 82, 221, 224
Smith, Michael W. 25
Smith, Pat Marvenko 10, 25
sofrimento 41, 103, 109, 118, 131, 178, 190, 192, 193, 212, 214, 216, 225, 228
    de Cristo 141, 226, 227
Stauffer, Ethelbert 163
Stott, John 131, 242
Stringfellow, William 95

T

taças 38, 39, 86, 175, 176, 179. *Veja tb.* juízo
Talbert, Charles 11, 83, 96, 103, 111
teofania 140
teologia de Apocalipse 106
teologia e literatura apocalíptica 32,

42, 44, 47, 60, 67, 76, 83, 97, 100, 124, 133, 141, 177, 181, 189, 225, 233
teologia propriamente dita (doutrina de Deus) 36, 40, 56, 59, 61, 67, 72, 76, 94, 96, 100, 105, 113, 133, 145, 155, 157, 160, 175, 183, 194, 198, 203, 208, 211, 220, 226, 233
Tertuliano 186
testemunha 16, 17, 19, 27, 32, 39, 47, 49, 50, 55, 103, 105, 109, 127, 142, 155, 169, 172, 194, 224, 234. *Veja tb*. Testemunha Fiel (Cristo); adoração.
Testemunha Fiel (Cristo) 16, 48, 55, 81, 110, 141, 153, 156, 176, 206, 222
Ticônio 94
Tomlin, Chris 148
trindade profana 83, 84, 152, 163, 173, 176, 180, 198
trisagion 58, 140
trombetas 39, 63, 83, 84, 175, 176, 179, 189
trono(s) 19, 39, 134
  de Deus/do Cordeiro 20, 23, 24, 32, 38, 48, 83, 84, 103, 104, 112, 120, 133, 147, 150, 153, 154, 156, 166, 170, 176, 179, 180, 195, 200, 207, 212, 225
  de Satanás 66, 118, 123, 150, 158

V

vingança 19, 59, 105, 189, 197, 228
violência 65, 67, 68, 72, 75, 77, 78, 104, 107, 108, 182, 183, 184, 185, 186, 188, 189, 190, 196, 226, 227
  americana 79
  em Apocalipse 67, 155, 194, 196, 226
  redentora/sagrada 75, 77, 161
  romana 65, 68, 183, 184
visão/visões 20, 22, 26, 34, 36, 37, 40, 44, 45, 47, 48, 57, 60, 61, 63, 71, 81, 82, 83, 84, 85, 86, 88, 89, 90, 95, 98, 102, 103, 104, 111, 113, 114, 117, 128, 130, 133, 138, 139, 145, 150, 156, 157, 166, 168, 169, 173, 174, 175, 176, 177, 179, 180, 188, 190, 193, 197, 199, 202, 203, 211, 218, 222, 226, 233, 235
vitória 38, 61, 68, 197
Vitorino 92
vocação 73, 186, 221, 225, 235
Volf, Miroslav 192

W

Wall, Robert 96
Walvoord, John 129
Wesley, John 18
Wilson-Hartgrove, Jonathan 69
Wink, Walter 75
Witherington III, Ben 10, 11, 46, 94
Wolverton, Basil 25
Wright, N. T. 17, 35, 85, 204, 211

Este livro foi impresso pela Vozes
para a Thomas Nelson Brasil.
A fonte usada no miolo é Revival 565.
O papel do miolo é avena 80g/m².